# 新上海人学说上海话

钱乃荣 著

上海大学出版社
·上海·

**图书在版编目(CIP)数据**

新上海人学说上海话/钱乃荣著.—上海：上海大学出版社,2013.9(2022.2重印)
 ISBN 978-7-5671-0882-0

Ⅰ.①新... Ⅱ.①钱... Ⅲ.①吴语-口语-上海市 Ⅳ.①H173

中国版本图书馆 CIP 数据核字(2013)第 151166 号

责任编辑：黄晓彦
封面设计：施羲雯

### 新上海人学说上海话
钱乃荣 著

上海大学出版社出版发行
(上海市上大路99号 邮政编码200444)
(http://www.shupress.cn 发行热线 021-66135112)
出版人：戴骏豪
\*
南京展望文化发展有限公司排版
上海华业装潢印刷厂有限公司印刷 各地新华书店经销
开本 787×960 1/16 印张 13.75 字数 224 000
2013 年 9 月第 1 版 2022 年 2 月第 5 次印刷
印数：26001~33500
ISBN 978-7-5671-0882-0/H·285 定价：36.00元

# 前　　言

上海在临近东海的长江三角洲上,是我国最大的都市,有2 300多万人口,除了通行普通话之外,主要通行上海话。

上海话是有了上海浦和上海人的聚居而开始形成的。在现今的长江三角洲上,有一条大致南北走向的黄浦江,它有一条由西向东的支流称吴淞江,又名苏州河。古代的吴淞江原称松江,在现今的吴淞江稍北处,曾是一条水势浩大的通海河流。在其下游近入海处,有上海浦、下海浦两条支流,上海因上海浦得名,上海浦后来成为黄浦江的一段。吴淞江的南部地域,从唐朝天宝十年(751年)起建置了华亭县,元朝至元十五年(1278年)改名松江府直到清末。在松江府的西部,说的是松江话;在松江府的东部黄浦江两岸,说的是上海话。说松江话的许多地方,历史非常悠久,考古的发现证明在6 000多年前就有初民。但是说上海话的大部分地域,上古时代还是海洋或海滩。一直到北宋的时候吴淞江浅狭淤塞,使原在华亭县城北吴淞江口南岸的青龙镇的港口为上海浦所取代,上海就开始有了较大的集市和贸易,南宋朝廷在上海置市舶务。到元朝至元二十八年(1291年)分出松江府的东面大片地域建置上海县,并在今黄浦区的南部地方设置上海县治时,黄浦江中段两岸已形成了滨海大港,一个有6.4万户人口聚居的中心,这时一种有别于松江方言的上海话就这样产生了。上海县长期属松江府所辖,上海人多数是从松江迁来的,因此上海方言是松江方言的一个分支。不过,由于上海这个地方长期已经形成中心,上海话也与松江话有一些差异,最明显的区别是老上海话的阳平声调是低平调,而松江方言的阳平声调是低降调。

上海话在古代由于地处海隅而发展缓慢,至今还保留着许多古代汉语语音语法的特点和词语,以至上古在江南一带生活的百越民族语言底层孑遗。但是在

新上海人学说上海话

1843年上海开埠以后,在租界和原上海县城、南市、闸北等地,城区迅速扩大,人口急剧增加,上海由一个原来只有方圆九里的小县城,迅速发展成一个国际性的移民大城市。经济文化的飞速发展,交际的频繁,推动了上海话的快速变化。中西融合的结果,上海的社会和文化接受了近现代化的洗礼。19世纪中期以后,上海的原住民和大量涌进的外来人口以宽阔的胸怀,见一样新鲜事物,就造一个新词,共同创造了上海话大量的新词新语,使近现代文明实现了对上海话的洗礼。上海人在开放社会的自由生活中形成的活跃思维和海派的奇思遐想,更使上海话的词语构词自由活泼,诞生了大量有海派风味的生动熟语,表现生活具有极大的概括力,折射着这个国际大都市的开放性和社会前卫创造力。上海话的高速发展,使古代形式、近代形式、最现代的形式,农业手工业社会、工业社会、商业社会的各种词语,同时浓缩和积累在几代人的口语中,这使上海话的日常用语成为一种时代层次十分丰富的语言。

移民社会的开放性,使陈习容易突破,社会结构的多元也推动语言多样创新,上海话善于吸收外来词语尤其是大量英语词语,词语新陈代谢比其他城市快速得多。新词澎湃涌出,很快流传到周边的城市,并由聚居上海的文人用到上海出版的无数书刊报纸中去,上海成为一个新生现代中国语前卫语词的制造厂和集散地,大量词语传入国语。占80%以上的外地人、外国人陆续来到上海,五方杂处的移民方言尤其是江浙吴语,也撞击了上海话,推动城区的老上海话语音快速合并,在160年中,上海话的韵母从1853年的63个变成现今的32个,上海话的声调从8个合并成5个,减少将近一半,这是我国近代方言史上的绝无仅有的奇迹,也说明在众多双音节词语快速替代单音节词的条件下,原传承于古代汉语的语音音素可以大量自然简化,反而更能适应现代社会的语言表达。都市化后的上海话发生了巨变,变得五光十色,多姿多彩,变化之处,俯拾皆是。

到20世纪二三十年代,上海话无论在语音和语汇上都发生了巨大的变化,它与城郊外四周的老上海话已经拉开了相当大的差距,使得现今上海城区作为上海方言代表的上海话与城区未达到的原也属上海方言区的乡下的语言差异十分大,大到上海城内的许多青年人听不懂乡下上海话的地步。在上海市城区外的广大郊区地域之内,至今还有许多人在说着与英国传教士艾约瑟1853年和麦高温1862年在上海县城所记的很相近的老上海话。

由于上海的地位,后来人们就把上海城区内的新上海话称为正宗的上海话,而把四周缓慢变化的老上海话按地名称之"江湾话"、"梅陇话"、"三林塘话"、"浦东话"等,或统称为"上海本地老闲话"。它在今上海郊区许多人的口中一直保留使用到现在。

新发展的城区上海话是在南宋时形成的老上海基础上变化发展起来的,上海话到 2003 年的 10 个元音音位、22 个辅音音位和 1853 年完全相同,在变化中没有吸收过任何一种方言里的一个音素,向国语及其他方言、外国语吸收的词语是以"借词"形式用上海话语音发音的。170 多年中上海方言变化多姿多彩,但万变不离其宗。

不过,值得注意的是,在近 20 年来,郊区的老上海话(后来许多人称之为"本地话")已随着郊区的城镇化和大批城区居民的动迁正在快速地向上海城区的上海话靠拢。

上海方言里蕴含着上海这座城市发展成长的历史,浸透了在江南水土孕育起来的上海市俗民风,闪烁着上海人五方杂处中西交融中形成的襟怀和睿智,深藏着多元博采的海派文化的基因和密码。上海方言的全部发展历程,充分传达出上海人民创造生活的辉煌,也证明了开放创新、海纳百川对优化语言的作用。

上海话变化的历史事实,证明了上海话在 20 世纪二三十年代外来人口最多、进出最频繁之时,也是上海话发展得最生猛最有生气的强盛时期,语言与人类社会一样,会产生杂交优势和扩散效应。

由于上海城区的中心地位,20 世纪 50 年代前外来人口使用语言的多数情况是这样的:第一代移民的口中说的往往是自己原家乡的方言,但从他们的孩子起在小学里就跟上海孩子一起很快习得了一口标准的上海话,成了"上海人"。

时轮又转到 21 世纪,上海这个大城市重又敞开她的宽阔胸怀,迎接着新的一轮外地人和外国人来到上海的高潮,在新的环境下,上海话又面临着新的风云际会。

方言是各具特色的地域文化的基础,也是构成文化多样性的前提条件,中华语言文化自古以来的多元和丰富多彩,是中华文明的本质特征,语言文化的共性和个性的差异将永远存在。上海人要学好普通话,又不能丢弃而要同时传承好自己的母语方言,到上海来的新上海人也应如此。21 世纪是一个经济全球化而文化多元并存发展的新世纪,尊重和保护而不是统一个人或少数人的母语、风俗、习惯、文化

是现代文明的标志之一。普通话与方言的关系不应是你长我消的关系,而是互补双赢的关系。如果在传媒或平时语言交际中多一点上海话的使用场合,可以使愿意学上海话的新上海人跟着上海人在通话或传媒中渐渐熟悉和学会上海话;至于他们的孩子,如果幼儿园、小学里我们恢复了过去那样的下课说上海话的自然环境,他们跟着会说上海话的孩子一起玩,上海话是会极快学会的。

本书内容主要是面向改革开放以来前来上海生活工作的新上海人,对于来上海已久还说不好上海话的人,或者出生在上海但不会说或说不好上海话的人,本书也能帮助他们学好标准的上海话。

本书里学习的上海话当然是上海城区话,通称"上海话"。它已经成为我国三大主要方言北京话、广州话、上海话之一。上海是世界上著名的大都市,明清以来,说着吴方言的长江三角洲和太湖周围已经成为我国经济和文化最发达的地区,现在上海话又是吴方言的代表方言,不但在说吴语的苏南、浙江地区有许多人会说上海话,而且上海人的足迹遍及全国和世界上很多地方,可以说到处可以听到上海话的声音。尤其是20世纪70年代末改革开放以来,上海与全国和世界各地加强了联系,与我国港澳台地区的经济文化往来也日益密切,大量外地人和外国人来上海工作定居,融入上海。学一些上海话,自然会对上海的社会和民俗文化有更深入的了解,与本地人更容易沟通,工作生活也会更顺利更愉快。我们十分愿意为这种语言文化的亲密交流和多元创新提供更方便的条件,让改革开放以来前来上海生活工作的新上海人更好地融入上海这座城市,融入江南文化,尽量使大家用最方便最快的方法学好上海话,齐心共创上海这个充满活力的快乐的国际大都市的新文明。

在本书的撰写和出版中,得到许多新老上海人的热情鼓励,我谨在此表示深切感谢!感谢大家对科学保护和传承上海方言的关心和支持本书出版的一片深情厚意。

上海大学出版社对本书的出版十分重视,尤其是新上海人责任编辑黄晓彦先生做了大量辛勤的工作,在此深表感谢。

钱乃荣

2013年3月15日

# 本书使用说明

1. 本书编写的目的，主要是为了帮助改革开放以来前来上海生活工作的新上海人用较方便和较快的方法学好上海话，以便更好地融入上海这座城市，融入江南文化。对于来上海已久还说不好上海话的人，或者出生在上海但不会说或说不好上海话的人，本书也能帮助他们学好标准的上海话。

2. 本书用于注音的上海话拼音方案是 2006 年在深圳召开的"第一届国际上海方言学术研讨会"中搜集的历来 21 个上海方言拼音方案（包括 1853 年艾约瑟、1928 年赵元任、1934 年"拉丁化"，以及各位专家和教员、网友的方案）的基础上，经国内外老中青上海话研究和教学的专家集体讨论投票通过的《上海话拼音方案》，它的特点是使用的字母发音最接近普通话的《汉语拼音方案》。

3. 本书使用的上海话文字，都是上海和吴语等地区的方言学专家共同考证确定的规范用字。在历代吴语文献上，有少数词语存有不同的写法，我们经仔细比较、考证和集体讨论确定一种标准写法，对可考证的用字都已上报教育部"汉语方言用字规范课题"专家经审核通过了，采用了最可靠的写法。

4. 任何活的语言都会在稳定中有变化。本书的注音采用老派语音注音。当今老派上海话的语音主要在 55 岁以上的上海人中使用，55 岁以下的上海人多用新派语音，或用在向新派语音变化中的音。有些年纪较轻的老师用新派语音来教上海话，也是正确的。老派与新派语音的主要差异是新派归并了老派的一些韵母，具体区别如下：

老派的 an、ang，新派合并为 ang；

老派的 ek、ak，新派合并为 ak(ak 的发音近于 ek)；

老派的 oe、uoe，新派合并为 oe；

老派的 yu、yuoe,新派合并为 yu;

老派的 iak,新派并入 ik。

所以,看到左边的注音,掌握新派音只要都读成右边的音就行。关于此相关内容,"上海话的发音"中有详细举例说明。

5. 上海话拼音中所用的字母与普通话拼音的主要差异,以下口诀大致可以表达:浊音 h 短音 k,"安"用 oe"埃"用 e,"字"韵改"y""额"为 ng,其余都同普通话。

其中第一句话的意思是:浊音声母在第一字母后加 h;入声(结尾短促)字韵尾用 k。

6. 掌握好声调是讲好上海话的重要因素。上海话的声调是吴语中最简单的最容易学好的。吴语声调的特点是:一句话是由若干个"语音词"连合起来发音的,两个"语音词"之间有一个小间隔,每个语音词都有一个"连读变调"。上海话的"连读变调"只有五个调形,具体读法在"上海话的发音"中有详细说明。为了使学友学习方便,本书在每个词语和每个句子里都用下标数字标出实际读音,以便发音时参照。数字符号分五度,数字 5 发音最高,数字 1 发音最低。

7. 本书课文主要以当下上海生活的场景来编写,还特地加入一些上海地方民俗色彩较浓厚的上海话语料。课文采用两人对话的形式,每课都安排了替换练习。

8. 本书最后附有"上海话练习题",以便读者在填充测试中检验自己掌握的上海话能力,扩充学会更多的上海话生活词语。

9. 本书附有光盘一张,里面录制了本书中的上海话音系表、全部课文、替换练习、补充词语的上海话读音,用 MP3 形式分段录制,便于读者自由选择内容跟读。本书的录音,由作者本人和许烨女士发音。许烨女士也是上海人,曾任上海市向明中学语文教研组长,上海话发音准确。本书的光盘在上海大学语音录音室中录制,由研究生朱贞淼担任录音和编辑制成的技术工作。

# 目 录

上海话的发音……………………………………………………………………（1）

第一课　迎送问候……………………………………………………………（9）
　　见面致礼（9）　　迎接客人（10）　　送人出门（11）　　代劳致谢（12）
　　请让和碰撞（13）

第二课　介绍认识……………………………………………………………（17）
　　问人（17）　　熟悉地方（18）　　建立关系（19）

第三课　时间天气……………………………………………………………（24）
　　问时间（24）　　问日期（25）　　问天气（26）

第四课　处所方位……………………………………………………………（31）
　　问地点（31）　　问路（32）　　问住址（33）

第五课　起居家常……………………………………………………………（36）
　　从起身到入睡（36）　　说家事（38）

第六课　餐饮烹调……………………………………………………………（44）
　　菜场买菜（44）　　餐厅用餐（45）　　小吃（47）　　江南烹调（48）

第七课　服饰美容……………………………………………………………（54）
　　在美容院（54）　　绅士购衣（56）　　淑女买首饰（58）　　在理发店（60）

第八课　订房购屋……………………………………………………………（65）
　　选择环境（65）　　租房（68）　　购新屋（70）　　宾馆订房（72）

第九课　出行交通……………………………………………………………（78）
　　迷路（78）　　出租车上（79）　　堵车对话（80）　　买火车票（82）

第十课　邮电银行···································（86）
　　在邮局(86)　　银行取钱(88)　　打电话(90)　　快递服务(91)

第十一课　逛街购物································（95）
　　地下商场(95)　　逛太平桥绿地(97)　讨价还价(99)　商店购物(101)

第十二课　走亲会友································（106）
　　去舅妈家(106)　朋友约会(108)　　谈恋爱(109)　　探望病人(111)

第十三课　请人帮忙································（116）
　　修抽水马桶(116)　室内装修(118)　　打120(119)　　找寻失物(120)
　　帮忙装软件(121)

第十四课　生病就医································（126）
　　看人体长相(126)　说自我保健(127)　在诊疗室(129)　买药治病(130)

第十五课　求职工作································（136）
　　应聘(136)　　报考(139)　　找工作(140)　　上班和出差(141)

第十六课　娱乐休闲································（146）
　　泡吧(146)　　游戏活动(147)　　卡拉OK(148)　　洗澡健身(150)

第十七课　观光游览································（154）
　　黄浦江两岸(154)　都市绿地(155)　　苏州河(156)　　去市郊和周庄(158)

第十八课　习俗民风································（163）
　　婚嫁人情(163)　海派情结(165)　　禁忌委婉和戏谑(166)　上海方言特色(168)

第十九课　文化教育································（176）
　　子女培养(176)　考试(177)　　学电脑学外语(178)　说上海历史(179)

第二十课　入境出国································（185）
　　出国求学(185)　讲学旅游(186)　　办理签证(187)　　出入海关(189)

附录一　儿歌四则··································（194）

附录二　做练习题，学上海话··························（195）

# 上海话的发音

本书所用的上海话拼音方案,是在搜集了 21 个上海话拼音方案的情况下,于 2006 年深圳召开的"第一届国际上海方言学术研讨会"上,由海内外的上海话研究和教学的老中青专家学者投票以压倒多数票数通过的《上海话拼音方案》,是与普通话《汉语拼音方案》最为靠拢的方案,所以最为易学。

## 一、上海话的声母

上海话的声母一共有 26 个。

1. 上海话中,以下 17 个声母与普通话相同,上海话拼音标注与汉语拼音相同。

b(剥)　　p(朴)　　m(摸)　　f(福)　　d(答)　　t(塔)　　n(纳)　　l(蜡)
g(鸽)　　k(渴)　　h(喝)　　j(鸡)　　q(妻)　　x(希)
z(资)　　c(雌)　　s(思)

2. 以下 5 个声母,普通话没有,但是与英语的读音相同,就是通常称做"浊辅音"的声母。

bh[b](薄)　　　dh[d](达)　　　gh[g](轧)
sh[z](词)　　　fh[v](服)

("[ ]"内为国际音标注音)

这些声母,本拼音方案一律用"h"加在同部位发音的"清辅音"的后面表示浊音。这些声母相对应的清辅音依次是 b、d、g、s、f。

3. 还有 3 个声母,也是浊辅音声母,也在相对应的"清辅音"后面加个"h"。

jh[dz](旗)　　　xh[z](齐)　　　hh[ɦ](盒)

它们相对应的清辅音声母是 j、x、h。

4. 还有 1 个声母,是后鼻音,上海话中能做声母。

ng[ŋ](额)

## 二、上海话的韵母

上海话的基础韵母(即发音各不相同的韵)一共有 22 个。

1. 以下 9 个韵母与普通话读音相同:

i(衣)　　　　　u(乌)　　　　　yu(迂)

a(啊)　　　　　o(哦)　　　　　y(字)

en(恩)　　　　ong(翁)　　　　er(而)

在这些音中,"yu(迂)"和"y(字)"两个音用的字母与普通话拼音不同,因为用"yu"是为了避免电脑上难以打出的"ü",用"y"而不用"i"作为"字"的韵母,是因为仍需要用 i 照顾到记写沪剧语音中"分尖团"的老上海话音(如"死 si"和"喜 xi"有别,"死 si"与"四 sy"也有别)。

2. 下面一个韵,与普通话"ye(耶)、yue(约)"中的"e"读音相同:

e[ɛ](埃)

3. 以下两个韵母与普通话的读音稍有不同,上海话读成口腔不动的单元音,但本方案中字母写法与普通话相同。

ao[ɔ](澳)　　　　ou[ɤ](欧)

注:上海话 ao(奥)韵的读音与英语"saw"(看)中的"aw"的读音相同。(如上海话的"烧"与英语"saw"读音相同。)上海话 ou(欧)韵的读音与普通话"饿"的读音相同,与英语"bird(鸟)"中的"ir"读音相近。

4. 上海话有两个鼻化音的韵:

an[ã](张)　　　　ang[ɑ̃](章)

发音的方法是:鼻音与元音"[a]"、"[ɑ]"同时发出,因此与普通话的鼻音稍后发出的 an、ang 有点差别。

5. 上海话的 4 个入声韵读音如下:

ak[ᴀʔ](鸭)　　　ek[əʔ](扼)　　　ok[oʔ](喔)　　　ik[ɪʔ](益)

ak:读"阿"的短促音,如上海话"阿哥、阿弟"的"阿"。

ek：读如上海话"扼制"的"扼"，读如英语不定冠词"a"的发音。
ok：读"哑"的短促音，读如英语"book"中的"oo"发音。
ik：读如"已"的短促音，读如英语"is"、"it"中的"i"发音。
其中，"k"在韵母里是入声的标志，表示喉部的急促收尾音。

6. 上海话中有三个辅音能作韵母用，后面没有元音。

m(姆)　　n(唔)　　ng(鱼)

7. 上海话中还有一个韵为普通话、英语所无，但在德语、法语中有。

oe[ø](安)

它的发音，如发普通话"ü"的圆嘴唇口形，但把口张大点儿，就读出了"oe"音。

注：英语中有一个法语借词"jeune fille(年轻女子、小姐)"，其中"jeune"的注音为"[ʒœn]"，其元音"[œ]"是法语的读音，与上海话的"oe"韵读音相同。

## 三、上海话中"i、u、yu"开头的零声母字的标音法

与普通话一样，标为"y、w、yu"。

如：yi 衣　　ya 呀　　yan 央　　yin 音　　yong 永　　yik 一　　wu 乌
　　we 喂　　woe 碗　　wang 汪　　wak 挖　　yu 淤　　yuoe 鸳　　yuik 郁

上海话中"i、u、yu"开头的字，有部分读浊音的零声母，拼写时就在第二字母的位置加上"h"，用以区别读清音的零声母字。试比较：

意 yi，移 yhi；要 yao，摇 yhao；

污 wu，舞 whu；往 wang，黄 whang；

迂 yu，雨 yhu；怨 yuoe，园 yhuoe。

其他浊的零声母字，都用"hh"表示声母，试比较：

澳 ao，号 hhao；

呕 ou，后 hhou；

矮 a，鞋 hha；

爱 e，害 hhe；

暗 oe，汗 hhoe。

## 四、其他拼写法

1. yu 和 yu 开头的韵母,在与声母相拼时,除了与声母"n"、"l"外,都可省去"y",只写作"u"。如:贵 ju,券 quoe,许 xu,倦 jhuoe。但"女 nyu、旅 lyu"不能省。

2. "iou、uen"两个韵母,与声母相拼时,写作"iu、un",即与普通话拼音处理相同。如:救 jiu,昏 hun。

## 五、上海话的声调

上海话有 5 个声调,用 1 到 5 的五度来表示声调的高低,1 度最低,5 度最高。

1. 第一声阴平,读 52(低),读如普通话的第四声去声。
2. 第二声阴去,读 34(底)。
3. 第三声阳去,读 23(地)。

第二声和第三声调形相同,一个配清辅音开头的音节,所以高一点;一个配浊辅音开头的音节,所以低一点。

4. 第四声阴入,读 5(跌)。
5. 第五声阳入,读 12(蝶)。

上海话在说话中实际发音是有"连读变调"的。两字连读的连读调大致就是前字声调的向后字延伸。三字组以上的连读调,阴平字和阳入字领头的,也是第一字调的向后两字的延伸。其余三个声调都用先低后高再加上一个最低的低降调"21"构成。

所以,上海话在实际连读中,其实从两字组到五字组的词除了首字外,后面的字都失去了本字声调的原调,成为几组简单的连读调。

下面是连读调调型总表(A、B 表示两式或用):

| 单字调 | 两字连读调 | 三字连读调 | 四字连读调 | 五字连读调 |
|---|---|---|---|---|
| 阴平 52 | 55+21 | 55+33+21 | 55+33+33+21 | 55+33+33+33+21 |
| 阴去 34 | 33+44 | 33+55+21 | 33+55+33+21 | 33+55+33+33+21 |
| 阳去 23 | 22+44 | 22+55+21 | 22+55+33+21 | 22+55+33+33+21 |
| 阴入 5 | 3+44 | 3+55+21 | 3+55+33+21 | 3+55+33+33+21 |
| 阳入 12 | 1+23 | 1+22+23 | A. 1+22+22+23<br>B. 2+55+33+21 | 2+55+33+33+21 |

我们把表示连读调的两个数字用"下标"方式标在音节字母后,举例说明如下:

天 ti$_{52}$,天堂 ti$_{55}$ dhang$_{21}$,天落水 ti$_{55}$ lok$_3$ sy$_{21}$,天下世界 ti$_{55}$ hho$_{33}$ sy$_{33}$ ga$_{21}$;

快 kua$_{34}$,快手 kua$_{33}$ sou$_{44}$,快手脚 kua$_{33}$ sou$_{55}$ jiak$_{21}$,快手快脚 kua$_{33}$ sou$_{55}$ kua$_{33}$ jiak$_{21}$;

后 hhou$_{23}$,后头 hhou$_{22}$ dhou$_{44}$,后天井 hhou$_{22}$ ti$_{55}$ jin$_{21}$,后门口头 hhou$_{22}$ men$_{55}$ kou$_{33}$ dhou$_{21}$;

一 yik$_5$,一级 yik$_3$ jik$_4$,一末生 yik$_3$ mek$_5$ san$_{21}$,一天世界 yik$_3$ ti$_{55}$ sy$_{33}$ ga$_{21}$,一本三正经 yik$_3$ ben$_{55}$ se$_{33}$ zen$_{33}$ jin$_{21}$;

热 nik$_{12}$,热煞 nik$_1$ sak$_3$,热天色 nik$_1$ ti$_{22}$ sek$_{23}$,热汤热水 nik$_1$ tang$_{22}$ nik$_2$ sy$_{23}$/nik$_2$ tang$_{55}$ nik$_{33}$ sy$_{21}$,热佽大头昏 nik$_2$ nong$_{55}$ dhu$_{33}$ dhou$_{33}$ hun$_{21}$。

由于《上海话拼音方案》在设计上的巧妙,可以不用数字标示声调,依靠声母和韵母的字母来暗示单字声调和连读调。但是为了更便于初学者直接看到声调的高低情形,从而发音更加准确,本书中声调全部用数字标示出来。

有的词条在注音中有一个空档,因为这个词条在发音中有个小停顿,即是用前后两个单字调或连读调一起来读的。比如,"荡马路"这个词条有两种发音:dhang mo lu(22+55+21)和 dhang mo lu(23 22+44)。前者三字连读,后者第一字和后两字分读,中有很小的停顿,它们的声调有很大差异。但大多数词语只有一个读法。

上海话中有一个与连调规律例外的情况:否定词"勿(阳入字)"开头的三字组词语,不读阳入开头的"1+22+23"连读调式,而一定读成阴入开头的"3+55+21"调式,还有很少数的四字组"勿"字开头的词语只能读 A 式。这时,我们将字母 v 替换了 fh,如"勿开心"的拼式写为"vek ke xin",是为了用于不标示声调的词典或课本中,反映这个三字组不读通常的"1+22+23"调式,而读"3+55+21"调式,本书则在标示的数字上也能看出声调高低。

## 六、新派语音和老派语音的差异

方言是活的、变化着的语言,都会有内部差异。上海话的主要差异是:55岁以上的上海人说的多是老派语音,55岁以下的上海人说的多是新派语音或

向新派过渡中的语音。许多人认为老派语音是较为标准的上海话语音,本书采用老派音系注音。但是上海多数人用的是新派语音,所以许多老师会自然读新派音来教学生。

新派语音是简化了的老派语音,所以书中标了老派音,读成新派音非常容易,反之就难了。

老派与新派相比,主要有以下几个差别。

1. 老派鼻化音韵有 an、ang 两个韵,在新派中并成一个音。如:

在老派音中,"打(dan)≠党(dang)","张('zan)≠章('zang)","绷('ban)≠帮('bang)";新派合并为"ang","打=党","张=章","绷=帮"。

2. 老派入声韵中有 ak、ek 两个韵,在新派中并成一个音。如:

在老派音中,"杀(sak)≠色(sek)","辣(lak)≠勒(lek)","搭(dak)"≠"得(dek)";新派合并为"ak","杀=色","辣=勒","搭=得"。

3. 老派韵母能区分 oe、uoe 两个韵母,而新派合并成一个音。如:

在老派音中,"暗(oe)≠碗(woe)","赶(goe)≠管(guoe)","汉(hoe)≠焕(huoe)";新派合并为"oe","暗=碗","赶=管","汉=唤"。

4. 老派韵母能区分 yu、yuoe 两个韵母,而新派合并成一个音。如:

在老派音中,"喂(yu)≠怨(yuoe)","雨(yhu)≠圆(yhuoe)","具(jhu)≠权(jhuoe)";新派合并为"yu","喂=怨","雨=圆","具=权"。

5. 老派韵母能区分 iak、ik 两个韵母,而新派合并成一个音。如:

在老派音中,"结(jik)≠脚(jiak)","叶(yhik)≠药(yhak)";新派合并成"ik","结=脚","叶=药"。

6. 老派部分韵母为 iong、iok 的字,新派韵母读为 yun、yuik。如:

老派:"荣=云 yhong","胸=勋'xiong";

新派:"荣 yhong≠云 yhun","胸'xiong≠勋'xun"。

老派:"浴=月 yhok","菊=橘 jiok";

新派:"浴 yhok≠月 yhuik","菊=橘 juik"。

但是,这项语音,多数老年人因地域分布关系也读成新派音,所以本书中除"浴"等个别等字外,都注成新派音。

由于语音的合并有一个漫长的过程,有的中年人在上面几项中,有些字音合并了,有些字音正在合并中或没有合并。好在第 1、2 项的字比较多,后几项都只有少量字,所以了解以后处理起来就并不难。教学时标了老派音,知道哪两个音年轻人合并成一个了,新派音教起来也很方便。

附:
## 上海话音系表

### 一、声母

b[p]巴搬兵百　　　p[p']怕攀捧泼　　　bh[b]婆拌旁别　　　m[m]母满闷木
f[f]夫反方福　　　fh[v]符犯坟佛　　　d[t]多单丁德　　　t[t']体滩通脱
dh[d]地段同特　　　n[n]乃南让热　　　l[l]溜乱拎落　　　g[k]盖干工各
k[k']苦铅肯客　　　gh[g]葵环共轧　　　ng[ŋ]熬鹅硬额　　　h[h]灰汉烘忽
hh[ɦ]豪后红合　　　j[tɕ]居尖精级　　　q[tɕ']区浅庆漆　　　jh[dʑ]求件琴极
x[ɕ]需宣相血　　　xh[ʑ]谢钱墙席　　　z[ts]子专张责　　　c[ts']超参撑促
s[s]书三松说　　　sh[z]字传陈食

### 二、韵母

i[i]低西变现　　　u[u]布乌初多　　　yu[y]虑雨许鬼　　　y[ɿ]试资朱处
a[ᴀ]拉鞋街泰　　　o[o]沙哑瓜画　　　e[ᴇ]海悲推难
ao[ɔ]少包炒老　　　ou[ɤ]否头口周　　　oe[ø]半看猜算
an[ã]硬杏生打　　　en[ən]根恒能春　　　ang[ã]昂杭商当　　　ong[oŋ]功龙中翁
ak[ᴀʔ]法麦拆塔　　　ek[əʔ]佛默出脱　　　ok[oʔ]绿俗角作　　　ik[ɿʔ]笔力歇吃
er[əl]尔而儿饵　　　m[m̩]姆亩呒　　　n[n̩]唔　　　ng[ŋ̍]五鱼午

上面 22 个韵,都可以单独做韵母,i、u 又可以做介音。介音可以与其他韵合成以下韵母:

i——ia 写谢、ie 廿械、iao 表桥、iou 就流、ian 将羊、in 丁今、iang 旺、iong 荣穷、ik 跌乙、iak 脚削、iok 浴局。

u——ua 怪坏、ue 弯惯、uoe 碗官、uang 荒王、uen 困昏、uak 刮豁、uek 活骨。

yu——yun 君允、yuik 血越。

i 行的韵母，前面没有声母的时候，写成 yi（衣）、ya（呀）、yao（腰）、you（忧）、yan（央）、yin（英）、yong（雍）、yik（益）、yak（约）、yuik（郁）。

u 行的韵母，前面没有声母的时候，写成 wu（乌）、wa（娃）、we（威）、wan（横）、wang（汪）、wen（温）、wak（挖）、wek（殟）。

在阳声调里，均在第一字母后加 h，以示与阴声调音节读音区别。如：yha（野）、whu（胡）、yhun（云）、yhu（雨）、hhao（号）。

yu 和 yu 开头的韵母，在与声母相拼时，除了与声母"n"、"l"外，都可省去"y"，只写作"u"。如：贵 ju，亏 qu，拳 jhuoe。但"女 nyu"、"旅 lyu"不能省。

"yu"在普通话拼音中用"ü"表示，本书为了方便起见，在上海话拼音中都用"yu"表示。

### 三、声调

阴平　52　江天飞高心书

阴去　34　懂好土对去太

阳去　23　来同有稻外大

阴入　5　笃各脱出黑级

阳入　12　六学白石木极

# 第一课　迎 送 问 候

见面致礼

◆ **嘿,您早,张先生!**
哎，侬　早，张先生！
E$_{52}$，nong$_{23}$　zao$_{34}$，zan$_{55}$ xi$_{33}$ san$_{21}$！

◇ **哎哟,是您老兄啊!好久不见了,您好啊!**
喔唷，是　侬　老兄啊！　长远勿见，　侬　好呀！
O$_{55}$ yo$_{21}$，shy$_{23}$　nong$_{23}$　lao$_{55}$ xiong$_{33}$ a$_{21}$！　shan$_{22}$ yhuoe$_{55}$ fhek$_{33}$ ji$_{21}$，nong$_{23}$ hao$_{33}$ ya$_{44}$！

◆ **好,挺好!近来身体好吗?**
蛮好，蛮好！ 挀抢里　身体　好哦？
Me$_{55}$ hao$_{21}$，me$_{55}$ hao$_{21}$！ Ghek$_1$ qian$_{22}$ li$_{23}$　sen$_{55}$ ti$_{21}$　hao$_{33}$ fha$_{44}$？

◇ **好,好!你怎么这么忙啊?连人影儿也不见。我常念着你呢!**
好，好个！ 侬　哪能　介　忙啦？ 人影子　也　勿看见。 我　老　想念侬个！
Hao$_{34}$，hao$_{33}$ ghek$_4$！ Nong$_{23}$　na$_{22}$ nen$_{44}$　ga$_{52}$　mang$_{22}$ la$_{21}$？ Nin$_{22}$ yin$_{55}$ zy$_{21}$ hha$_{23}$　vek$_3$ koe$_{55}$ ji$_{21}$。 Ngu$_{23}$　lao$_{23}$　xian$_{33}$ ni$_{55}$ nong$_{33}$ ghek$_{21}$！

◆ **最近是忙一点儿,他们老是派我出差去。我也常想来看您。**
最近　是　忙着一眼，伊拉　老是　派我　去　出差。我　也　常庄　想

来 望望侬。

Zoe₃₃ jhin₄₄ shy₂₃ mang₂₂ shak₅ yik₃ nge₂₁, yhi₂₂ la₄₄ lao₂₂ shy₄₄ pa₃₃ ngu₄₄ qi₃₄ cek₃ ca₄₄. Ngu₂₃ hha₂₃ shan₂₂ shan₄₄ xian₃₄ le₂₃ mang₂₂ mang₅₅ nong₂₁.

◇ 今天这么巧遇到您,这会咱老朋友一起去聊聊。

今朝 介 巧 碰着 侬, 乃 阿拉 老朋友 一道 去 讲脱一歇。

Jin₅₅ zao₂₁ ga₅₂ qiao₃₄ bhan₂₂ shak₅ nong₂₁, ne₂₃ ak₃ lak₄ lao₂₂ bhan₅₅ yhou₂₁ yik₃ dhao₄₄ qi₃₄ gang₃₃ tek₅ yik₃ xik₂₁.

 迎接客人

◆ 哦,是你来了? 请进,请进!

噢, 是 侬 来了啊? 进来, 进来!

Ao₅₂, shy₂₃ nong₂₃ le₂₂ lek₅ a₂₁? Jin₃₃ le₄₄, jin₃₃ le₄₄!

◇ 久仰久仰,王先生,您好!

久仰 久仰, 王先生, 侬 好!

Jiu₃₃ nian₄₄ jiu₃₃ nian₄₄, whang₂₂ xi₅₅ san₂₁, nong₂₃ hao₃₄!

◆ 来,来,坐啊,坐。喝什么茶啊?

来, 来, 坐啊, 坐。 吃杯 啥个 茶啊?

Le₂₃, le₂₃, shu₂₂ a₄₄, shu₂₃. Qik₃ be₄₄ sa₃₃ ghek₄ sho₂₂ a₄₄?

◇ 先生别客气,倒一杯白开水喝行了。

先生 勿要 客气, 倒杯 白开水 吃吃好了。

Xi₅₅ san₂₁ fhek₁ yao₂₃ kak₃ qi₄₄, dao₃₃ be₄₄ bak₁ ke₂₂ sy₂₃ qik₃ qik₅ hao₃₃ lek₂₁.

◆ 今天你上门来,有点什么事儿啊?

今朝 侬 上门来, 有点 啥个 事体啊?

Jin₅₅ zao₂₁ nong₂₃ shang₂₂ men₅₅ le₂₁, yhou₂₂ di₄₄ sa₃₃ ghek₄₄ shy₂₂ ti₅₅ a₂₁?

◇ 先生,您儿子昨天打电话来,约我一起去拜访李老师。

先生，俉儿子昨日打电话来，约我一道去拜访李老师个。
Xi₅₅ san₂₁, na₂₃ ni₂₂ zy₄₄ shok₁ nik₂₃ dan₃₄ dhi₂₂ hho₅₅ le₂₁, yak₃ ngu₄₄ yik₃ dhao₄₄ qi₃₄ ba₃₃ fang₄₄ li₂₂ lao₃₃ sy₃₃ ghek₂₁.

◆ 哎哟，很抱歉。我要他去对面超市买点东西，马上就会回来，请你稍等。
哦，抱歉。我叫伊到对过超市去买眼物事，伊马上就要回来个，请侬稍许等一等噢。
O₅₂, bhao₂₂ qi₄₄. Ngu₂₃ jiao₃₃ yhi₄₄ dao₃₄ de₃₃ gu₄₄ cao₅₅ shy₃₃ qi₂₁ ma₂₂ nge₄₄ mek₁ shy₂₃, yhi₄₄ ma₅₅ shang₂₁ xhiu₂₂ yao₄₄ whe₂₂ le₅₅ ghek₂₁, qin₃₃ nong₄₄ sao₅₅ xu₂₁ den₃₃ yik₅ den₃₃ ao₂₁.

## 送人出门

◆ 你要走啦？再坐一会儿吧。
侬要走啦？再坐一歇好咪。
Nong₂₃ yao₃₄ zou₃₃ la₄₄? Ze₅₂ shu₂₂ yik₅ xik₃ hao₃₃ le₂₁.

◇ 不坐了，我还有点事儿呢。
勿坐了，我还有眼事体辣海。
Vek₃ shu₅₅ lek₂₁, ngu₂₃ hhe₂₂ yhou₅₅ nge₂₁ shy₂₂ ti₅₅ lak₃ he₂₁.

◆ 那么我来送你。
葛末我来送送侬。
Gek₅ mek₂₁ ngu₂₃ le₂₃ song₃₃ song₅₅ nong₂₁.

◇ 别送，我自己走。
勿要得个，我自家走。
Vek₃ yao₅₅ dek₃ ghek₂₁, ngu₂₃ shy₂₂ ka₅₅ zou₂₁.

◆ 没关系，送你到电梯口。
勿要紧个，送侬到电梯口。
Vek₃ yao₅₅ jin₃₃ ghek₂₁, song₃₃ nong₄₄ dao₃₄ dhi₂₂ ti₅₅ kou₂₁.

◇ 谢谢，谢谢。下次再来看望你吧！

- 谢谢，谢谢。下趟再来看侬噢！
    Xhia₂₂ xhia₄₄，xhia₂₂ xhia₄₄。Hho₂₂ tang₄₄ ze₅₅ le₂₁ koe₃₃ nong₅₅ ao₂₁.

◆ 慢走，这儿有盏灯开一下。
    走好 走好，箇搭 盏 灯 开一开。
    Zou₃₃ hao₄₄ zou₃₃ hao₄₄，ghek₁ dak₂₃ ze₃₄ den₅₂ ke₅₅ yik₃ ke₂₁.

◇ 请留步，别送了。拜拜！
    留步 勿要 送了。拜哎 拜哎！
    Liu₂₂ bhu₄₄，fhek₁ yao₂₃ song₃₃ lek₄。Bha₂₄ e₃₃ bha₂₄ e₃₃！

◆ 再见！有空多来玩儿。
    再会！有空 多来 白相相。
    Ze₅₅ whe₂₁！Yhou₂₂ kong₄₄ du₅₅ le₂₁ bhek₁ xian₂₂ xian₂₃.

◇ 一定来，一定来！
    一定 来，一定 来！
    Yik₃ dhin₄₄ le₂₃，yik₃ din₄₄ le₂₃！

代劳致谢

◆ 麻烦你了，今天让你累死了，快坐一会儿，喝杯橘子水。
    麻烦侬了，乃 侬 今朝 吃力煞了，快点 坐一歇，吃杯 橘子水。
    Mo₂₂ fhe₅₅ nong₃₃ lek₂₁，ne₂₃ nong₂₃ jin₅₅ zao₂₁ qik₃ lik₅ sak₃ lek₂₁，kua₃₃ di₄₄ shu₂₂ yik₅ xik₂₁，qik₃ be₄₄ juik₃ zy₅₅ sy₂₁.

◇ 没关系呢。你还有什么要我帮忙的吗？
    勿搭 界个。侬 还有啥 要我 帮忙个哦？
    Fhek₃ dak₄ ka₃₃ ghek₄₄。Nong₂₃ hhe₂₂ yhou₅₅ sa₂₁ yao₃₃ ngu₄₄ bang₅₂ mang₂₂ ghek₅₅ fha₂₁？

◆ 没了，没什么了。你真热心，你爸爸妈妈也常常照顾我，我很不好意思。谢谢！
    呒没了，呒没啥了。侬 真 热心，㑚 爸爸 姆妈 也 常庄 照顾我，
    我 老勿好意思个。谢谢侬噢！

M₂₂ mek₅ lek₂₁, m₂₂ mek₅₅ sa₃₃ lek₂₁. Nong₂₃ zen₅₂ nik₁ xin₂₃, na₂₃ ba₅₅ ba₂₁ m₅₅ ma₂₁ hha₂₃ shan₂₂ shan₄₄ zao₅₅ gu₃₃ ngu₂₁, ngu₂₃ lao₂₃ vek₃ hao₅₅ yi₃₃ sy₃₃ ghek₂₁. xhia₂₂ xhia₅₅ nong₃₃ ao₂₁!

◇ 甭谢，没关系的。
勿要 谢， 呒没 关系个。
Fhek₁ yao₂₃ xhia₂₃, m₂₂ mek₄₄ gue₅₅ xi₃₃ ghek₂₁.

 请让和碰撞

◆ 请你让我一下好不好？
谢谢侬 让一让我 好哦？
Xhia₂₂ xhia₅₅ nong₂₁ nian₂₂ yik₅ nian₃₃ ngu₂₁ hao₃₃ fha₄₄?

◇ 哦，你能走吗？从我旁边过去吧。
噢， 侬 好 走哦？ 走 我 旁边过去好咪。
Ao₅₂, nong₂₃ hao₃₄ zou₃₃ fha₄₄? Zou₃₄ ngu₂₃ bhang₂₂ bi₅₅ gu₃₃ qi₃₃ hao₃₃ le₂₁.

◆ 哎哟，撞到你了，对不起，对不起！
喔唷， 撞着侬了， 对勿起， 对勿起！
Ok₅₅ yo₂₁, shang₂₂ shak₅ nong₃₃ lek₂₁, de₃₃ fhek₇₇ qi₂₁, de₃₃ fhek₅₅ qi₂₁!

◇ 没事儿。
勿要紧个。
Vek₃ yao₅₅ jin₃₃ gek₂₁.

**替换练习**

1. 侬 ⎡好⎤ 。
⎣早⎦

2. 侬 ⎡身体好⎤ 哦？
⎢工作忙⎥
⎢白相开心⎥
⎣生活愉快⎦

3. ⎡麻烦侬　　⎤
　 ⎢打搅侬　　⎥
　 ⎢惊吵侬　　⎥了。
　 ⎢叫侬费心　⎥
　 ⎣添侬麻烦　⎦

4. ⎡谢谢⎤
　 ⎢拜托⎥侬!
　 ⎣烦劳⎦

5. 我老 ⎡勿好意思　⎤ 个。
　　　 ⎢抱歉　　　⎥
　　　 ⎢对勿起侬　⎥
　　　 ⎣感激侬　　⎦

6. 侬勿要 ⎡客气　　⎤ 。
　　　　⎢勿好意思⎥
　　　　⎣谢　　　⎦

7. ⎡勿要紧　⎤
　 ⎢勿碍啥　⎥
　 ⎢吭没关系⎥
　 ⎢无所谓　⎥个。
　 ⎢勿搭界　⎥
　 ⎣勿好算啥⎦

8. ⎡谢谢侬⎤
　 ⎢对勿起⎥让一让我好哦?
　 ⎣请侬　⎦

9. ⎡对勿起　⎤
　 ⎢请原谅　⎥!
　 ⎣交关抱歉⎦

10. ⎡再会　⎤
　　⎢明朝会⎥
　　⎢晏歇会⎥!
　　⎢改日会⎥
　　⎣拜哎　⎦

## 补充词语

早 zao₃₄　　工作 gong₅₅ zok₂₁　　白相 bhek₁ xian₂₃ 玩。　　开心 ke₅₅ xin₂₁　　生活 sen₅₅ whek₂₁　　愉快 yhu₂₂ kua₄₄　　打搅 dan₃₃ jiao₄₄　　惊吵 jin₅₅ cao₂₁　　费心 fi₃₃ xin₁₁　　添 ti₅₂　　烦劳 fhe₂₂ lao₄₄　　拜托 ba₃₃ tok₅₄　　抱歉 bhao₂₂ qi₃₃　　感激 goe₃₃ jik₄　　勿碍啥 vek₃ nge₅₅ sa₂₁ 没关系。　　勿搭界 fhek₁ dak₃ ga₃₄ 原来是"互不相关"的意思,后来引

# 第一课 迎送问候

申为"没关系",口气比较轻松随意。 **无所谓** $whu_{22}$ $su_{55}$ $whe_{21}$ **勿好算啥** $vek_3$ $hao_{55}$ $soe_{33}$ $sa_{21}$ 不算什么。 **原谅** $nyuoe_{22}$ $lian_{44}$ **交关** $jiao_{55}$ $gue_{21}$ 很。 **明朝会** $min_{22}$ $zao_{55}$ $whe_{21}$ 明天见。 **晏歇会** $e_{33}$ $xik_{55}$ $whe_{21}$ 待会儿见。 **改日会** $ge_{33}$ $nik_5$ $whe_{21}$ 再见。 **慢走慢走** $me_{22}$ $zou_{44}$ $me_{22}$ $zou_{44}$ **勿要忙** $fhek_1$ $yao_{23}$ $mang_{23}$ **呒啥谢头** $m_{22}$ $sa_{44}$ $xhia_{22}$ $dhou_{44}$ 甭谢。 **急慢急慢** $dhe_{22}$ $me_{44}$ $dhe_{22}$ $me_{44}$ **眼** $nge$(点儿) **个** $ghek$ 的。引出定语。连读快时也读"$hhek$"。 **盏灯** $ze_{52}$ $den_{52}$ 一盏灯。可以省"一"。 **乃** $ne_{23}$ 这下;现在。 **白相相** $bhek_1$ $xian_{22}$ $xian_{23}$ 玩玩。 **啥** $sa_{34}$/**啥个** $sa_{33}$ $ghek_4$ 什么。 **一歇** $yik_3$ $xik_5$ 一会儿。 **下趟** $hho_{22}$ $tang_{44}$ 下次 **辣海** $lak_1$ $he_{23}$ 在那儿。

## 语法要点

### 一、人称代词

**我** $ngu_{23}$ 我。青少年多读"$whu_{23}$"。 **阿拉** $ak_3$ $lak_4$ 我们。 **侬** $nong_{23}$ 你。 **俉** $na_{23}$ 你们。 **伊** $yhi_{23}$ 他、她、它。 **伊拉** $yhi_{22}$ $la_{44}$ 他们、她们。

在亲属称呼如"爸爸、姆妈"的领格代词中通常用复数,如"他的爸爸"说"伊拉爸爸"。

### 二、叹词

**哎** $e_{52}$ 一般呼语。注意不用"喂"作一般呼唤,"喂"只在打电话时用,或用于不客气时。

**喔唷** $o_{55}$ $yo_{21}$ 可表示喜悦、惊叹、喜出望外,也可表示没料到的遗憾。如:"喔唷,是老朋友来了!"(喜出望外)

**噢** $ao_{52}$ 可表示没料到而才知道,也可表示应答。如:"噢,原来如此!""噢,马上去办!"

**哦** $o_{52}$ 可表示有歉意的意思。如:"哦,勿留心撞到侬了。"

### 三、语气词

在句尾表示语气。

**呀** $ya$ 可表示亲切。

**啊** $a$ 可表示一般疑问。

哦 fha 常表示是非问，同普通话的"吗"，如："侬是学生哦？"（你是学生吗？）又可表示商量或推测，同普通话的"吧"，如："阿拉就勿去了哦？"（我们就不去了吧。）"花开了哦。"

啦 la 可表示语气稍重的疑问。

个 ghek 常表示确实、肯定语气或申明、表白语气。

了 lek 表示现状或表白的语气。

噢 ao 可表示告知或叮嘱语气。

好了 $hao_{33}\ lek_{21}$／好咪 $hao_{33}\ le_{21}$ 可表示从便、从易建议，如："侬去乘26路电车好咪！"也可表示劝听语气，如："吃一点好咪！"。

### 四、程度副词

介 $ga_{52}$ 这么。　　老 $lao_{23}$ 很。　　蛮 $me_{52}$ 挺。　　煞 $sak_5$ 很、非常。

### 五、否定词

勿 $fhek_{12}$ 不。　　勿要 $fhek_1\ yao_{23}$ 不要；别。　　呒没 $m_{22}\ mek_4$ 没有。

# 第二课  介 绍 认 识

 问  人

◆ 请问您姓什么？
  请问　侬　姓　啥？
  Qin$_{33}$ men$_{44}$　nong$_{23}$　xin$_{34}$　sa$_{34}$？

◇ 我姓王。
  我　姓　王。
  Ngu$_{23}$　xin$_{34}$　whang$_{23}$．

◆ 大名是什么？
  名字　叫　啥？
  min$_{22}$ shy$_{44}$　jiao$_{34}$　sa$_{34}$？

◇ 我是王小林。
  我叫王小林。
  Ngu$_{23}$　jiao$_{34}$　whang$_{22}$ xiao$_{44}$　lin$_{23}$．

◆ 您今年多大了？
  侬　今年　几岁了？
  Nong$_{23}$　jin$_{55}$ ni$_{21}$　ji$_{33}$ soe$_{55}$ lek$_{21}$？

◇ 我是二十五岁。
  我　廿五岁。

17

Ngu₂₃ nie₂₂ ng₅₅ soe₂₁.

◆ 您是哪里人?

依　啥地方　人?

Nong₂₃　sa₃₃dhi₅₅fang₂₁　nin₂₃?

◇ 我是温州人。

我　是　温州人。

Ngu₂₃　shy₂₃　wen₅₅zou₃₃nin₂₁.

◆ 您从什么地方来的?

依　啥地方　来个?

Nong₂₃　sa₃₃dhi₅₅fang₂₁　le₂₂ghek₄?

◇ 我今天早晨从深圳坐飞机来的。

我　今朝　早上头　从　深圳　乘　飞机　来个。

Ngu₂₃　jin₅₅zao₂₁　zao₃₃shang₅₅dhou₂₁　shong₂₃　sen₅₅zen₂₁　cen₃₄　fi₅₅ji₂₁ le₂₂ghek₄.

 **熟悉地方**

◆ 你到上海多少时间了?

依　到　上海　几化　辰光了?

Nong₂₃　dao₃₄　shang₂₂he₄₄　ji₃₃ho₄₄　shen₂₂guang₅₅lek₂₁?

◇ 我来了两年了。

我　来了　两年了。

Ngu₂₂　le₂₂lek₄₄　lian₂₂ni₅₅lek₂₁.

◆ 侬会讲上海话吗?

依　上海闲话　讲得来哦?

Nong₂₃　shang₂₂he₅₅hhe₃₃hho₂₁　gang₃₃dek₅le₃₃fha₂₁?

◇ 上海话我能听懂一点儿,但是不会讲。

上海闲话　我　听是　听得懂　一眼眼,　讲　讲勿来个。

第二课　介绍认识

Shang$_{22}$ he$_{55}$ hhe$_{33}$ hho$_{21}$　ngu$_{23}$　tin$_{55}$ shy$_{21}$　tin$_{55}$ dek$_3$ dong$_{21}$　yik$_3$ nge$_{55}$ nge$_{21}$，gang$_{23}$　gang$_{22}$ fhek$_{55}$ le$_{33}$ ghek$_{21}$．

◆ 你对上海的交通情况熟悉不熟悉？

侬　上海个　交通　情况　熟勿熟？

Nong$_{23}$　shang$_{22}$ he$_{55}$ ghek$_{21}$　jiao$_{55}$ tong$_{21}$　xhin$_{22}$ kuang$_{44}$　shok$_1$ fhek$_2$ shok$_{23}$？

◇ 我不太行，常常带上一本上海地图。

我　勿大　来三，　常常　带本　上海　地图。

Ngu$_{23}$　fhek$_1$ dha$_{23}$　le$_{22}$ se$_{44}$，　shan$_{22}$ shan$_{44}$　da$_{33}$ ben$_{44}$　shang$_{22}$ he$_{44}$　dhi$_{22}$ dhu$_{44}$．

建立关系

◆ 今天很怠慢，要你等了好长时间，又没有什么招待你，非常抱歉！

今朝　邪气　怠慢，　要　侬　等了　老　长　辰光，　又　呒没啥　招待侬，非常　抱歉！

Jin$_{55}$ zao$_{21}$　xhia$_{22}$ qi$_{44}$　dhe$_{22}$ me$_{44}$，　yao$_{34}$　nong$_{23}$　den$_{33}$ lek$_4$　lao$_{23}$　shan$_{23}$　shen$_{22}$ guang$_{44}$，　yhou$_{23}$　m$_{22}$ mek$_5$ sa$_{21}$　zao$_{55}$ dhe$_{33}$ nong$_{21}$，　fi$_{55}$ shan$_{21}$　bhao$_{22}$ qi$_{44}$！

◇ 别客气，没关系的。

勿要　客气，　呒没　关系个。

Fhek$_1$ yao$_{23}$　kak$_3$ qi$_{44}$，　m$_{22}$ mek$_4$　gue$_{55}$ xi$_{33}$ ghek$_{21}$．

◆ 我好像从前见过你。

我　好像　老早　看见过侬。

Ngu$_{23}$　hao$_{33}$ xhian$_{44}$　lao$_{22}$ zao$_{44}$　koe$_{55}$ ji$_{33}$ gu$_{33}$ nong$_{21}$．

◇ 是啊，我是曹琪，我在新申公司做过。

对啊，　我　叫　曹琪，　我　辣　新申公司　做过。

De$_{33}$ a$_{44}$，　ngu$_{23}$　jiao$_{34}$　shao$_{22}$ jhi$_{44}$，　ngu$_{23}$　lak$_7$　xin$_{55}$ sen$_{33}$ gong$_{33}$ sy$_{21}$　zu$_{33}$ gu$_{44}$．

19

◆ 哦,怪不得,我到你们公司联系过业务,我是我们经理的助理,叫张国礼。请问你现在在哪儿工作?

哦, 怪勿得, 我 到 侬 公司 联系过 业务, 我 是 阿拉 经理个 助理, 叫 张国 礼。请问 侬 现在 辣辣 阿里搭 工作?

O$_{52}$, gua$_{33}$ fhek$_5$ dek$_{21}$, ngu$_{23}$ dao$_{34}$ na$_{23}$ gong$_{55}$ sy$_{21}$ li$_{22}$ xi$_{55}$ gu$_{21}$ nik$_1$ whu$_{23}$, ngu$_{23}$ shy$_{23}$ ak$_3$ lak$_4$ jin$_{55}$ li$_{33}$ ghek$_{21}$ shu$_{22}$ li$_{44}$, jiao$_{34}$ zan$_{23}$ gok$_{44}$ li$_{23}$. Qin$_{33}$ men$_{44}$ nong$_{23}$ yhi$_{22}$ she$_{44}$ lak$_1$ lak$_{23}$ hha$_{22}$ li$_{55}$ dak$_{21}$ gong$_{55}$ zok$_{21}$?

◇ 我去年开始到伊利公司去了。喏,这是我的名片。你可以到时代广场来找我。

我 去年 开始 到 伊利公司 去了。 喏, 辫个 是 我个 名片。侬 可以 到 时代广场 来 寻我。

Ngu$_{23}$ qu$_{33}$ ni$_{44}$ ke$_{55}$ sy$_{21}$ dao$_{34}$ yi$_{55}$ li$_{33}$ gong$_{33}$ sy$_{21}$ qi$_{33}$ lek$_4$. Nao$_{23}$, ghek$_1$ ghek$_{23}$ shy$_{23}$ ngu$_{22}$ ghek$_4$ min$_{22}$ pi$_{44}$. Nong$_{23}$ ku$_{33}$ yi$_{44}$ dao$_{34}$ shy$_{22}$ dhe$_{55}$ guang$_{33}$ shan$_{21}$ le$_{23}$ xhin$_{22}$ ngu$_{44}$.

◆ 你住在哪一楼?

侬 住 几楼?

Nong$_{23}$ shy$_{23}$ ji$_{33}$ lou$_{44}$?

◇ 我在8楼813室,有事儿你先打电话来联系吧。

我 辣辣 8楼 8 1 3, 有 事体 侬 先 打 电话 来 联系 好了。

Ngu$_{23}$ lak$_1$ lak$_{23}$ bak$_3$ lou$_{44}$ bak$_5$ yik$_5$ se$_{52}$, yhou$_{23}$ shy$_{22}$ ti$_{44}$ nong$_{23}$ xi$_{52}$ dan$_{34}$ dhi$_{22}$ hho$_{44}$ le$_{23}$ li$_{22}$ xi$_{55}$ hao$_{33}$ lek$_{21}$.

◆ 好,好,今后大家是朋友了,多多关照。

好个, 好个, 今后 大家 是 朋友唻, 多多 关照!

Hao$_{33}$ ghek$_{44}$, hao$_{33}$ ghek$_{44}$, jin$_{55}$ hhou$_{21}$ dha$_{22}$ ga$_{44}$ shy$_{23}$ bhan$_{22}$ yhou$_{55}$ le$_{21}$, du$_{55}$ du$_{21}$ gue$_{55}$ zao$_{21}$!

◇ 不必客气,大家合作,大家合作!

勿必 客气, 大家 合作, 大家 合作!

Fhek$_1$ bik$_{23}$ kak$_3$ qi$_{44}$, dha$_{22}$ ga$_{44}$ hhek$_1$ zok$_{23}$, dha$_{22}$ ga$_{44}$ hhek$_1$ zok$_{23}$!

## 第二课 介绍认识

**替换练习**

1. 请问侬 ⎡叫啥名字 / 住辣阿里搭 / 啥地方人 / 几岁⎤ ?

2. 侬 ⎡啥地方来个 / 啥地方去 / 啥物事买来啦 / 南京路认得哦⎤ ?

3. 侬 ⎡上海个交通情况熟勿熟 / 上海闲话讲勿讲 / 上海博物馆去勿去⎤ ?

4. 我勿大 ⎡来三 / 高兴 / 吃力 / 认得⎤ 。

5. 我辣辣 ⎡8楼 / 单位里 / 伊利公司 / 屋里向⎤ 。

6. 我辣 ⎡新申公司做过 / 复旦大学读过 / 石库门里住过⎤ 。

7. 搿个是我个 ⎡名片 / 身份证 / 伊妹儿地址 / 弟弟⎤ 。

8. 侬 ⎡上海闲话讲得来 / 上海地方住得惯 / 上海交通搞得清爽⎤ 哦?

9. ⎡听 / 晓 / 讲⎤ 是 ⎡听得懂 / 晓得 / 讲得出⎤ 一眼眼,⎡讲讲 / 听听 / 做做⎤ 勿 ⎡来 / 懂 / 来⎤ 个。

10. 有 ⎡事体 / 问题 / 业务⎤ 侬先打电话来 ⎡联系 / 问讯 / 预约⎤ 好了。

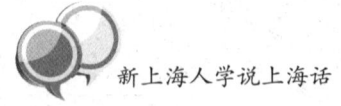

### 补充词语

**阿里搭** hha₂₂ li₅₅ dak₂₁ 哪儿。 **物事** mek₁ shy₂₃ 东西。 **认得** nin₂₂ dek₄ 认识。 **博物馆** bok₃ fhek₅ guoe₂₁ **高兴** gao₅₅ xin₂₁ **单位** de₅₅ whe₂₁ **屋里向** ok₃ li₅₅ xian₂₁ 家里。 **复旦大学** fhok₁ de₂₂ dha₂₂ hhok₂₃ **石库门** shak₁ ku₂₂ men₂₃ 上海的一种典型的弄堂房子,砖木结构,门边用石条砌成,有前楼、后楼、天井、客堂。 **身份证** sen₅₅ fhen₃₃ zen₂₁ **弟弟** dhi₂₂ dhi₄₄ **惯** gue₃₄ **搞** ghao₂₃ **清爽** qin₅₅ sang₂₁ 清楚;清洁。 **晓得** xiao₃₃ dek₄ **问题** fhen₂₂ dhi₄₄ **问讯** men₂₃ xin₃₄ **业务** nik₁ whu₂₃ **预约** yhu₂₂ yiak₄ **一眼眼** yik₃ nge₅₅ nge₂₁ 一点儿。上海话也说"一点点"。如:"我吃了一眼眼。"(我吃了一点儿。) **几岁** ji₃₃ soe₄₄ 多大。上海话10岁以上不限年岁,哪怕是对80岁的人,都问"几岁"。 **勿大** fhek₁ dha₂₃ 不太。如:"勿大好。"(不太好。) **脱** tek₅ /**脱仔** tek₃ zy₄₄ /**帮** bang₅₂ 连词,相当于普通话的"和"。如:"我脱仔/脱/帮侬一道去博物馆。" **喏** nao₂₃ 叹词,表示指明。如:"喏,搿个是我个名片。" **哦** o₅₂ 叹词,表示醒悟,如:"哦,怪勿得!" **邪气** xhia₂₂ qi₄₄ 很、非常。

### 语法要点

**一、SOV 句式(主语+宾语+动词)**

上海话有多种句子,如表示是不是的疑问句,宾语要放在动词谓语前边,即宾语前置。如:"侬上海闲话讲得来哦?""侬人民公园去过哦?"

**二、有些句子不用介词**

上海话的有些短句,动词可以不用介词引进地点,如:"侬啥地方来个?""我复旦大学毕业个。"也可以说:"侬从啥地方来个?""我从复旦大学毕业个。"

**三、辣辣 lak₁ lak₂₃ 用法**

普通话"在"的意思,简作"**辣** lak₁₂"。作动词谓语,如:"我辣辣8楼813。""我辣辣大城市。"作介词,如:"我辣新申公司做过。""伊拉辣辣公园里白相。""我住辣郊区。""辣辣"又写作"垃拉","辣"又写作"拉"。

**四、拷贝式句子**

是有特色的上海话句式。如:"伊屋里屋里要受气,外头外头又勿开心。"(他在家里要受家里的气,在外面又不愉快。)"吃末吃勿好,乘车子末乘勿来。"(吃又吃不好,坐车又不会坐。)联用可以表示"虽然……但是",如:"上海闲话我听是听得懂一眼眼,讲讲勿来个。"在"讲讲"中,省了一个"是"。在拷贝句中,常用助词"末"、"是"表示停顿。

**五、……勿来 fhek$_{33}$ le$_{21}$**

不会……。如:"我上海闲话讲勿来。""……得来"即"会……",如:"伊打字打得来个。"

# 第三课 时间天气

 问时间

◆ 现在什么时候了?
  现在　啥　辰光?
  Yhi₂₂ she₄₄　sa₃₄　shen₂₂ guang₄₄?

◇ 差五分十点。
  十点　缺　五分。
  Shek₁ di₂₃　quik₅　ng₂₂ fen₄₄.

◆ 你们约好在什么时间见面?
  俫　约好　辣　啥辰光　见　面?
  Na₂₃　yak₃ hao₄₄　lak₁₂　sa₃₃ shen₅₅ guang₂₁　ji₃₄　mi₂₃?

◇ 十点一刻。
  十点　一刻。
  Shek₁ di₂₃　yik₃ kek₄.

◆ 那还有二十分钟呢。时间很充裕。
  葛　还有　廿分钟咪。　辰光　老　充裕个。
  Kek₅　hhe₂₂ yhou₄₄　nie₂₂ fen₅₅ zong₃₃ le₂₁.　Shen₂₂ guang₄₄　lao₂₃　cong₅₅ yhu₃₃ ghek₂₁.

◇ 不过我要等一个十点钟以后打来的电话。
  不过　我　要　等　一只　十点钟　以后　打来个　电话。

24

Bek₃ gu₄₄ ngu₂₃ yao₃₄ den₃₄ yik₃ zak₄ shek₁ di₂₂ zong₂₃ yi₅₅ hhou₂₁ dan₃₃ le₅₅ ghek₂₁ dhi₂₂ hho₄₄.

◆ 你真是个大忙人！今天星期一就这么忙。
侬 真是个 忙人！ 今朝 礼拜 一 就 介 忙。
Nong₂₃ zen₅₅ shy₃₃ ghek₂₁ mang₂₂ nin₄₄！Jin₅₅ zao₂₁ li₂₂ ba₄₄ yik₅ xhiu₂₃ ga₅₂ mang₂₃.

◇ 是啊,我要比你忙得多。我下午一点半还要赶到大名广场去,开新闻发布会。
是啊， 我 好好叫 要 比 侬 忙。 我 下半日 一点 半 还要 赶 到 大名 广场去， 开 新闻 发布会。
Shy₂₂ a₄₄， ngu₂₃ hao₃₃ hao₅₅ jiao₂₁ yao₃₄ bi₃₄ nong₂₃ mang₂₃. Ngu₂₃ hho₂₂ boe₅₅ nik₂₁ yik₃ di₄₄ boe₃₄ hhe₂₂ yao₄₄ goe₃₃ dao₄₄ dha₂₂ min₄₄ guang₃₃ shan₅₅ qi₂₁， ke₅₂ xin₅₅ fhen₂₁ fak₃ bu₅₅ whe₂₁.

## 问日期

◆ 小王,你是哪年生的?
小王， 侬 是 阿里一年 生个？
Xiao₃₃ whang₄₄， nong₂₃ shy₂₃ hha₂₂ li₅₅ yik₃ ni₂₁ san₅₅ ghek₂₁？

◇ 一九八二年。
一九 八二年。
Yik₃ jiu₄₄ bak₃ lian₅₅ ni₂₁.

◆ 你的生日是几月几号?
侬 生日 几月 几号？
Nong₂₃ san₅₅ nik₂₁ ji₃₃ yhuik₄ ji₃₃ hhao₄₄？

◇ 二月十二号。你呢?
二月 十二号。 侬呢？
Lian₂₂ yuik₄ shek₁ ni₂₂ hhao₂₃. Nong₂₂ nek₄？

◆ 我比你小四个月,我是八二年六月十九号生的。

我 比 侬 小 四个 号头, 我 是 八二年 六月 十九号 生个。
Ngu₂₃ bi₃₃ nong₄₄ xiao₃₄ sy₃₃ ghek₄ hhao₂₂ dhou₄₄, ngu₂₃ shy₂₃ bak₃ lian₅₅ ni₂₁ lok₁ yhuik₂₃ shek₁ jiu₂₂ hhao₂₃ san₅₅ ghek₂₁.

◇ 今天是六月十七号,后天是你的生日。
今朝 六月 十七号, 后天 是 侬 生日。
Jin₅₅ zao₂₁ lok₁ yhuik₂₃ shek₁ qik₂ hhao₂₃, hhou₂₂ ti₄₄ shy₂₃ nong₂₃ san₅₅ nik₂₁.

◆ 对,是在后天。
对, 是 辣 后日。
De₃₄, shy₂₃ lak₁₂ hhou₂₂ nik₄.

◇ 今天星期几?
今朝 礼拜 几?
Jin₅₅ zao₂₁ li₂₂ ba₄₄ ji₃₄?

◆ 星期五。
礼拜 五。
Li₂₂ ba₄₄ ng₂₃.

◇ 后天呢,正好是星期天,后天晚上我一定到你家里来祝贺。
后日末 正好 是 礼拜 日, 后日 夜里 我 一定 到 侬 屋里来 祝贺。
Hhou₂₂ nik₅ mek₂₁ zen₃₃ hao₄₄ shy₂₃ li₂₂ ba₄₄ nik₁₂, hhou₂₂ nik₂₃ yha₂₂ li₄₄ ngu₂₃ yik₃ dhin₄₄ dao₃₄ nong₂₃ ok₃ li₅₅ le₂₁ zok₃ whu₄₄.

◆ 谢谢。
谢谢侬。
Xhia₂₂ xhia₅₅ nong₂₁.

 问天气

◆ 今天真潮湿,人很郁闷的。
今朝 回潮得 来,人 老 殟塞个。

$Jin_{55}$ $zao_{21}$ $whe_{22}$ $shao_{55}$ $dek_{21}$ $le_{23}$，$nin_{23}$ $lao_{23}$ $wek_3$ $sek_5$ $ghek_{21}$.

◇ **温度将升到 34 度,还不算上海最热的天气呢。**

温度 要 升到 三十四度， 还 勿算 上海 最 热个 天气咪。

$Wen_{55}$ $dhu_{21}$ $yao_{34}$ $sen_{55}$ $dao_{21}$， $se_{55}$ $shek_3$ $sy_{33}$ $dhu_{21}$， $hhe_{23}$ $fhek_1$ $soe_{23}$ $shang_{22}$ $he_{44}$ $zoe_{34}$ $nik_1$ $ghek_{23}$ $ti_{55}$ $qi_{33}$ $le_{21}$.

◆ **上海夏天最高温度可到多少度啊?**

上海 热天 最高温度 好 到 几度啊?

$Shang_{22}$ $he_{44}$ $nik_1$ $ti_{23}$ $zoe_{33}$ $gao_{55}$ $wen_{33}$ $dhu_{21}$ $hao_{34}$ $dao_{34}$ $ji_{33}$ $dhu_{55}$ $a_{21}$?

◇ **要到三十七八度。**

要 三十 七八度。

$Yao_{34}$ $se_{55}$ $shek_{21}$ $qik_3$ $bak_5$ $dhu_{21}$.

◆ **冬天最低气温呢?**

冷天 最低 气温呢?

$Lan_{22}$ $ti_{44}$ $zoe_{33}$ $di_{44}$ $qi_{33}$ $wen_{55}$ $nek_{21}$?

◇ **可以到零下五六度。上海秋天最舒服。温度在 20 度左右,不冷不热,秋高气爽。**

可以 到 零下 五六度。 上海末, 秋天 最 适意。 温度末 辣辣 廿度 左右, 勿冷 勿热, 秋高 气爽。

$Ku_{33}$ $yi_{44}$ $dao_{34}$ $lin_{22}$ $hho_{44}$ $ng_{22}$ $lok_5$ $dhu_{21}$. $Shang_{22}$ $he_{55}$ $mek_{21}$， $qiu_{55}$ $ti_{21}$ $zoe_{34}$ $sek_3$ $yi_{44}$. $Wen_{55}$ $dhu_{33}$ $mek_{21}$ $lak_1$ $lak_{23}$ $nie_{22}$ $dhu_{44}$ $zu_{33}$ $yhou_{44}$, $fhek_1$ $lan_{23}$ $fhek_1$ $nik_{23}$， $qiu_{55}$ $gao_{21}$ $qi_{33}$ $sang_{44}$.

◆ **啊,现在倒有点风了,稍微凉快点了。**

哦， 现在 倒 有点 风了， 稍为 风凉点了。

$O_{52}$， $yhi_{22}$ $she_{44}$ $dao_{34}$ $yhou_{22}$ $di_{44}$ $fong_{55}$ $lek_{21}$， $sao_{55}$ $we_{21}$ $fong_{55}$ $lian_{33}$ $di_{33}$ $lek_{21}$.

◇ **现在是多云。天气预报说,今天傍晚要下雷阵雨。**

现在 是 多 云。 天气 预报 讲， 今朝 夜快 要 落 雷阵雨。

$Yhi_{22}$ $she_{44}$ $shy_{23}$ $du_{52}$ $yhun_{23}$. $Ti_{55}$ $qi_{21}$ $yhu_{22}$ $bao_{44}$ $gang_{34}$， $jin_{55}$ $zao_{21}$ $yha_{22}$ $kua_{44}$ $yao_{34}$ $lok_{\underline{4}}$ $le_{22}$ $shen_{55}$ $yhu_{21}$.

**替换练习**

1. 现在 ⎡啥辰光 / 几点钟 / 几化趟数 / 多少分钟⎤ 了？

2. 今朝 ⎡礼拜几 / 几月几号⎤ ？

3. 侬 ⎡生日几月几号 / 出生阿里一年 / 睏觉几点钟 / 起身啥辰光⎤ ？

4. ⎡后日 / 明朝 / 今朝 / 昨日 / 前日⎤ 末正好是礼拜日。

5. 我 ⎡下半日一点半 / 上半天九点三刻 / 中浪向十二点钟 / 夜里向八点整 / 夜快头六点钟⎤ 还要赶到大名广场去。

6. 今朝 ⎡回潮 / 闷热 / 乌苏 / 干燥⎤ 得来。

7. 温度要 ⎡升到34度 / 降到零下1度 / 升高5度 / 降低6度⎤ 。

8. 今朝 ⎡夜快 / 夜到 / 日里向 / 黄昏头 / 半夜里⎤ 要落 ⎡雷阵雨 / 阵头雨 / 雪 / 毛毛雨 / 霜⎤ 。

9. ⎡温度 / 湿度 / 气压 / 最高温度⎤ 末 ⎡辣辣20度左右 / 超过百分之70 / 是996帕 / 有34度⎤ 。

10. 现在倒 $\begin{bmatrix} 有点风 \\ 有点太阳 \\ 有点暖热 \\ 阴凉 \\ 瀴 \end{bmatrix}$ 了。

## 补充词语

### 一、数字

一 yik$_5$　二 lian$_{23}$/ni$_{23}$　三 se$_{52}$　四 sy$_{34}$　五 ng$_{23}$　六 lok$_{12}$　七 qik$_5$　八 bak$_5$　九 jiu$_{34}$　十 shek$_{12}$　廿 nie$_{23}$　三十 se$_{55}$sek$_{21}$

### 二、时间词

年 ni$_{23}$　月 yhui k$_{12}$　号头 hhao$_{22}$ dhou$_{44}$ 月。　礼拜 li$_{22}$ba$_{44}$ 星期。　日脚 nik$_1$jiak$_{23}$ 日子。　辰光 shen$_{22}$guang$_{44}$ 时间。　钟头 zong$_{55}$ dhou$_{21}$　点 di$_{34}$　刻 kek$_5$　分 fen$_{52}$　秒 miao$_{23}$　老老早 lao$_{22}$ lao$_{55}$ zao$_{21}$ 很早以前。　从前头 shong$_{22}$ xhi$_{55}$ dhou$_{21}$ 从前。　埃个辰光 e$_{55}$ ghek$_3$ shen$_{33}$ guang$_{21}$ 那时候。　近来 jhin$_{22}$ le$_{44}$　新近 xin$_{55}$ jhin$_{21}$　眼门前 nge$_{22}$ men$_{55}$ xhi$_{21}$ 眼前。　搿抢 ghek$_1$ qian$_{23}$ 这段时间。　现在 xhi$_{22}$ she$_{44}$　晏歇 e$_{33}$ xhik$_4$ 待会儿。　后来 hhou$_{22}$ le$_{44}$　将来 jian$_{55}$ le$_{21}$　大前年 dhu$_{22}$ xhi$_{55}$ ni$_{21}$　前年 xhi$_{22}$ ni$_{44}$　旧年 jhiu$_{22}$ ni$_{44}$/去年 qu$_{33}$ ni$_{44}$　今年 jin$_{55}$ ni$_{21}$　开年 ke$_{55}$ ni$_{21}$/明年 min$_{22}$ ni$_{44}$　后年 hhou$_{22}$ ni$_{44}$　大后年 dhu$_{22}$ hhou$_{55}$ ni$_{21}$　大前日 dhu$_{22}$ xhi$_{55}$ nik$_{21}$　前日 xhi$_{22}$ nik$_4$　昨日 shok$_1$ nik$_{23}$　今朝 jin$_{55}$ zao$_{21}$　明朝 min$_{22}$ zao$_{44}$　后日 hhou$_{22}$ nik$_{44}$　大后日 dhu$_{22}$ hhou$_{55}$ nik$_{21}$（此五个"日"都能改为"天 ti"）　清早 qi$_{55}$ zao$_{21}$　早晨头 zao$_{33}$ shen$_{55}$ dhou$_{21}$ 早晨。　早浪向 zao$_{33}$ lang$_{55}$ xian$_{21}$ 早上。　上半日 shang$_{22}$ boe$_{55}$ nik$_{21}$ 上午。　中浪向 zong$_{55}$ lang$_{33}$ xian$_{21}$ 中午。　下半日 hho$_{22}$ boe$_{55}$ nik$_{21}$ 下午。　夜快头 yha$_{22}$ kua$_{55}$ dhou$_{21}$ 傍晚。　黄昏头 whang$_{22}$ hun$_{55}$ dhou$_{21}$ 黄昏。　夜里向 yha$_{22}$ li$_{55}$ xian$_{21}$ 晚上。　半夜把 boe$_{33}$ yha$_{55}$ bo$_{21}$ 近半夜。　下半夜 hho$_{22}$ boe$_{55}$ yha$_{21}$　天亮快 ti$_{55}$ lian$_{33}$ kua$_{21}$ 黎明。

### 三、形容词

气闷 qi$_{55}$ men$_{21}$ 闷气。　乌苏 wu$_{55}$ su$_{21}$ 杂乱而脏，使人难受。　闷热 men$_{55}$ nik$_{21}$

**殟塞** wek₃sek₄ 不舒服;心中烦闷。　**难过** ne₂₂gu₄₄ 不好受;不容易过。　**潮湿** shao₂₂sek₄　**干燥** goe₅₅sao₂₁　**暖热** noe₂₂nik₄ 温暖;暖和。　**温吞** wen₅₅ten₂₁ 不冷不热。　**阴凉** yin₅₅lian₂₁　**爽快** sang₃₃kua₄₄　**风凉** fong₅₅lian₂₁　**瀴** yin₃₄ 透凉　**冷** lan₂₃　**忙** mang₂₃　**空** kong₃₄　**充裕** cong₅₅yhu₂₁　**急促** jik₃cok₄　**适意** sek₃yi₄₄ 舒服,感觉好。　**写意** xia₃₃yi₄₄ 舒服;称心;愉快。

**四、其他**

**多云** du₅₂ yhun₂₃　**阴天** yin₅₅ti₂₁　**晴天** xhin₂₂ti₄₄　**落雨** lok₁yhu₂₃　**阵头雨** shen₂₂dhou₅₅yhu₂₁　**台风** dhe₂₂feng₄₄　**大风** dhu₂₂fong₄₄　**霜** sang₅₂　**雪** xik₅　**雾** whu₂₃　**阿里** hha₂₂li₄₄ 哪;哪儿。如:"我吃阿里一只?"(我吃哪一个?)"侬住辣阿里?"　**几化** ji₃₃ho₄₄ 多少。　**多少** du₅₅sao₂₁　**几** ji₃₄　**好好叫** hao₃₃hao₅₅jiao₂₁ 远远。如:"我好好叫要比侬忙。""伊好好叫勿如侬唻。"多用于两相比较。另一种意思是"好好地",如:"侬要好好叫做。"　**好** hao₃₄ 可以。如:"上海热天最高好到几度啊?""侬好回去了。"　**葛** gek₅ 那。如:"葛还有廿分钟唻。""侬马上就要拿出来。——葛我勿答应个。"

### 一、比较句

用"x比yA"句式("A"为形容词)。如:"我好好叫要比侬忙。""我比侬小四个号头。"

### 二、话题句

上海话经常用"末 mek",在"末"前引出全句的话题语,下边的话是环绕话题的陈述。如下引的话有两个话题:"上海末,秋天最适意。温度末辣辣20度左右,勿冷勿热。""衣裳末,侬要放放好,勿要乱丢乱掼。"(你要把衣服放好,别乱丢乱扔。)"上海末,有啥白相头?要去末去苏州杭州。"(上海有什么可玩的?要去的话,就去苏州杭州。)"要去末去……"这句是拷贝式的话题句。这些都是较典型的上海话。

### 三、表示将来方式

上海话表示将来用"要 yao₃₄"。如:"温度要升到34度。""我要出国去了。"

# 第四课　处所方位

问地点

◆ 请问到大世界怎么走？

　　请问　到　大世界　哪能　走？

　　Qin$_{33}$ men$_{44}$　dao$_{34}$　dha$_{22}$ sy$_{55}$ ga$_{21}$　na$_{22}$ nen$_{44}$　zou$_{34}$？

◇ 笔直向前走，看到一个塔形的建筑就是。

　　笔直　朝前　走，　看见　一个　塔形个　建筑　就　是。

　　Bik$_3$ shek$_4$　shao$_{23}$　xhi$_{23}$　zou$_{34}$，　koe$_{55}$ ji$_{21}$　yik$_3$ ghek$_4$　tak$_3$ yhin$_{55}$ ghek$_{21}$　ji$_{33}$ zok$_4$　xhiu$_{23}$　shy$_{23}$.

◆ 那么到人民公园怎么去？

　　葛末　到　人民公园　哪能介　去法？

　　Gek$_5$ mek$_{21}$　dao$_{34}$　shen$_{22}$ min$_{55}$ gong$_{33}$ yhuoe$_{21}$　na$_{22}$ nen$_{55}$ ga$_{21}$　qi$_{33}$ fak$_4$？

◇ 这儿是西藏路金陵路口。你从这里过去，走到第四条横马路那儿，左拐弯对马路走过去一点就到了。

　　赫搭　是　西藏路　金陵路　口。侬　从　此地　过去，跑到　第四条　横马路个　地方，左转弯　对马路　走过去点　就　到了。

　　Ghek$_1$ dak$_{23}$　shy$_{23}$　xi$_{55}$ shan$_{33}$ lu$_{21}$　jin$_{55}$ lin$_{33}$ lu$_{21}$　kou$_{34}$. Nong$_{23}$　shong$_{23}$　ci$_{55}$ dhi$_{21}$　gu$_{33}$ qi$_{44}$，bhao$_{22}$ dao$_{44}$　dhi$_{22}$ sy$_{55}$ dhiao$_{21}$　whan$_{22}$ mo$_{55}$ lu$_{33}$ ghek$_{21}$　dhi$_{22}$ fang$_{44}$，zu$_{33}$ zoe$_{55}$ we$_{21}$　de$_{33}$ mo$_{55}$ lu$_{21}$　zou$_{33}$ gu$_{55}$ qi$_{33}$ di$_{21}$　xhiu$_{23}$

31

dao₃₃ lek₄.

◆ 行,谢谢你。

噢, 谢谢侬。

Ao₅₂, xhia₂₂ xhia₅₅ nong₂₁.

◆ 请问安福路52弄在哪里?

谢谢侬 安福路 五十二弄 辣辣 阿里搭?

Xhia₂₂ xhia₅₅ nong₂₁ oe₅₅ fok₃ lu₂₁ ng₂₂ shek₅ ni₃₃ long₂₁ lak₁ lak₂₃ hha₂₂ li₅₅ dak₂₁?

◇ 你向东一直走,看到红绿灯,穿过马路再走过去一点儿,有条小马路,向北拐弯走到底就是。

侬 朝 东 一直 走, 看到 红绿灯, 穿过 马路 再 走过去 一点点 路, 有 条 小马路, 朝北 转弯 走到 着末脚 就 是个。

Nong₂₃ shao₂₃ dong₅₂ yik₃ shek₄ zou₃₄, koe₃₃ dao₄₄ hhong₂₂ lok₅₅ den₂₁, coe₅₅ gu₂₁ mo₂₂ lu₄₄ ze₅₂ zou₃₃ gu₅₅ qi₂₁ yik₃ di₅₅ di₂₁ lu₂₃, yhou₂₃ dhiao₂₃ xiao₃₃ mo₅₅ lu₂₁, shao₂₂ bok₄ zoe₃₃ we₄₄ zou₃₃ dao₄₄ shak₁ mek₂ jiak₂₃ xhiu₂₃ shy₂₂ ghek₄.

◆ 我还想到那个大剧院去。

我 还 想 到 㬅个 大剧院 去。

Ngu₂₃ e₅₂ xian₃₄ dao₃₄ ghek₁ ghek₂₃ dha₂₂ jhik₅ yhuoe₂₁ qi₃₄.

◇ 那是路挺远的,你到那儿拐弯角上去坐地铁,坐到人民广场站出来。到那边可能要再问别人。

葛是 路 蛮 远个, 侬 到 㬅搭 转弯角子浪 去 乘 地铁, 乘到 人民广场站 出来。 到 埃面 可能 要 再 问声 别人。

Gek₅ shy₂₁ lu₂₃ me₅₂ yhuoe₂₂ ghek₄, nong₂₃ dao₃₄ ghek₁ dak₂₃ zoe₃₃ we₅₅ gok₃ zy₃₃ lang₂₁ qi₃₄ cen₃₄ dhi₂₂ tik₄, cen₃₃ dao₄₄

第四课　处所方位

shen₂₂ min₅₅ guang₃₃ shan₃₃ she₂₁ cek₃ le₄₄． Dao₃₄ e₅₅ mi₂₁ ku₃₃ nen₄₄ yao₃₄ ze₅₂ men₂₂ san₄₄ bhik₁ nin₂₃．

 问住址

◆ **对不起 90 号在哪儿？**

对勿起　九十号　辣　啥地方？

De₃₃ fhek₅ qi₂₁　jiu₃₃ sek₅ hhao₂₁　lak₁₂　sa₃₃ dhi₅₅ fang₂₁？

◇ **在弄堂的最里头。**

辣　弄堂　着着　里向头。

Lak₁₂　long₂₂ dhang₄₄　shak₁ shak₂₃　li₂₂ xian₅₅ dhou₂₁．

◆ **请你帮我指点一下。**

谢谢侬　帮我　指点一下。

Xhia₂₂ xhia₅₅ nong₂₁　bang₅₅ ngu₂₁　zy₃₃ di₅₅ yik₃ xia₂₁．

◇ **这条弄堂一直到底，看到有健身器的地方右拐弯，到第二排房子的第三家便是了。**

搿条　弄堂　一直　到　底，看见　有　健身器个　地方　右转弯，到第二坨　房子个　第三家　就　是了。

Ghek₁ dhiao₂₃　long₂₂ dhang₄₄　yik₃ shek₄　dao₃₄　di₃₄，koe₅₅ ji₂₁ yhou₂₃ jhi₂₂ sen₅₅ qi₃₃ ghek₂₁　dhi₂₂ fang₄₄　yhou₂₂ zoe₅₅ we₂₁，dao₃₄　dhi₂₂ ni₅₅ dha₂₁ fhang₂₂ zy₅₅ ghek₂₁　dhi₂₂ se₅₅ ga₂₁　xhiu₂₃　shy₂₂ lek₄．

**替换练习**

1. 请问到大世界 ⎡哪能走　　　　⎤ ？
　　　　　　　　⎢远勿远　　　　⎥
　　　　　　　　⎢乘啥个车子　　⎥
　　　　　　　　⎣朝前头走对哦　⎦

33

2. ⎡谢谢侬⎤ 安福路五十二弄 ⎡辣辣阿里搭⎤
   ⎢对勿起⎥              ⎢辣啥地方 ⎥ ？
   ⎣请问 ⎦              ⎣哪能走  ⎦

3. ⎡左转弯  ⎤
   ⎢朝前头 ⎥ 走过去点就到了。
   ⎢朝北   ⎥
   ⎣过红绿灯⎦

4. ⎡挖搭  ⎤
   ⎢挖搭块 ⎥
   ⎢埃面  ⎥ 是西藏路金陵路口。
   ⎢伊面搭 ⎥
   ⎣斜对面 ⎦

5. 侬 ⎡朝东一直  ⎤
      ⎢朝前面笔直⎥ 走。
      ⎣右转弯朝前⎦

6. 侬到 ⎡挖搭转弯角子浪⎤
        ⎢对过书报亭地方⎥ 去乘地铁。
        ⎢伊面商场边头 ⎥
        ⎣挖个商场里向 ⎦

## 补充词语

**一、处所词**

里向 li₂₂ xian₄₄/里向头 li₂₂ xian₅₅ dhou₂₁ 里面。　　外头 nga₂₂ dhou₄₄/外面 nga₂₂ mi₄₄　　边头 bi₅₅ dhou₂₁/边浪向 bi₅₅ lang₃₃ xian₂₁ 边上。　　对面 de₃₃ mi₄₄　　背后头 be₃₃ hhou₅₅ dhou₂₁ 背后。　　后头 hhou₂₂ dhou₄₄　　旁边 bhang₂₂ bi₄₄　　当中 dang₅₅ zong₂₁ 中间。　　斜对面 xhia₂₂ de₅₅ mi₂₁　　贴隔壁 tik₃ gak₅ bik₂₁ 隔壁。　　角落

头 $gok_3 lok_5 dhou_{21}$ 角落处。　　转弯角子 $zoe_{33} we_{55} gok_3 zy_{21}$ 拐弯角。

二、其他

远 $yhuoe_{23}$　　近 $jhin_{23}$　　浪 $lang_{21}$ 上。上海话在名词后表示方位的"上"读作"浪 lang",或者叫"……高头 $gao_{55} dhou_{21}$",如:"我坐床浪/高头。"　朝 $shao_{23}$ 向。

葛末 $kek_5 mek_{21}/kek_3 mek_4$ 那么。

### 语法要点

一、表示疑问

阿里搭 $hha_{22} li_{55} dak_{21}$ 哪儿。　　啥地方 $sa_{33} dhi_{55} fang_{21}$ 什么地方。　　哪能 $na_{22} nen_{44}$ 怎么。　　啥个 $sa_{33} ghek_4$ 什么。

二、指示地点

表示近指的有:

搿搭 $ghek_1 dak_{23}$　　搿搭块 $ghek_1 dak_{22} kue_{23}$　　此地 $cy_{55} dhi_{21}$

表示远指的有:

埃面 $e_{55} mi_{21}$　　埃面搭 $e_{55} mi_{33} dak_{21}$　　伊面 $yi_{55} mi_{21}$　　伊面搭 $yi_{55} mi_{33} dak_{21}$

手指着的地方,或交谈双方都预知的地方,即所谓定指,用"搿搭"。如:"侬大世界搿搭去过哦?"(你去过大世界那儿吗?)

三、指示东西

搿个 $ghek_1 ghek_{23}$/迭个 $dhik_1 ghek_{23}$ 这、这个。　　埃个 $e_{55} ghek_{21}$/伊个 $yi_{55} ghek_{21}$ 那个。

上海话很少用"埃个/伊个",一般是在两个东西对照时用,如:"搿个窗帘布勿好,埃个比较好。"双方都预知的定指事物,上海话通常用"搿个"。如:"侬搿个辰光还辣读小学。"(你那时还在读小学。)注意:这里的"个 ghek"常常轻读作"hhek"。"迭个"多用于老年人。

# 第五课　起居家常

 从起身到入睡

◆ 我因为上班时间早，单位离得远，每天 6 点半就要起床。

我　因为　上班　辰光　早，单位　离得　远，每天　六点　半　就要　起身。

Ngu₂₃　yin₅₅ whe₂₁　shang₂₂ be₄₄　shen₂₂ guang₄₄　zao₃₄，de₅₅ whe₂₁　li₂₂ dek₄　yhuoe₂₃，me₅₅ ti₂₁　lok₁ di₂₃　boe₃₄　xhiu₂₂ yao₄₄　qi₃₃ sen₄₄.

◇ 我喜欢睡得晚，常常 9 点起床。

我　欢喜　睏　晏觉，常庄　九点钟　起来。

Ngu₂₂　huoe₅₅ xi₂₁　kun₃₄　e₃₃ gao₄₄，shan₂₂ shan₄₄　jiu₃₃ di₅₅ zong₂₁　qi₃₃ le₄₄.

◆ 起来以后，叠好被子，就刷牙齿，洗脸，再吃早饭，有时一碗稀饭、一点儿酱菜，加一个鸡蛋；有时是两块面包、一杯牛奶，在微波炉里转一下。

起来　以后，叠好　被头，就　刷　牙齿，揩　面，再　吃　早饭，有常时　一碗　泡饭、一点　酱菜，加　一只　蛋；有常时　是　两块　面包、一杯　牛奶，微波炉里　转一转。

Qi₃₃ le₄₄　yi₃₄　hhou₂₃，dhek₁ hao₂₃　bhi₂₂ dhou₄₄，xhiu₂₃　sek₅　nga₂₂ cy₄₄，ka₅₂　mi₂₃，ze₅₂　qik₅　zao₃₃ fhe₄₄，yhou₂₂ shan₅₅ shy₂₁　yik₃ woe₄₄　pao₅₅ fhe₂₁，yik₃ di₄₄　jian₃₃ ce₄₄，ga₅₂　yik₃ zak₄　dhe₂₃；yhou₂₂ shan₅₅ shy₂₁　shy₂₃　lian₂₂ kue₄₄　mi₂₂ bao₄₄，yik₃ be₄₄　niu₂₂ na₄₄，fhi₂₂ bu₅₅ lu₃₃ li₂₁ zoe$_{33}$ yik$_5$ zoe$_{21}$.

◇ 我时间来不及,只好出门买大饼、油条,或者粢饭团、豆浆吃。

我 是 辰光 来大勿及, 只好 出 门 买 大饼、油条 或者 粢饭、豆腐浆吃。

Ngu$_{23}$ shy$_{23}$ shen$_{22}$ guang$_{44}$ le$_{22}$ dha$_{55}$ fhek$_{33}$ jhik$_{21}$, zek$_3$ hao$_{44}$ cek$_5$ men$_{23}$ ma$_{23}$ da$_{22}$ bin$_{44}$, yhou$_{22}$ dhiao$_{44}$ hhok$_1$ ze$_{22}$ cy$_{55}$ fhe$_{21}$, dhou$_{22}$ whu$_{55}$ jian$_{33}$ qik$_{21}$.

◆ 中午11点半我到单位食堂吃午饭。

中浪向 十一点 半 我 到 单位 饭厅里 吃 中饭。

Zong$_{55}$ lang$_{33}$ xian$_{21}$ shek$_1$ yik$_2$ di$_{23}$ boe$_{34}$ ngu$_{23}$ dao$_{34}$ de$_{55}$ whe$_{21}$ fhe$_{22}$ tin$_{55}$ li$_{21}$ qik$_5$ zong$_{55}$ fhe$_{21}$.

◇ 我们常常做到下午1点,盒饭是送上来吃的。

阿拉是 常庄 做到 下半日 一点钟, 盒饭 是 送上来 吃个。

Ak$_3$ lak$_5$ shy$_{21}$ shan$_{22}$ zang$_{44}$ zu$_{33}$ dao$_{44}$ hho$_{22}$ boe$_{55}$ nik$_1$ yik$_3$ di$_{55}$ zong$_{21}$, hhek$_1$ fhe$_{23}$ shy$_{23}$ song$_{33}$ shang$_{55}$ le$_{21}$ qik$_3$ ghek$_4$.

◆ 盒饭有几个菜?

盒饭 有 几只 菜?

Hhak$_1$ fhe$_{23}$ yhou$_{23}$ ji$_{33}$ zak$_4$ ce$_{34}$?

◇ 一般是两素三荤。

一般 是 两素 三荤。

Yik$_3$ be$_{44}$ shy$_{23}$ lian$_{22}$ su$_{44}$ se$_{55}$ hun$_{21}$.

◆ 我们食堂里是任意买的,只要把卡刷一下就可以了。

阿拉 饭厅里 是 随便傰 买个, 只要 刷刷 卡 就 可以了。

Ak$_3$ lak$_4$ fhe$_{22}$ tin$_{55}$ li$_{21}$ shy$_{23}$ shoe$_{22}$ bhi$_{55}$ nong$_{21}$ ma$_{22}$ ghek$_4$, zek$_3$ yao$_{44}$ sek$_3$ sek$_4$ ka$_{34}$ xhiu$_{23}$ ku$_{33}$ yi$_{55}$ lek$_{21}$.

◇ 我每天下午5点半下班。你几点回到家?

我 每天 下半日 五点 半 下班。 侬 几点钟 回到 屋里?

Ngu$_{23}$ me$_{55}$ ti$_{21}$ hho$_{22}$ boe$_{44}$ nik$_1$ ng$_{22}$ di$_{44}$ boe$_{34}$ hho$_{22}$ be$_{44}$. Nong$_{23}$ ji$_{33}$ di$_{55}$ zong$_{21}$ whe$_{22}$ dao$_{44}$ ok$_3$ li$_{44}$?

◆ 我也是5点半下班,那时候上海交通最拥挤,常常要堵车,回到家里要6点半,已经很累了。

我 也 五点 半 下班，搿个 辰光 上海 交通 最 轧，常常 要 塞车，回到 屋里 要 六点 半，已经 老 衰痨了。

Ngu$_{23}$ hha$_{23}$ ng$_{22}$ di$_{44}$ boe$_{34}$ hho$_{22}$ be$_{44}$， ghek$_1$ ghek$_{23}$ shen$_{22}$ guang$_{44}$ shang$_{22}$ he$_{44}$ jiao$_{55}$ tong$_{21}$ zoe$_{52}$ ghak$_{12}$， shan$_{22}$ shan$_{44}$ yao$_{34}$ sek$_3$ co$_{44}$， whe$_{22}$ dao$_{44}$ ok$_3$ li$_{44}$ yao$_{34}$ lok$_1$ di$_{23}$ boe$_{34}$， yi$_{33}$ jin$_{44}$ lao$_{23}$ sa$_{55}$ dhu$_{33}$ lek$_{21}$.

◇ 你晚上怎么过？

侬 夜里 哪能 过啊？

Nong$_{23}$ yha$_{22}$ li$_{44}$ na$_{22}$ nen$_{44}$ gu$_{33}$ a$_{44}$？

◆ 晚上看看晚报，看看电视，洗个澡就睡觉。

夜到 看看 夜报， 看看 电视， 汰个 浴末 睏觉。

Yha$_{22}$ dao$_{44}$ koe$_{33}$ koe$_{44}$ yha$_{22}$ bao$_{44}$， koe$_{33}$ koe$_{44}$ dhi$_{22}$ shy$_{44}$， dha$_{22}$ ghek$_{44}$ yhok$_1$ mek$_{23}$ kun$_{55}$ gao$_{21}$.

◇ 我晚上常常和朋友一起出去聚聚玩玩。回来再上上网，发几个伊妹儿，要搞到11点半吧。

我 夜里向 常庄 出去 得 朋友 一道 聚聚 白相相。 回来 再 上上 网， 伊妹儿 发发， 要 弄到 十一点 半唻。

Ngu$_{23}$ yha$_{22}$ li$_{55}$ xian$_{21}$ shan$_{22}$ shan$_{44}$ cek$_3$ qi$_{44}$ dek$_5$ bhan$_{22}$ yhou$_{44}$ yik$_3$ dhao$_{44}$ xhu$_{22}$ xhu$_{44}$ bhek$_1$ xian$_{22}$ xian$_{23}$. Whe$_{22}$ le$_{44}$ ze$_{52}$ shang$_{22}$ shang$_{44}$ mang$_{23}$， yi$_{55}$ me$_{33}$ er$_{21}$ fak$_3$ fak$_4$， yao$_{34}$ nong$_{55}$ dao$_{21}$ shek$_1$ yik$_2$ di$_{23}$ boe$_{33}$ le$_4$.

说家事

◆ 先生，你一家有几个人？

先生， 侬 屋里 有 几个 人？

Xi$_{55}$ san$_{21}$， nong$_{23}$ ok$_3$ li$_{44}$ yhou$_{23}$ ji$_{33}$ ghek$_{44}$ nin$_{23}$？

◇ 一共三个人：我老婆、儿子和我。

一共 三个 人：我 老婆、儿子 得仔 我。
Yik₃ ghong₄₄ se₅₅ ghek₂₁ nin₂₃：ngu₂₃ lao₂₂ bhu₄₄, ni₂₂ zy₄₄ dek₃ zy₄₄ ngu₂₃.

◆ 你爸爸、妈妈住在哪儿？
侬 爸爸、姆妈 住辣 阿里搭？
Nong₂₃ ba₅₅ ba₂₁, m₅₅ ma₂₁ shy₂₂ lak₄ hha₂₂ li₅₅ dak₂₁？

◇ 他们跟我的妹妹住在一起，离我家不远，你看，从这儿望去看得见的。
伊拉 脱 我 妹妹 住辣 一道，离 我 屋里 勿远，侬 看 从 挦搭 望得着个。
Yhi₂₂ la₄₄ tek₅ ngu₂₃ me₂₂ me₄₄ shy₂₂ lak₄ yik₃ dhao₄₄, li₂₃ ngu₂₃ ok₃ li₄₄ fhek₁ yhuoe₂₃, nong₂₃ koe₃₄ shong₂₃ ghek₁ dak₂₃ mang₂₂ dek₅ shak₃ ghek₂₁.

◆ 你夫人怎么这么忙？常常看到她很晚回来。
侬 夫人 哪能 介 忙？ 常庄 看见 伊 晏回来。
Nong₂₃ fu₅₅ nin₂₁ na₂₂ nen₄₄ ga₅₂ mang₂₃？Shan₂₂ shan₄₄ koe₅₅ ji₂₁ yhi₂₃ e₃₃ whe₅₅ le₂₁.

◇ 我老婆是中学教师，带高中毕业班。
我 老婆 是 中学 教师，带 高中 毕业班。
Ngu₂₃ lao₂₂ bhu₄₄ shy₂₃ zong₅₅ hhok₂₁ jiao₃₃ sy₄₄, da₃₄ gao₅₅ zong₂₁ bik₃ nik₅ be₂₁.

◆ 你家里买菜、做饭、洗衣，都是谁干的？
侬 屋里向 买小菜、烧饭、汏衣裳，侪是 啥人 做个？
Nong₂₃ ok₃ li₅₅ xian₂₁ ma₂₂ xiao₅₅ ce₂₁, sao₅₂ fhe₂₃, dha₂₂ yi₅₅ shang₂₁, she₂₂ shy₄₄ sa₃₃ nin₄₄ zu₃₃ ghek₄？

◇ 买菜做饭洗衣的事我们是不干的，我们是请钟点工做的，双休日她的母亲也来帮助做做。
"马大嫂" 阿拉 是 勿做个，买 菜 烧 饭个 事体 阿拉 是 请 钟点工 做个，双休日 伊拉 姆妈 也 来 帮 忙 做做。
'Ma₂₂ dha₅₅ sao₂₁' ak₃ lak₄ shy₂₃ vek₅ zu₅₅ ghek₂₁, ma₂₃ ce₄₁ sao₅₂

fhe₂₂ ghek₄ shy₂₂ ti₄₄ ak₃ lak₄ shy₂₃ qin₃₄ zong₅₅ di₃₃ gong₂₁ zu₃₃ ghek₄₄, sang₅₅ xiu₃₃ nik₂₁ yhi₂₂ la₄₄ m₅₅ ma₂₁ hha₂₃ le₂₃ bang₅₂ mang₂₃ zu₃₃ zu₄₄.

◆ 你认为请钟点工和请保姆,哪个好?

侬 认为 请 钟点工 请 保姆, 阿里 一种 好?

Nong₂₃ nin₂₂ whe₄₄ qin₃₄ zong₃₃ di₅₅ gong₂₁ qin₃₄ bao₃₃ mu₄₄, hha₂₃ li₄₄ yik₃ zong₄₄ hao₃₄?

◇ 当然请钟点工比较方便。

当然 钟点工 比较 便当。

Dang₅₅ shoe₂₁ zong₅₅ di₃₃ gong₂₁ bi₃₃ jiao₄₄ bhi₂₂ dang₄₄.

◆ 你儿子在做什么?

俺 儿子 辣 做 啥?

Na₂₃ ni₂₂ zy₄₄ lak₁₂ zu₃₄ sa₃₄?

◇ 他今天在找他刻的盘片,东找西找,一早找到现在,不知道藏在哪儿,找得正忙着呢。

伊 今朝 辣 寻伊 刻个 碟片, 东 寻 西 寻, 一早 寻到 现在, 勿晓得园辣 阿里, 寻得 忙煞辣海。

Yhi₂₃ jin₅₅ zao₂₁ lak₁₂ xhin₂₂ yhi₄₄ kek₃₃ ghek₄ dhik₂₂ pi₄₄, dong₅₂ xhin₂₃ xi₅₂ xhin₂₃, yik₃ zao₄₄ xhin₂₂ dao₄₄ yhi₂₂ she₄₄, vek₃ xiao₅₅ dek₂₁ kang₃₃ lak₄ hha₂₂ li₄₄, xhin₂₂ dek₄ mang₂₂ sak₅ lak₃ he₂₁.

(对孩子说)

◆ 豆豆啊,你为什么不把东西整理好呢?

豆豆啊, 侬 为啥 物事 勿 归归好?

Dhou₂₂ dhou₅₅ a₂₁, nong₂₃ whe₂₂ sa₄₄ mek₁ shy₂₃ fhek₁₂ gue₅₅ gue₂₁ hao₃₄?

◇ 下次要养成好习惯,自己的东西别东丢西扔的!

下趟 要 养成 好习惯, 自家个 物事 勿要 东 丢丢 西 掼掼!

Hho₂₂ tang₄₄ yao₃₄ yhan₂₂ shen₄₄ hao₃₃ xhik₅ gue₂₁, shy₂₂ ga₅₅ ghek₂₁ mek₁ shy₂₃ fhek₁ yao₂₃ dong₅₂ dok₃ dok₄ xi₅₂ ghue₂₂ ghue₄₄!

## 替换练习

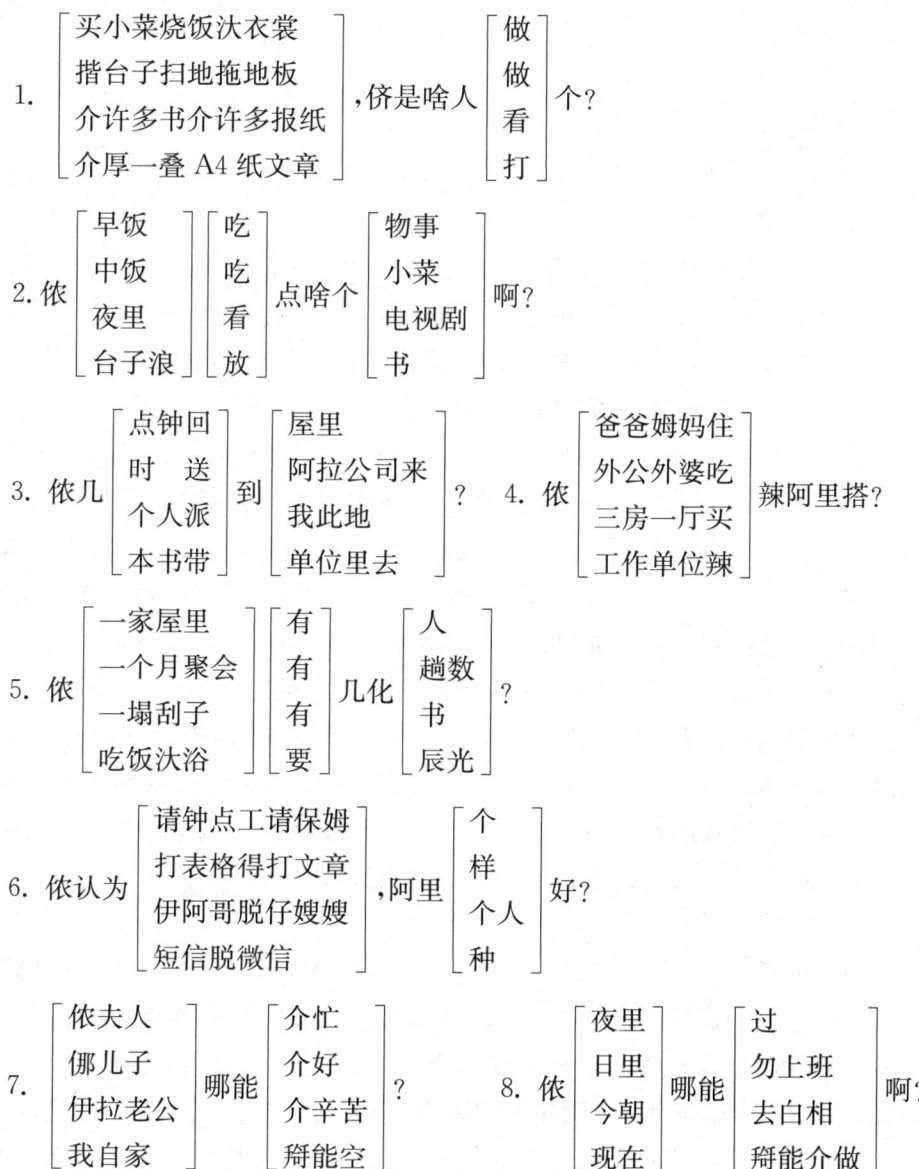

9. $\begin{bmatrix}\text{侬儿子}\\\text{伊拉爸爸}\\\text{侬一介头}\\\text{侬两介头}\end{bmatrix}$ 辣 $\begin{bmatrix}\text{做}\\\text{忙}\\\text{写}\\\text{讲}\end{bmatrix}$ 啥？   10. 为啥 $\begin{bmatrix}\text{物事}\\\text{衣裳}\\\text{生意}\\\text{读书}\end{bmatrix}$ 勿 $\begin{bmatrix}\text{归归}\\\text{摆摆}\\\text{做做}\\\text{读读}\end{bmatrix}$ 好？

## 补充词语

### 一、动作动词

**走** $zou_{34}$　**跑** $bhao_{23}$ 上海话有时把"走"也说"跑"，如："侬跑过来做啥？"（你走来干吗？）　**奔** $ben_{52}$ 跑。　**坐** $shu_{23}$　**隑** $ghe_{23}$ 靠。如："我隑辣墙壁浪。"（我靠在墙上。）　**逋** $bhu_{23}$ 蹲、呆。如："逋辣地浪。"（蹲在地上）"逋辣屋里。"（呆在家里。）"逋辣被头里。"（呆在被窝里）　**蹲** $den_{52}$　**扳** $be_{23}$　**拉** $la_{52}$　**拖** $tu_{52}$　**挢** $jhiao_{23}$ 撬。如："地板挢开来。"　**掴** $guak_5$ 用手猛打。如"掴耳光。"　**敲** $kao_{52}$　**戳** $cok_5$　**丢** $dok_5$ 丢，抛。如："丢纸头。""烂苹果丢脱。"（丢掉烂苹果。）　**掼** $ghue_{23}$ 摔；丢。如："掼垃圾"、"掼跤（摔跤）"。　**寻** $xhin_{23}$ 找。　**调** $dhiao_{23}$ 换。　**拣** $ge_{34}$ 挑。　**囥** $kang_{34}$ 藏。　**拎** $lin_{52}$ 提。　**蹡** $cong_{34}$ 行走不稳，向前跌撞。　**跌** $dik_5$　**轧** $ghak_{12}$ 挤。如："人堆里轧进去。"　**揩面** $ka_{52}\ mi_{23}$ 洗脸。　**汏浴** $dha_{23}\ yhok_{12}$ 洗澡。　**睏觉** $kun_{52}\ kao_{34}$ 睡觉。　**逋太阳** $bhu_{22}\ ta_{55}\ yhan_{21}$ 在太阳光底下闲坐。　**讲闲话** $gang_{34}\ hhe_{22}\ hho_{44}$ 说话。"闲话"的"闲"，本字为"言"。　**乘风凉** $shen_{22}\ fong_{55}\ lian_{21}$ 乘凉。　**打瞌眈** $dan_{33}\ kek_5\ cong_{21}$ 瞌睡。　**着衣裳** $zak_3\ yi_{55}\ shang_{21}$ 穿衣服。　**脱裤子** $tek_3\ ku_{55}\ zy_{21}$　**买小菜** $ma_{23}\ xiao_{33}\ ce_{44}$ 买菜。　**烧饭** $sao_{52}\ fhe_{23}$ 做饭。　**揩台子** $ka_{52}\ dhe_{22}\ zy_{44}$ 擦桌子。　**扫地** $sao_{34}\ dhi_{23}$　**拖地板** $tu_{52}\ dhi_{22}\ be_{44}$

### 二、其他

**晏** $e_{34}$ 晚，迟。如："早晏知道。"（早晚晓得。）"晏到了。"（迟到了。）　**有常时** $yhou_{22}\ shan_{55}\ shy_{21}$ 有时。　**一歇歇** $yik_3\ xik_5\ xik_{21}$ 一会儿。　**一点点** $yik_3\ di_{55}\ di_{21}$ 一点儿。　**衰瘩** $sa_{55}\ dhu_{21}$ 累。　**吃力** $qik_3\ lik_4$　**马大嫂** $ma_{22}\ dha_{55}\ sao_{21}$ 俗语，与"买、汏、烧"谐音，指家庭妇女。　**阿拉** $ak_3\ lak_4$ 我们，有时代"我"，这时指代较虚。　**来大勿及** $le_{22}\ dha_{55}\ fhek_3\ jhik_{21}$/**来勿大及** $le_{22}\ fhek_5\ dha_{33}\ jhik_{21}$ 都是"不太来得及"的意

思。　许多 $xu_{33}du_{44}$　书 $sy_{52}$　报纸 $bao_{33}zy_{44}$　厚 $hhou_{23}$　A4纸 $e_{55}sy_{33}zy_{21}$　文章 $fhen_{22}zang_{44}$　中饭 $zong_{55}fhe_{21}$ 午饭。　电视剧 $dhi_{22}shy_{55}jhik_{21}$　台子浪 $dhe_{22}zy_{55}lang_{21}$ 桌子上。　放 $fang_{34}$　公司 $gong_{55}sy_{21}$　派 $pa_{34}$　外公 $nga_{22}gong_{44}$　外婆 $nga_{22}bhu_{44}$　阿哥 $ak_3gu_{44}$ 哥哥。　嫂嫂 $sao_{33}sao_{44}$　三房一厅 $se_{55}fhang_{21}yik_3tin_{44}$　聚会 $xhu_{22}whe_{34}$　趟数 $tang_{33}su_{44}$ 次数。　一塌刮子 $yik_3tak_5guak_3zy_{21}$ 统统。　表格 $biao_{33}gak_4$　短信 $doe_{33}xin_{44}$　微信 $fhi_{22}xin_{44}$　老公 $lao_{22}gong_{44}$　辛苦 $xin_{55}ku_{21}$　空 $kong_{34}$　覅能 $gek_1nen_{23}$ 这样。　日里 $nik_1li_{23}$ 白天。　一介头 $yik_3ga_{55}dhou_{21}$ 一个人。　两介头 $lian_{22}ga_{55}dhou_{21}$ 两个人。　摆 $ba_{34}$ 放。　生意 $san_{55}yi_{21}$　读书 $dhok_1sy_{23}$

## 语法要点

### 一、动词重叠

表示经常反复的动作。常见三种形式：

VV,如:"吃吃,睏睏,蛮乐惠。"

VVO,如:"吃过夜饭,看看电视,上上网。"

VVC,如:"被头叠叠好。""物事摆摆整齐。"

还有对称地用,如:"衣裳东乩乩,西掼掼。""东家走走,西家弯弯。"

### 二、疑问代词

问人,用"啥人 $sa_{33}nin_{44}$",如:"侬是啥人？"

问东西,用"啥 $sa_{34}$"、"啥个 $sa_{33}ghek_4$",如:"覅个是啥？""啥个水果好吃？"

问时间,用"几时 $ji_{33}shy_{44}$"、"啥辰光 $sa_{33}shen_{55}guang_{21}$",如:"侬几时来？""侬啥辰光去？"

问地点,用"阿里 $hha_{22}li_{44}$"、"阿里搭 $hha_{22}li_{55}dak_{21}$",如:"侬从阿里搭来个？"

问数量,用"几 $ji_{34}$"、"几化 $ji_{33}ho_{44}$"、"多少 $du_{55}sao_{21}$",如:"倻屋里有几个人？""一共几化人？""买多少物事？"

问原因,用"为啥 $whe_{22}sa_{44}$",如:"侬为啥勿要吃？"

问选择,用"阿里个 $hha_{22}li_{55}ghek_{21}$",如:"爸爸跟姆妈,阿里个怕冷？"

问方式程度,用"哪能 $na_{22}nen_{44}$",如:"侬哪能介勿识相？""MD 哪能录？"

# 第六课 餐饮烹调

 菜场买菜

◆ 阿姨,今天竹笋很新鲜,称几斤去好吗?
　　阿姨啊,　今朝　竹笋　老　新鲜个,　称两斤去　好哦?
　　A$_{55}$ yhi$_{33}$ a$_{21}$,　jin$_{55}$ zao$_{21}$　zok$_3$ sen$_{44}$　lao$_{23}$　xin$_{55}$ xi$_{33}$ ghek$_{21}$,　cen$_{55}$ lian$_{33}$ jin$_{33}$ qi$_{21}$ hao$_{33}$ fha$_{44}$?

◇ 多少钱一斤?
　　几钿　一斤啊?
　　Ji$_{33}$ dhi$_{44}$　yik$_3$ jin$_{55}$ a$_{21}$?

◆ 六元五毛钱一斤,挺便宜的,称一点吧?
　　六元　五角　一斤,　噢得咪,　称点勿啦?
　　Lok$_3$ kue$_{44}$　ng$_{22}$ gok$_4$　yik$_3$ jin$_{44}$,　jhian$_{22}$ dek$_4$　le$_{23}$,　cen$_{55}$ di$_{33}$ fhek$_3$ la$_{21}$?

◇ 这么贵,人家只卖六元钱一斤。
　　介　贵个,　别人家　只　卖　六元　一斤。
　　Ga$_{52}$　ju$_{33}$ ghek$_4$,　bhik$_1$ nin$_{22}$ ga$_{23}$　zek$_5$　ma$_{23}$　lok$_3$ kue$_{44}$　yik$_3$ jin$_{44}$.

◆ 别瞎说啊,你看我的竹笋才从泥里挖出来的,特新鲜,短短的,是不是?
　　帮帮　忙噢,　侬　看看　阿拉个　竹笋　刚刚　从　烂泥里　挖出来个,
　　特别新鲜,　矮呦呦个,　是哦?
　　Bang$_{55}$ bang$_{21}$　mang$_{23}$ ao$_{21}$,　nong$_{23}$　koe$_{33}$ koe$_{44}$　ak$_3$ lak$_5$ ghek$_{21}$　zok$_3$ sen$_{44}$

44

gang$_{55}$ gang$_{21}$　shong$_{23}$　le$_{22}$ ni$_{55}$ li$_{21}$　wak$_3$ cek$_5$ le$_3$ ghek$_{21}$，　dhek$_1$ bhik$_{23}$ xin$_{55}$ xi$_{21}$，　a$_{33}$ you$_{55}$ you$_{33}$ ghek$_{21}$，　shy$_{22}$ fha$_{44}$?

◇ 真的？那便宜些行吗？六元钱一斤算啦！
　　是哦？　葛　便宜一眼　来三哦？　六元　一斤末　好咪。
　　Shy$_{22}$ fha$_{44}$?　Gek$_5$　bhi$_{22}$ ni$_{55}$ yik$_3$ nge$_{21}$　le$_{22}$ se$_{55}$ fha$_{21}$?　lok$_3$ kue$_{44}$　yik$_3$ jin$_{55}$ mek$_{21}$ hao$_{33}$ le$_{44}$.

◆ 不行。我不能做赔本生意。
　　勿来三个。　我　勿好　做　折本生意。
　　Vek$_3$ le$_{55}$ se$_{33}$ ghek$_{21}$.　Ngu$_{23}$　fhek$_1$ hao$_{23}$　zu$_{34}$　shek$_1$ ben$_{22}$ san$_{22}$ yi$_{23}$.

◇ 好吧,好吧,你跟我把竹笋后根剁掉一点,分量要称足。
　　好　好　好，　侬　脱我　竹笋　后根　斩脱点，　份量　称称　足。
　　Hao$_{34}$　hao$_{34}$　hao$_{34}$，　nong$_{23}$　tek$_3$ ngu$_{23}$　zok$_3$ sen$_{44}$　hhou$_{22}$ gen$_{44}$　ze$_{55}$ tek$_3$ di$_{21}$，　fhen$_{22}$ lian$_{44}$　cen$_{55}$ cen$_{21}$　zok$_5$.

◆ 好嘞！
　　一句闲话！
　　Yik$_3$ ju$_{44}$　hhe$_{22}$ hho$_{44}$.

餐厅用餐

◆ 今天我请客,咱们一起到外面去吃饭？
　　今朝　我　请客，阿拉　一道　到　外头去　吃　饭去？
　　Jin$_{55}$ zao$_{21}$　ngu$_{23}$　qin$_{33}$ kak$_{44}$，　ak$_3$ lak$_4$　yik$_3$ dhao$_{44}$　dao$_{34}$　nga$_{33}$ dhou$_{55}$ qi$_{21}$　qik$_5$　fhe$_{22}$ qi$_{44}$?

◇ 好啊,找一家便宜点儿的饭店去。
　　好个呀，　寻　一爿　便宜点个　饭店去。
　　Hao$_{33}$ ghek$_5$ ya$_{21}$，　xhin$_{23}$　yik$_3$ bhe$_{44}$　bhi$_{22}$ ni$_{55}$ di$_{33}$ ghek$_{21}$　fhe$_{22}$ di$_{55}$ qi$_{21}$.

◆ 小姐,点些什么菜？
　　小姐，点眼　啥个　菜？

Xiao₃₃ jia₄₄, di₃₃ nge₄₄ sa₃₃ ghek₄ ce₃₄?

◇ 你们这儿什么菜最有名？

侬 搿搭 啥个 菜 最 出 名？

Na₂₃ ghek₁ dak₂₃ sa₃₃ ghek₄ ce₃₄ zoe₃₄ cek₅ min₂₃?

◆ 我们有个烤乳鸽，很嫩，香极了。

阿拉 有 只 烤 乳鸽， 老 嫩个， 邪气 香。

Ak₃ lak₄ yhou₂₃ zak₅ kao₃₄ lu₂₂ gek₄, lao₂₃ nen₂₂ ghek₄, xhia₂₂ qi₄₄ xian₅₂.

◇ 就要个烤乳鸽吧。先生，你要点儿什么？

就 要 只 烤 乳鸽哦。 先生， 侬 要 吃点 啥？

Xhiu₂₃ yao₃₄ zak₅ kao₃₄ lu₂₂ gak₅ fha₂₁. Xi₅₅ san₂₁, nong₂₃ yao₃₄ qik₃ di₄₄ sa₃₄?

◆ 要个清蒸鲥鱼。你看蚝油牛肉好还是咖喱牛肉好？

点只 清蒸 鲥鱼。 侬 看 蚝油 牛肉 好 还是 咖喱 牛肉 好？

Di₃₃ zak₅ qin₅₅ zen₂₁ shy₂₂ ng₄₄. Nong₂₃ koe₃₄ hhao₂₂ yhou₄₄ niu₂₂ niok₄ hao₃₄ hhe₂₂ shy₄₄ ga₅₅ li₂₁ niu₂₂ niok₄ hao₃₄?

◇ 蚝油牛肉吧，烟熏青蛙也不错，再点一个蘑菇菜心。

蚝油 牛肉好哎， 烟熏 田鸡 也 勿错， 再来 一只 蘑菇 菜心。

Hhao₂₂ yhou₄₄ niu₂₂ niok₅₅ hao₃₃ le₂₁, yi₅₅ xun₂₁ dhi₂₂ ji₄₄ hha₂₃ fhek₁ co₂₃, ze₅₅ le₂₁ yik₃ zak₄ mo₂₂ gu₄₄ ce₃₃ xin₄₄.

◆ 汤，要腌笃鲜汤。

汤 要 腌笃鲜。

Tang₅₂ yao₃₄ yi₅₅ dok₃ xi₂₁.

◇ 我看荤菜太多了，叫个菌菇汤算了吧。

我 看 荤菜 忒多了， 来 只 菌菇汤 算了哦。

Ngu₂₃ koe₃₄ hun₅₅ ce₃₄ tek₃ du₅₅ lek₂₁, le₂₃ zak₅ jun₅₅ gu₃₃ tang₂₁ soe₅₅ lek₃ fha₂₁.

 小 吃

- 今天既然到城隍庙,就要尝尝本地小吃的味道了。

  今朝 既然 到 城隍庙, 就 要 尝尝 本帮 小吃个 味道了。

  Jin₃₃ zao₄₄  ji₅₅ shoe₂₁  dao₃₄  shen₂₂ whang₅₅ miao₂₁, xhiu₂₃  yao₃₄  shang₂₂ shang₄₄ ben₃₃ bang₄₄  xiao₃₃ qik₅ ghek₂₁  mi₂₂ dhao₅₅ lek₂₁.

- 这儿"南翔馒头"是最出名的。

  搿搭 "南翔馒头" 是 最 出 名个。

  Ghek₁ dak₂₃ 'noe₂₂ xhian₅₅ moe₃₃ dhou₂₁' shy₂₃  zoe₃₄  cek₅  min₂₂ ghek₄.

- 听说一个精品鸡鸭血汤,鲜得不得了,连外国元首都来吃过。

  听说 一只 精品 鸡鸭血汤, 鲜是 鲜得来 勿得 了, 外国 元首 都来 吃过。

  Tin₅₅ sek₂₁  yik₃ zak₄  jin₅₅ pin₂₁  ji₅₅ ak₃ xuik₃ tang₂₁, xi₂₃ shy₂₁  xi₂₃ dek₂ le₂₁  fhek₁ dek₂₃  liao₂₃, nga₂₂ gok₄  nyuoe₂₂ sou₄₄  du₅₅ le₂₁  qik₃ gu₄₄.

- 那是!还有面筋百叶双档最最地道,春卷烧卖、咖喱牛肉粉丝汤、桂花赤豆汤味道不错,一碗绉纱馄饨,皮儿薄得肉也看得见。

  葛是! 还有 面筋 百叶 双档 最最 正宗, 春卷、烧卖、咖喱 牛肉 细粉汤、桂花 赤豆汤 味道 勿错, 一碗 绉纱馄饨, 皮 薄是 薄得来 肉也 看得见个。

  Gek₅ shy₂₁! hhe₂₂ yhou₄₄  mi₂₂ jin₄₄  bak₃ yhik₄  sang₅₅ dang₂₁  zoe₃₃ zoe₄₄ zen₃₃ zong₄₄, cen₅₅ juoe₂₁, sao₅₅ ma₂₁, ga₅₅ li₂₁  niu₂₂ niok₄  xi₃₃ fen₅₅ tang₂₁, gue₃₃ ho₄₄  cak₃ dhou₅ tang₂₁, mi₂₂ dhao₅₅  fhek₁₂  co₅₂, yik₃ woe₄₄ zou₃₃ so₅₅ when₃₃ dhen₂₁, bhi₂₃  bhok₁ shy₂₃  bhok₁ dek₂ le₂₃  niok₁ hha₂₃ koe₃₃ dek₅ ji₃₃ ghek₂₁.

- 你讲得我馋死了!

  侬 讲了 我 馋也 馋煞哙。

  Nong₂₃  gang₃₃ lek₄  ngu₂₃  she₂₂ hha₄₄  she₂₂ sak₅ le₂₁.

### 江南烹调

◆ 上海这个地方,五方杂处,江南江北各种小菜都有。烹调方法,也样样齐全。

上海 辣块 地方, 五方 杂处, 江南 江北 各种 小菜 侪有。 烹调 方法, 也 样样 俱全。

Shang₂₂ he₄₄ ghek₁ kue₂₃ dhi₂₂ fang₄₄, ng₂₂ fang₄₄ shak₂₂ cy₄₄, gang₅₅ noe₂₁ gang₅₅ bok₂₁ gok₃ zong₄₄ xiao₃₃ ce₄₄ she₂₂ yhou₄₄. Pen₅₅ diao₂₁ fang₅₅ fak₂₁, hha₂₃ yhan₂₂ yhan₄₄ jhu₂₂ xhi₄₄.

◇ 你倒是说说看,有些什么做法?

侬 倒是 讲讲看, 有眼 啥个 烧法?

Nong₂₃ dao₃₃ shy₄₄ gang₃₃ gang₅₅ koe₂₁, yhou₂₂ nge₄₄ sa₃₃ ghek₄ sao₅₅ fak₂₁?

◆ 喏!火腿要隔水"蒸"的,虾仁要一"炒"就盛起来的,带鱼可以干"煎",豆板可油"氽",茭白用油"焖",咸菜"煸"好再放汤,牛肉"煠"了以后还要"焐"一会儿,蛤蜊放在蛋里"炖"。

喏! 火腿 要 隔水 "蒸"个, 虾仁 要 一"炒" 就 盛起来个, 带鱼 可以 干"煎", 豆板 好 油"氽", 茭白 用 油 "焖", 咸菜 "煸"好 再 放 汤, 牛肉 "煠"仔 以后 还要 "焐"一歇, 蛤蜊 摆辣 蛋里 "炖"。

Nao₂₃! Hu₃₃ te₄₄ yao₃₄ gak₃ sy₄₄ 'zen'₅₅ ghek₂₁, ho₅₅ nin₂₁ yao₃₄ yik₃ 'cao'₄₄ xhiu₂₃ shen₂₂ qi₅₅ le₃₃ ghek₂₁, da₃₃ ng₄₄ ku₃₃ yi₄₄ goe₅₅ 'ji'₂₁, dhou₂₂ be₄₄ hao₃₄ yhou₂₂ 'ten'₄₄, gao₅₅ bhak₂₂ yhong₂₃ yhou₂₃ 'men'₅₂', hhe₂₂ ce₄₄ 'bi₅₅ 'hao₂₁ ze₅₂ fang₃₄ tang₅₂, niu₂₂ niok₄ 'shak₁ 'zy₂₃ yi₅₅ hhou₄₁ hhe₂₂ yao₄₄ 'wu₅₅ 'yik₃ xik₂₁, gek₃ li₄₄ ba₃₃ lak₄ dhe₂₂ li₄₄ 'den₃₄'.

◇ 我知道从前还有一种"熻"的方法,做出一种肉叫"熻油肉",上海人真会吃!

我 晓得 老早 还有 一种 "熻"个 方法, 做出 一种 肉 叫 "熻

48

油肉"，上海人 真 会得 吃！

Ngu₂₃ xiao₃₃ dek₄ lao₂₂ zao₄₄ hhe₂₂ yhou₄₄ yik₃ zong₄₄ 'zou₃₃' ghek₄ fang₅₅ fak₂₁，zu₃₃ cek₄ yik₃ zong₄₄ niok₁₂ jiao₃₄ 'zou₃₃ yhou₅₅ niok₂₁'，shang₂₂ he₅₅ nin₂₁ zen₅₂ whe₂₂ dek₄ qik₅.

◆ 怪不得上海人喜欢吃"肯德基"，原来他们以前"笃"浦东鸡吃，吃出来个瘾；上海人现在排队吃"匹萨饼"，也许是从小排队吃炉子里"烘"出来个大饼吃大的！

怪勿得 上海人 欢喜 吃 "肯德基"，原来 伊拉 老早 "笃" 浦东鸡 吃，吃出来个 念头；上海人 现在 排队 吃 "披萨饼"，大概 是 从小 排队 吃 炉子里 "烘"出来个 大饼 吃大个！

Gua₃₃ fhek₅ dek₂₁ shang₂₂ he₅₅ nin₂₁ hoe₅₅ xi₂₁ qik₅ 'ken₃₃ dek₅ ji₂₁'，nyuoe₂₂ le₄₄ yhi₂₂ la₄₄ lao₂₂ zao₄₄ 'dok₅' pu₃₃ dong₅₅ ji₂₁ qik₅，qik₃ cek₅ le₃ ghek₂₁ ni₂₂ dhou₄₄；shang₂₂ he₅₅ nin₂₁ yhi₂₂ she₄₄ bha₂₂ dhe₄₄ qik₅ 'pi₅₅ sak₃ bin₂₁'，dha₂₂ ge₄₄ shy₂₃ shong₂₂ xiao₄₄ bha₂₂ dhe₄₄ qik₅ lu₂₂ zy₅₅ li₂₁ 'hong₅₅' cek₃ le₃₃ ghek₂₁ dha₂₂ bin₄₄ qik₅ dhu₅₅ ghek₂₁.

◇ 各种烹调法大家都会学几种，所以上海人一到晚上，常常可以悠哉悠哉躲进小楼，一边"笃"着蹄髈，一边"唧"着螺蛳，等等。

各种 烹调法 大家 侪会 学两样，所以 上海人 一到 夜里，常庄 可以 悠哉 悠哉 躲进 小楼，蹄髈 笃笃，螺蛳 唧唧咾啥。

Gok₃ zong₄₄ pen₅₅ dhiao₃₃ fak₂₁ dha₂₂ ga₄₄ she₂₂ whe₄₄ hhok₁ lian₂₂ yhan₂₃，su₅₅ yi₂₁ shang₂₂ he₅₅ nin₂₁ yik₃ dao₄₄ yha₂₂ li₄₄，shan shan₄₄ ku₃₃ yi₄₄ you₅₅ ze₂₁ you₅₅ ze₂₁ du₃₃ jin₄₄ xiao₃₃ lou₄₄，dhi₂₂ pang₄₄ dok₃ dok₄，lu₂₂ sy₄₄ sok₃ sok₅ lao₃₃ sa₂₁.

**替换练习**

1. 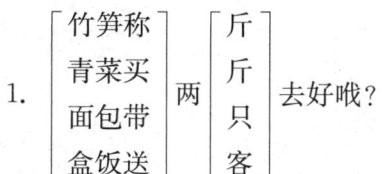 去好哦？

2. 今朝 ［小菜／面条／领带／精神］ 特别 ［新鲜／烂／漂亮／好］，是哦？

3. 四元五角一斤 ［嗷／嬻／新鲜／嗲］ 得来，［称点／买眼／带点／来点］ 勿啦？

4. 侬看 ［蚝油牛肉／水果色拉／弄馄饨吃／伊个脾气］ 好还是 ［咖喱牛肉／火腿色拉／弄馒头吃／我个脾气］ 好？

5. ［来／来／买／弄］ 一只 ［菌茹汤／油豆腐线粉汤／嗷一点个／推扳一点个］ 算了哦？

6. ［皮薄／人瘦／汤烫／人老实］ 是 ［薄／瘦／烫／老实］ 得来 ［肉／骨头／舌头／响］ 也 ［看得见／看得见／烫坏脱／勿响个］。

7. ［侬讲了／伊讲得／生活做得／萝卜干硬得来］ 我 ［馋／听／立／咬］ 也 ［馋煞来／听勿懂／立勿直／咬勿动］。

8. ［带鱼／馄饨／衣裳／台子］ 可以 ［干煎油煎／定做重做］，［豆板油条／裤子／凳子］ 好 ［油氽放汤／现买重买］。

9. ⎡蹄髈笃笃　　⎡螺蛳唰唰
　　油条夹夹　　　大饼咬咬
　　红肠切切，　　色拉拌拌。
　　夜报翻翻⎦　　电视看看⎦

10. ⎡后跟斩　　　　⎡份量称称足
　　油肉斩　　　　份量看看准
　　烂泥汰　脱点，表面弄弄好。
　　垃圾掼⎦　　　物事摆摆齐⎦

## 补充词语

### 一、餐饮名词

饭 $fhe_{23}$　面条 $mi_{22} dhiao_{44}$　馒头 $moe_{22} dhou_{44}$ 上海话"包子"也称馒头。　汤团 $tang_{55} dhoe_{21}$ 汤圆。　面包 $mi_{22} bao_{44}$　馄饨 $when_{22} dhen_{44}$　春卷 $cen_{55} juoe_{21}$　粢饭糕 $cy_{55} fhe_{33} gao_{21}$ 用糯米饭做成糕,油炸而成。　面饼 $mi_{22} bin_{44}$　阳春面 $yhan_{22} cen_{55} mi_{21}$　盖浇饭 $ge_{33} jiao_{55} fhe_{21}$ 饭上加菜肴。　豆腐浆 $dhou_{22} fhu_{55} jian_{21}$　大饼 $dha_{22} bin_{44}$　油条 $yhou_{22} dhiao_{44}$　豆腐花 $dhou_{22} fhu_{55} ho_{21}$　线粉 $xi_{33} fen_{44}$ 粉丝。　油豆腐 $yhou_{22} dhou_{55} fhu_{21}$　素鸡 $su_{33} ji_{44}$　豆芽菜 $dhou_{22} nga_{55} ce_{21}$ 豆芽。　水潽蛋 $sy_{33} pu_{55} dhe_{21}$ 去壳水煮的鸡蛋。　八宝饭 $bak_3 bao_{55} fhe_{21}$　盒饭 $hhak_1 fhe_{23}$　水果 $sy_{33} gu_{44}$　火腿 $hu_{33} te_{44}$　红肠 $hhong_{22} shan_{44}$　色拉 $sek_3 lak_4$　酱菜 $jian_{33} ce_{44}$　萝卜干 $lao_{22} bhok_{55} goe_{21}$　鸭肫干 $ak_3 zen_{55} goe_{21}$　老酒 $lao_{22} jiu_{44}$　啤酒 $bhi_{22} jiu_{44}$　橙汁 $shen_{22} zek_{44}$　雪碧 $xik_3 bik_4$

### 二、状态形容词

上海话里有许多形容词的生动形式,下面略作举例。

硬绷绷 $ngan_{22} ban_{55} ban_{21}$ 形容东西硬挺或态度生硬。　硬厥厥 $ngan_{22} jhuik_5 jhuik_{21}$ 形容硬而厥出。　软冬冬 $nyuoe_{22} dong_{55} dong_{21}$ 形容柔软。　嫩笃笃 $nen_{22} dok_5 dok_{21}$ 形容食物或皮肤的柔嫩。　长腰腰 $shan_{22} yao_{55} yao_{21}$ 形容瓜果蔬菜细长。　长端端 $shan_{22} doe_{55} doe_{21}$ 形容身材或物体较长。　矮幼幼 $a_{33} you_{55} you_{21}$ 形容矮小。　矮

笃笃 a₃₃dok₅dok₂₁ 形容个子较矮，褒义。　胖鼓鼓 pang₃₃gu₅₅gu₂₁ 形容胖而饱满。胖墩墩 pang₃₃den₅₅den₂₁ 形容矮胖结实。　瘦刮刮 sou₃₃guak₅guak₂₁ 形容身体消瘦。

三、单音形容词

阔 kuek₅　狭 hhak₁₂ 窄。　贵 ju₃₄　噇 jhian₂₃ 便宜。　奘 zang₃₄ 胖。　瘦 sou₃₄　油 yhou₂₃ 猪肉的肥。　腈 jin₅₂ 猪肉的瘦。　清 qin₅₂　浑 when₂₃　脆 coe₃₄　韧 nin₂₃ 坚而韧，粘性大。　稀 xi₅₂　棚 man₂₃ 密。　早 zao₃₄　晏 e₃₄ 晚。

四、副词

侪 she₂₃ 都。如："阿拉侪去了。"（我们都去了。）　一道 yik₃dhao₄₄ 一起。　统统 tong₅₅tong₂₁　一塌刮子 yik₃tak₅guak₃zy₂₁

五、其他

帮帮忙 bang₅₅bang₃₃mang₂₃ 由"帮个忙"引申出来，有"多关照，给点面子"的意思。如："朋友帮帮忙，勿要拆我个台了！"进而表示"别瞎说"的意思，对对方表示不满或异议。如："帮帮忙噢，侬勿要当我有交关钞票！"（你跟我别瞎说吧，你别以为我有许多钱！）　都 du₅₂ 连……也。如："我都勿睬伊，侬去睬伊做啥？"（连我也不理睬他，泥去理伊干嘛？）　好咪 hao₃₃le₄₄ 重读时表示催促，有"算啦"的意思。如："侬答应末好咪！"（你答应了算啦！）　会得 whe₂₂dek₄₄ 会。　好 hao₃₄ 可以。　弄 nong₅₂ 上海话中的代动词，可代替一些动词说，口气比较轻松。如"去买一客冰淇淋"可说"去弄一客冰淇淋。"　来 le₂₃ 上海话中另一个代动词，也可以替代一些动词。如："送一盆炒蛋。"可说"来一盆炒蛋。"　称两斤 cen₅₅lian₃₃jin₂₁ 三个字连读时，通常是"称几斤"的意思，"称"和"两斤"分读 cen₅₂ lian₂₂ jin₄₄ 时，是"称二斤"的意思。　青菜 qin₅₅ce₂₁　斤 jin₅₂　客 kak₅　送 song₃₄　漂亮 piao₃₃lian₄₄　精神 jin₅₅shen₄₄　新鲜 xin₅₅xi₂₁　嗲 dia₃₄ 好，精彩，够味；娇媚。　汤 tang₅₂　烫 tang₃₄　舌头 shek₁dhou₂₃　脾气 bhi₂₂qi₄₄　领带 lin₂₂da₄₄　推扳 te₅₅be₂₁ 差、差劲。　骨头 guek₃dhou₄₄　油肉 yhou₂₂niok₄ 肥肉。　瘦 sou₃₄　萝卜干 lao₂₂bhok₅goe₂₁　老实 lao₂₂shek₄　凳子 den₃₃zy₄₄　切 qik₅　斩 ze₅₂　响 xian₃₄ 出声。　咬 ngao₂₃　夹 gak₅　拌 bhoe₂₃　翻 fe₅₂　掼 ghue₂₃ 丢、扔。　齐 xhi₂₃　表面 biao₃₃mi₄₄　定做 dhin₂₂zu₄₄　重买 shong₂₂ma₄₄　垃圾 la₂₂xi₄₄　烂泥 le₂₂ni₄₄ 泥土。

## 语法要点

**一、是非问句**

上海话要对方回答"是"还是"不是"的问句常用的形式是在句子的末尾用语气词"**哦** fha"(吗)。如:"竹笋称两斤去好哦?""侬是老师哦?"上海话问事的时候还常常说了一句话,后用"对哦""是哦"来问。注意:"哦"还能表示商量语气,像普通话的"吧"。如:"来一只野菌汤算了哦?" 是非问句句尾如用"**勿啦** fhekla",则口气稍重一点,有时有"到底"的意味,有时带点要求对方的意思,如:"侬苏州去勿啦?"(你到底去不去苏州?)表示希望对方去。

**二、选择问句**

问两件事物中选哪一件。如:"侬看蚝油牛肉好还是咖喱牛肉好?"

**三、尝试体**

"VV 看"表示动作尝试一下。如:"讲讲看","吃吃看"。

**四、结果体**

"V 脱"的形式,表示动作结果的意思,大致相当于普通话的"V 掉",如:"斩脱"即"斩掉"。又如:"生活做脱"(活儿做掉),"钞票用脱"(钱用掉)。但如果"脱"前是形容词,"脱"相当于"了",如:"台子坏脱。"(桌子坏了。)"伊瘦脱了。"(他瘦了。)

**五、A 得来**

形容词后加"**得来** dek le",表示"很 A"的意思。如:"便宜得来!"(很便宜!)"漂亮得来!"(很漂亮!)语气较轻松。

**六、V 得 C**

上海话动词后带形容性的补语,中间的助词可以用"**得** dek"、"**了** lek"或"**得来** dek le",如:"侬讲得来我馋也馋煞咪。""我白相得开心煞了。""我白相了开心煞了。"

**七、拷贝句中提示话题的助词**

有"**末** mek"、"**是** shy"、"**也** hha"。如:"伊吃末勿要吃,睏末勿要睏。""伊嗲是嗲得来!""我恨也恨煞咪!"

# 第七课  服 饰 美 容

 在美容院

◆ 欢迎光临,小姐今天想怎样?剪发还是烫发?
　　欢迎  光临,  小姐  今朝  想  哪能?  头发  要  剪一剪  还是  烫一烫?
　　Huoe$_{55}$ nin$_{21}$　guang$_{55}$ lin$_{21}$,　xiao$_{33}$ jia$_{44}$　jin$_{55}$ zao$_{21}$　xian$_{34}$　na$_{22}$ nen$_{44}$?
　　dhou$_{22}$ fak$_{4}$　ji$_{33}$ yik$_{5}$ ji$_{21}$　hhe$_{22}$ shy$_{44}$　tang$_{33}$ yik$_{5}$ tang$_{21}$?

◇ 不用,洗一洗、吹一吹吧。
　　用勿着,　汏一汏、　吹一吹　就　可以了。
　　Yhong$_{22}$ fhek$_{5}$ shak$_{21}$,　dha$_{22}$ yik$_{5}$ dha$_{21}$,　cy$_{55}$ yik$_{3}$ cy$_{21}$　xhiu$_{23}$　ku$_{33}$ yi$_{55}$ lek$_{21}$.

◆ 小姐先洗头吧?
　　小姐  先  汏  头  好哦?
　　Xiao$_{33}$ jia$_{44}$　xi$_{52}$　dha$_{23}$　dhou$_{23}$　hao$_{33}$ fha$_{44}$?

◇ 好。
　　好个。
　　Hao$_{33}$ ghek$_{44}$.

◆ 干洗还是湿洗?
　　干汏呢　湿汏啊?
　　Goe$_{55}$ dha$_{33}$ ni$_{21}$　sek$_{3}$ dha$_{55}$ a$_{21}$?

◇ 干洗吧。

54

干汰好了。

Goe$_{55}$ dha$_{33}$ hao$_{33}$ lek$_{21}$.

◆ 这样轻重可以吗？

辫能　轻重　可以哦？

Ghek$_1$ nen$_{23}$　qin$_{55}$ shong$_{21}$　ku$_{33}$ yi$_{55}$ fha$_{21}$?

◇ 稍微轻一点。

稍微　轻一眼。

Sao$_{55}$ whe$_{21}$　qin$_{55}$ yik$_3$ nge$_{21}$.

◆ 头上还痒吗？不痒末，就去冲掉它好吗？

头　还　痒哦？　勿痒末，　去　冲脱伊　好哦？

Dhou$_{23}$　hhe$_{23}$　yhan$_{22}$ fha$_{44}$?　Vek$_3$ yhan$_{55}$ mek$_{21}$，　qi$_{34}$　cong$_{55}$ tek$_3$ yhi$_{21}$ hao$_{33}$ fha$_{44}$?

◇ 好。

好个。

Hao$_{33}$ ghek$_4$.

◆ 接下去你要按摩一下吗？

挨下来　侬　要　按摩按摩哦？

A$_{55}$ hho$_{33}$ le$_{21}$　nong$_{23}$　yao$_{34}$　oe$_{55}$ mo$_{33}$ oe$_{55}$ mo$_{33}$ fha$_{21}$?

◇ 就给我揉揉背跟腰，不要揉脸和手。

就　帮　我　捏捏　背　跟　腰，勿要　捏　面孔　告 手。

Xhiu$_{23}$　bang$_{52}$　ngu$_{23}$　niak$_1$ niak$_{23}$　be$_{34}$　gen$_{52}$　yao$_{52}$，　fhek$_1$ yao$_{23}$ niak$_{12}$　mi$_{22}$ kong$_{44}$　gao$_{52}$ sou$_{34}$.

◆ 我们这儿还有美容，做面膜，蒸面，香熏，小姐需要的话，可以打个八折。

阿拉　辫搭　还有　美容个，　做　面膜，蒸　面，香熏，小姐　需要个　闲话，　好　打个　八折。

Ak$_3$ lak$_4$　ghek$_1$ dak$_{23}$　hhe$_{22}$ yhou$_{44}$　me$_{33}$ yhong$_{55}$ ghek$_{21}$，　zu$_{34}$　mi$_{22}$ mok$_4$，zen$_{52}$　mi$_{23}$，　xian$_{55}$ xun$_{21}$，　xiao$_{33}$ jia$_{44}$　xu$_{55}$ yao$_{33}$ ghek$_{21}$　hhe$_{22}$ hho$_{44}$，　hao$_{34}$ dan$_{33}$ ghek$_4$　bak$_3$ zek$_4$.

◇ 太贵了。

忒　贵了。
Tek₅ ju₃₃ lek₄.

◆ 那你办张会员卡吧,就可以打对折,卡里的钱下次还可以用的,只要记账就行。
葛末　侬　办张　会员卡好了,　就　可以　打　对折,　卡里个　钞票　下趟　还可以　用个,　只要　记账　就　可以了。
Gek₅ mek₂₁　nong₂₃　bhe₂₂ zan₄₄　whe₂₂ yhuoe₅₅ ka₃₃ hao₃₃ lek₂₁,　xhiu₂₃　ku₃₃ yi₄₄ dan₃₄　de₃₃ zek₄,　ka₃₃ li₅₅ ghek₂₁　cao₃₃ piao₄₄　hho₂₂ tang₄₄　e₅₂　ku₃₃ yi₄₄ yhong₂₂ ghek₃₄,　zek₃ yao₄₄　ji₃₄　zan₃₄　xhiu₂₃　ku₃₃ yi₅₅ lek₂₁.

◇ 算了,不办了吧,我不是常来的。
算了,　勿办了,　我　勿是　常庄　来个。
Soe₅₅ lek₂₁,　vek₃ be₅₅ lek₂₁,　ngu₂₃　fhek₁ shy₂₃　shan₂₂ shan₄₄　le₂₂ ghek₄.

## 绅士购衣

◆ 先生,我想买件正规点儿的西装。
先生,　我　要　买件　正式点个　西装。
Xi₅₅ san₂₁,　ngu₂₃　yao₃₄　ma₂₅ jhi₂₁　zen₃₃ sek₅ di₃₃ ghek₂₁　xi₅₅ zang₂₁.

◇ 你看,这里一排都是进口面料欧版的西装,你喜欢什么颜色?
侬　看,　辣搭一排　侪是　进口面料　欧版个　西装,　侬　欢喜　啥个　颜色?
Nong₂₃　koe₃₄,　ghek₂ dak₅ yik₃ bha₂₁　she₂₂ shy₄₄　jin₃₃ kou₅₅ mi₃₃ liao₂₁ ou₅₅ be₃₃ ghek₂₁　xi₅₅ zang₂₁,　nong₂₃　huoe₅₅ xi₂₁　sa₃₃ ghek₄　nge₂₂ sek₄?

◆ 我要藏青色的,不过要有点线条在里面的。
我　要　藏青　颜色,　不过　要　有点　线条辣海个。
Ngu₂₃　yao₃₄　shan₂₂ qin₄₄　nge₂₂ sek₄,　bek₃ gu₄₄　yao₃₄　yhou₂₂ di₄₄ xi₃₃ dhiao₅₅ lak₃ he₃₃ ghek₂₁.

◇ 先生,这几件是新到的,做工非常讲究,式样也很大方,你看领子多挺啊!穿在身上多精神啊!
先生,　辣个　几件　是　新　到个,　做工　交关　考究,　式样　也　蛮大方，侬 看 领头 挺括哦！穿上去 勿要忒 神气噢！
Xi$_{55}$ san$_{21}$, ghek$_1$ ghek$_{23}$ ji$_{33}$ jhi$_{44}$ shy$_{23}$ xin$_{52}$ dao$_{33}$ ghek$_4$, zu$_{33}$ gong$_{44}$ jiao$_{55}$ gue$_{21}$ kao$_{33}$ jiu$_{44}$, sek$_3$ yhan$_{44}$ hha$_{23}$ me$_{52}$ dha$_{22}$ fang$_{44}$, nong$_{23}$ koe$_{34}$ lin$_{22}$ dhou$_{44}$ tin$_{33}$ guak$_5$ fha$_{21}$！Coe$_{55}$ shang$_{33}$ qi$_{21}$ fhek$_1$ yao$_{23}$ tek$_5$ shen$_{22}$ qi$_{55}$ ao$_{21}$！

◆ 我个子长得比较矮，不要很长的，你看像我这样身材的尺码有没有？

我 人 生得 比较 矮，我 勿要 长来死个，侬 看 像 我 辣能 介 身材个 尺码 有勿有？
Ngu$_{23}$ nin$_{23}$ san$_{55}$ dek$_{21}$ bi$_{33}$ jiao$_{44}$ a$_{34}$, ngu$_{23}$ fhek$_1$ yao$_{23}$ shan$_{22}$ le$_{44}$ xi$_{33}$ ghek$_{21}$, nong$_{23}$ koe$_{34}$ xian$_{23}$ ngu$_{23}$ ghek$_1$ nen$_{22}$ ga$_{23}$ sen$_{55}$ she$_{33}$ ghek$_{21}$ cak$_3$ mo$_{44}$ yhou$_{22}$ fhek$_{55}$ yhou$_{21}$？

◇ 有，我们这儿各种尺寸都有，我看你穿稍微淡一点的颜色更加配你的面色。你看那件怎么样？要试穿一下吗？

有个，阿拉 辣搭 各种 尺寸 侪有，我 看 侬 稍为 淡一点个 颜色 更加 配 侬个 面色。侬 看 埃面一件 哪能？阿要 着着看！
Yhou$_{22}$ ghek$_4$, ak$_3$ lak$_4$ ghek$_1$ dak$_{23}$ gok$_3$ zong$_{44}$ cak$_3$ cen$_{44}$ she$_{22}$ yhou$_{44}$, ngu$_{23}$ koe$_{34}$ nong$_{23}$ sao$_{55}$ we$_{21}$ dhe$_{22}$ yik$_5$ di$_{33}$ ghek$_{21}$ nge$_{22}$ sek$_4$ gen$_{33}$ ga$_{44}$ pe$_{34}$ nong$_{22}$ ghek$_{44}$ mi$_{22}$ sek$_4$. Nong$_{23}$ koe$_{34}$ e$_{55}$ mi$_{22}$ yik$_{33}$ jhi$_{21}$ na$_{22}$ nen$_{44}$？Ak$_3$ yao$_{44}$ zak$_3$ zak$_5$ koe$_{21}$.

◆ 这种颜色倒很好的。能便宜一点吗？

辣只 颜色 倒 老 灵个。好 便宜点哦？
Ghek$_1$ zak$_{23}$ nge$_{22}$ sek$_4$ dao$_{34}$ lao$_{23}$ lin$_{22}$ ghek$_4$. Hao$_{34}$ bhi$_{22}$ ni$_{55}$ di$_{33}$ fha$_{21}$？

◇ 我们这里这一排西装全部打九折，再便宜就不行了。

阿拉 辣搭 辣一排 西装 全部 打 九折，再 便宜 就 勿可以了。
Ak$_3$ lak$_4$ ghek$_1$ dak$_{23}$ ghek$_1$ yik$_2$ bha$_{23}$ xi$_{55}$ zang$_{21}$ xhi$_{22}$ bhu$_{44}$ dan$_{23}$ jiu$_{33}$ zek$_4$, ze$_{52}$ bhi$_{22}$ ni$_{44}$ xhiu$_{23}$ vek$_5$ ku$_{55}$ yi$_{33}$ lek$_{21}$.

◆ 那么就要一套吧。

葛末 就 拿一套哦。

Gek₃ mek₄ xhiu₂₃ ne₅₅ yik₃ tao₃₃ fha₂₁.

◇ 先生,你要配一条领带吗？你看,这儿的领带都是意大利领带,你看这一条颜色亮一点,配你这件西装,真是酷毙了！

先生， 侬 领带 要 配一根哦？ 侬 看， 㑚搭个 领带 俉是 意大利 领带， 侬 看 㑚根 颜色 跳一点， 配侬 㑚件 西装， 真是 酷到 家了！

Xi₅₅ san₂₁, nong₂₃ lin₂₂ da₄₄ yao₃₄ pe₃₃ yik₅ gen₃₃ fha₂₁? Nong₂₃ koe₃₄, ghek₁ dak₂ ghek₂₃ lin₂₂ da₄₄ she₂₂ shy₄₄ yi₃₃ dha₅₅ li₂₁ lin₂₂ da₄₄, nong₂₃ koe₃₄ ghek₁ gen₂₃ nge₂₂ sek₄ tiao₃₃ yik₅ di₂₁, pe₃₃ nong₄₄ ghek₁ jhi₂₃ xi₅₅ zang₂₁, zen₅₅ shy₂₁ ku₃₃ dao₄₄ ga₅₅ lek₂₁.

◆ 让我配上去到镜子那儿看看。

让我 配上去 到 镜子海头 照一照。

Nian₂₂ ngu₄₄ pe₃₃ shang₅₅ qi₂₁ dao₂₃ jin₃₃ zy₅₅ he₃₃ dhou₂₁ zao₃₃ yik₅ zao₂₁.

◇ 这样吧,买一条领带,打个八折,另外加送一个领带夹。

㑚能介 好唻， 买 一根 领带， 打个 八折， 外加 送 一只 领带 轧头。

Ghek₁ nen₂₂ ga₂₃ hao₃₃ le₄₄, ma₂₃ yik₃ gen₄₄ lin₂₂ da₄₄, dan₃₃ ghek₄₄ bak₃ zek₄₄, nga₂₂ ga₄₄ song₃₄ yik₃ zak₄ lin₂₂ da₄₄ ghak₁ dhou₂₃.

 淑女买首饰

◆ 欢迎光临,先生小姐,你们想买点什么首饰？

谢谢 光临， 先生 小姐， 倷 要 买眼 啥个 首饰？

Xhia₂₂ xhia₄₄ guang₅₅ lin₂₁, xi₅₅ san₂₁ xiao₃₃ jia₄₄, na₂₃ yao₃₄ ma₂₂ nge₄₄ sa₃₃ ghek₄₄ sou₃₃ sek₄?

◇ 让我们先看看再说。

让 阿拉 先 看看 再讲。

Nian₂₃ ak₃ lak₄ xi₅₂ koe₃₃ koe₄₄ ze₅₅ gang₂₁.

◆ 现在铂金首饰很热门,小姐已经有了一个戒指,要不要买条铂金项链?

现在 铂金 首饰 交关 热门, 小姐 已经 有了 一只 戒指, 要勿
要 买条 铂金 项链?

yhi$_{22}$ she$_{44}$ bhak$_3$ jin$_{44}$ sou$_{33}$ sek$_4$ jiao$_{55}$ gue$_{21}$ nik$_1$ men$_{23}$, xiao$_{33}$ jia$_{44}$
yi$_{33}$ jin$_{44}$ yhou$_{22}$ lek$_4$ yik$_3$ zak$_4$ ga$_{33}$ zy$_{44}$, yao$_{33}$ fhek$_5$ yao$_{21}$ ma$_{23}$ dhiao$_{23}$
bhak$_3$ jin$_{44}$ hhang$_{22}$ li$_{44}$?

◇ 我想买一条 24K 的铂金项链,你们有几种款式给我看看?

我 想 买 一根 廿四 K 个 铂金 项链, 倷 有 几种 款式 拨我
看看叫?

Ngu$_{23}$ xian$_{34}$ ma$_{23}$ yik$_3$ gen$_{44}$ nie$_{22}$ sy$_{55}$ ke$_{33}$ ghek$_{21}$ bhak$_3$ jin$_{44}$ hhang$_{22}$ li$_{44}$,
na$_{23}$ yhou$_{23}$ ji$_{33}$ zong$_{44}$ kuoe$_{33}$ sek$_4$ pek$_3$ ngu$_{44}$ koe$_{33}$ koe$_{55}$ jiao$_{21}$?

◆ 你看这儿一排有 12 条,都是很美的,各种粗细都有,还有那边柜台里也有很多。

倷 看 搿搭 一排生 有 十二条, 侪 老 嫩个, 各种 粗细 侪
有, 还有 埃面 柜台里向 也有 交关辣海。

Nong$_{23}$ koe$_{34}$ ghek$_1$ dak$_{23}$ yik$_3$ bha$_{55}$ san$_{21}$ yhou$_{23}$ shek$_1$ ni$_{22}$ dhiao$_{23}$,
she$_{23}$ lao$_{23}$ ze$_{33}$ ghek$_4$, gok$_3$ zong$_{44}$ cu$_{55}$ xi$_{21}$ she$_{23}$ yhou$_{23}$, hhe$_{22}$ yhou$_{44}$
e$_{55}$ mi$_{21}$ jhu$_{22}$ dhe$_{55}$ li$_{33}$ xian$_{21}$ hha$_{22}$ yhou$_{44}$ jiao$_{55}$ gue$_{23}$ lak$_3$ he$_{21}$.

◇ 我看这条挺大方。

我 看 搿条 蛮 大方。

Ngu$_{23}$ koe$_{34}$ ghek$_1$ dhiao$_{23}$ me$_{52}$ dha$_{22}$ fang$_{44}$.

◆ 先生眼光真好,要不要试试戴一下?你看,太美啦!

先生 眼光 真 好, 阿要 试试 戴戴看? 倷 看呀, 瞎 嗲!

Xi$_{55}$ san$_{21}$ nge$_{22}$ guang$_{44}$ zen$_{52}$ hao$_{34}$, ak$_3$ yao$_{44}$ sy$_{33}$ sy$_{44}$ da$_{33}$ da$_{55}$ koe$_{21}$?
Nong$_{23}$ koe$_{33}$ ya$_{44}$, hak$_5$ dia$_{34}$.

◇ 我觉得价钱太贵,再说没什么特别好看……

我 觉着 价钿 忒 贵, 再讲 呒没啥 特别 好看……

Ngu$_{23}$ gok$_3$ shak$_4$ ga$_{33}$ dhi$_{44}$ tek$_5$ ju$_{34}$, ze$_{55}$ gang$_{21}$ m$_{22}$ mek$_5$ sa$_{21}$
dhek$_1$ bhik$_{23}$ hao$_{33}$ koe$_{44}$……

◆ 要不我们到别处再去看看。

要末 阿拉 到 别个 地方 再去 看看。
Yao₃₃mek₄ ak₃lak₄ dao₃₄ bhik₁ghek₂₃ dhi₂₂fang₄₄ ze₅₅qi₂₁ koe₃₃koe₄₄.

**在理发店**

◆ 欢迎光临,请坐。现在人很多,请你稍微等一下。
欢迎 光临, 坐 坐。 现在 人 多, 请侬 稍为 等一等。
Huoe₅₅nin₂₁ guang₃₃lin₂₁, zu₂₃ zu₂₃. Yhi₂₂she₄₄ nin₂₃ du₅₂, qin₃₃nong₄₄ sao₅₅we₂₁ den₃₃yik₅den₂₁.

◇ 我要理发,洗头。
我 要 剃 头, 汏 头。
Ngu₂₃ yao₃₄ ti₃₄ dhou₂₃, dha₂₃ dhou₂₃.

◆ 你要理什么式样?
侬 剃 啥个 式样?
Nong₂₃ ti₃₄ sa₃₃ghek₄ sek₃yhan₄₄?

◇ 就按原样儿吧,稍微短一点。
照 老样子好了, 稍为 短一点。
Zao₃₄ lao₂₂yhan₃₃zy₃₃hao₃₃lek₂₁, sao₅₅we₂₁ doe₃₃yik₅di₂₁.

◆ 修面吗?
修 面 修哦?
Xiu₅₂ mi₂₃ xiu₅₅fha₂₁?

◇ 好,就修吧。我还要染发,吹风。
好, 就 修哦。我 还要 染 头发, 吹 风。
Hao₃₄, xhiu₂₃ xiu₅₅fha₂₁. Ngu₂₃ hhe₂₂yao₄₄ ni₂₃ dhou₂₂fak₄, cy₅₂ fong₅₂.

## 第七课　服饰美容

**替换练习**

1. 箇只 [颜色／味道／小菜／打扮] 老 [灵／嗲／嫩／酷] 个。

2. 侬看呀，瞎 [嗲／跳／戆巴]！

3. 先生 [眼光／福气／派头／眼睛] 真 [好／好／大／尖]。

4. 我看侬 [着买用穿] 稍为 [淡／新／贵／紧身] 一点个 [颜色／式样／汏头膏／裤子] 更加 [好／合适／适意／酷]。

5. [阿要／要勿要／要／阿要] [着着看／戴戴／用用哦／穿一穿]？

6. 我 [人／身体／样子／肩胛] [生长显生] 得比较 [矮／瘦／长／阔]。

7. 现在 [铂金首饰／吊带裙／牛仔裤／ipad] [交关热门／交关行俏／邪气普通／邪气流行]。

8. 我看 [箇条蛮／箇只蛮／箇件相当／箇条相当] [大方／懂经／克拉／台型]。

9. 我勿要 [长来死／厚得勿得了／乡里乡气／花头花脑] 个。

10. [干汏呢／汏头还是／CD呢还是／侬去还是] [湿汏啊／剃头／MP3／我去呢]？

61

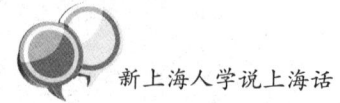

## 补充词汇

### 一、形容词

灵 $lin_{23}$ 称赞东西"好",说"辫个物事老灵个!"此外,还说"嬻 $ze_{34}$"、"嗲 $dia_{34}$"。"嗲"还有"精彩"的意味,新近又用"酷 $ku_{52}$","酷"来自英语"cool",也有"好、精彩、令人兴奋"的意思。　炫 $yhuoe_{23}$ 耀眼,酷。如:"辫套衣裳多炫啊!"　跳 $tiao_{34}$ 醒目,突出。如:"领带个颜色真跳!"　爽 $sang_{34}$ 痛快,舒服,过瘾。　派 $pa_{34}$ 时髦,有气派,样子神气。　牛 $niu_{23}$ 兴旺。　妖 $yao_{52}$ 奇特,有意思。　巴 $ba_{52}$ 土气,不入时。　行 $hhan_{23}$ 流行,风行。　戆 $ghang_{23}$ 傻,笨拙。　长 $shan_{23}$ 上海话除了说东西有长短之外,人的身体长得高也说"身体长"。　搭浆 $dak_3 jian_{44}$ 马虎潦草,敷衍了事。　大方 $dha_{22} fang_{44}$　热门 $nik_1 men_{23}$　挺刮 $tin_{33} guak_4$ 挺直平整。　神气 $shen_{22} qi_{44}$ 精神。　行俏 $hhan_{22} qiao_{44}$　懂经 $dong_{33} jin_{44}$ 时髦,精通。如:"辫个人穿衣裳真懂经!"　台型 $dhe_{22} yhin_{44}$ 时髦。　克拉 $kek_3 lak_4$ 漂亮,经典。　普通 $pu_{33} tong_{44}$　流行 $liu_{22} yhin_{44}$　前卫 $xhi_{22} whe_{44}$

### 二、服饰名词

衣裳 $yi_{55} shang_{21}$　中装 $zong_{55} zang_{21}$　西装 $xi_{55} zang_{21}$　衬衫 $cen_{33} se_{44}$　汗背心 $hhoe_{22} be_5 xin_{21}$　棉毛衫 $mi_{22} mao_{55} se_{21}$　T恤 $ti_{55} xuik_{21}$　牛仔裤 $niu_{22} ze_{55} ku_{21}$　直统裤 $shek_1 tong_{22} ku_{23}$　裙子 $jhun_{22} zy_{44}$　连衫裙 $li_{22} se_{55} jhun_{21}$　迷你裙 $mi_{22} ni_{55} jhun_{21}$　吊带裙 $diao_{33} da_{55} jhun_{21}$　羊毛衫 $yhan_{22} mao_{55} se_{21}$　围巾 $yhu_{22} jin_{44}$　手套 $sou_{33} tao_{44}$　绢头 $juoe_{33} dou_{44}$ 手帕。　帽子 $mao_{22} zy_{44}$　袜子 $mak_1 zy_{23}$　套鞋 $tao_{33} hha_{44}$　戒指 $ga_{33} zy_{44}$　耳环 $er_{22} ghue_{44}$　手镯 $sou_{33} shok_4$　项链 $hhang_{22} li_{44}$

## 语法要点

### 一、程度副词

程度副词中表示甚度的有:

相当 $xian_{55} dang_{21}$　蛮 $me_{52}$ 相当,颇。　交关 $jiao_{55} gue_{21}$ 很、相当。如:"伊家当交关多。"(他家产很多。)　煞快 $sak_{55} kua_{21} / sak_{33} kua_{21}$ 很厉害。如:"我恨煞快!"(我恨死了!)　几化 $ji_{33} ho_{44}$ 多少。如:"我待侬几化好!"(我待你多少好!)　多少

du$_{55}$ sao$_{21}$

程度副词中表示极度的有：

**老** lao$_{23}$ 很。如："伊老好个！"（他很好！） **邪气** xhia$_{22}$qi$_{44}$ 非常。如："伊邪气好！"（他非常好！） **来死** le$_{55}$xi$_{21}$/le$_{33}$xi$_{21}$ 很。如："辫个人坏来死！"（这人很坏！） **瞎** hak$_5$ 极了。如："伊瞎漂亮！"（她漂亮极了！） **来得个** le$_{22}$dek$_5$ghek$_{21}$ 特别地，尤其。如："伊来得个高兴！"（他特别地高兴！） **忒** tek$_5$ 太。如："伊忒高兴了！"（他太高兴了！）

程度副词中表示比较度的有：

**比较** bi$_{33}$jiao$_{44}$ **更加** gen$_{33}$ga$_{44}$ **加二** ga$_{55}$ni$_{21}$ 更加。如："侬再发火，伊加二要勿高兴！" **最** zoe$_{34}$ **顶** din$_{34}$ 最。如："三个人当中，伊顶好！"

## 二、选择问句

用助词"**呢** ne"或"**还是** hhe shy"连接被选择的双方提问。如："头发剪一剪，还是烫一烫？""剪头发呢，还是做美容？""干汰呢湿汰？""去杭州呢还是去苏州呢？"

## 三、正反问句

是"是非问句"的一种。采用"V 勿 V"的形式，如："辫搭有勿有饭店？""侬茶叶要勿要？"或者用"阿 V"形式，如："侬阿要茶叶？""伊阿是去过了？"

## 四、短时反复

"V 一 V"表示短时反复，等于"V 一下"。如："请侬稍微等一等。""头发修一修。"有时省了"一"，用"VV"，如："让阿拉先看看。""拿本书参考参考。"

## 五、尝试体

"试试看 sy$_{33}$sy$_{55}$koe$_{21}$"、"着着看 zak$_3$zak$_5$koe$_{21}$"、"戴戴看 da$_{33}$da$_{55}$koe$_{21}$"、"写写看 xia$_{33}$xia$_{55}$koe$_{21}$"，都表示动作的尝试。"看"也能说"看看看 koe$_{33}$koe$_{55}$koe$_{21}$"，但中青年人改说"**看看叫** koe$_{33}$koe$_{55}$jiao$_{21}$"。

## 六、辣海 lak$_1$he$_{23}$ 用法

最初有"在里面"的意思，后来扩大用作"在那儿"的意思。如："我要藏青颜色，不过要有点线条辣海个。""茶壶里放点茶叶辣海。"这里的"辣海"都还保留一点"在里面"的意思。"写字台浪有两张纸头辣海。"这句的"辣海"是"在那儿"的意思。再后来"辣海"虚化为表示"现状"语气："还有埃面柜台里向也有交关辣海。"就是表示"还有那边的柜台里也有很多在那儿"这样的现状。"足球踢得老紧张辣海。"就是

现在的情况足球踢得紧张着呢。

**七、勿要忒……噢 vek₃ yao₅₅ tek₂₁……ao₂₁**

就是已经非常……了。"穿上去勿要忒神气噢！"即"穿上去非常精神！"相当于古汉语的"不亦……乎"，"勿要忒开心噢！"就是"不亦乐乎！"

# 第八课 订房购屋

 选择环境

◆ 这儿小区的绿地面积有多少？
  㚻搭 小区 绿地 面积 有 多少？
  Ghek₁ dak₂₃ xiao₃₃ qu₄₄ lok₁ dhi₂₃ mi₂₂ jik₂₃ yhou₂₃ du₅₅ sao₂₁?

◇ 绿地面积占总面积60%。
  绿地 面积 占 总面积个 百分之 六十。
  Lok₁ dhi₂₃ mi₂₂ jik₃ zoe₃₄ zong₃₃ mi₅₅ jik₃ ghek₂₁ bak₃ fhen₅₅ zy₂₁ lok₁ sek₂₃.

◆ 有点什么公共设施？
  公共 设施 有眼 啥？
  Gong₅₅ ghong₂₁ sek₃ sy₄₄ yhou₂₂ nge₄₄ sa₃₄?

◇ 我们已经造了小区健身房、儿童乐园、托儿所，马路对面有幼儿园、小学，社区放在这里有图书馆、卡拉OK舞厅，还有一个麻将棋类活动室。
  阿拉 已经 造好了 小区 健身房、 儿童 乐园、 托儿所， 马路 对过 有 幼儿园、 小学， 社区 放辣 此地 有 图书馆 卡拉OK 舞厅， 还有 一个 麻将 棋类 活动室。
  Ak₃ lak₄ yi₃₃ jin₄₄ shao₂₂ hao₅₅ lek₂₁ xiao₃₃ qu₄₄ jhi₂₂ sen₅₅ fhang₂₁, hher₂₂ dhong₄₄ lok₁ yhuoe₂₃, tok₃ er₅₅ su₂₁, mo₂₂ lu₄₄ de₃₃ gu₄₄ yhou₂₃

you₃₃ hher₅₅ yhuoe₂₁， xiao₃₃ hhok₄， sho₂₂ qu₄₄ fang₃₃ lak₄ cy₅₅ dhi₄₄ yhou₂₃ dhu₂₂ sy₅₅ guoe₂₁， ka₂₂ la₄₄， OK whu₂₂ tin₄₄， hhe₂₂ yhou₄₄ yik₃ ghek₄ mo₂₂ jian₄₄ jhi₂₂ le₄₄ whek₂₂ dhong₅₅ sek₂₁.

◆ 小区旁边出行方便吗？比如到市中心或者到浦东,有什么公交路线？

小区 旁边 出行 方便哦？ 譬如 到 市中心 或者 到 浦东，有眼啥个 公交 路线？

Xiao₃₃ qu₄₄ bhang₂₂ bi₄₄ cek₃ yhin₄₄ fang₅₅ bhi₃₃ fha₂₁？ Pi₃₃ shy₄₄ dao₃₄ shy₂₂ zong₅₅ xin₂₁ hhok₁ ze₂₃ dao₃₄ pu₃₃ dong₄₄， yhou₂₂ nge₄₄ sa₃₃ ghek₄ gong₅₅ jiao₂₁ lu₂₂ xi₄₄？

◇ 小区附近有5条公共路线,可以到外滩、人民广场、徐家汇,到南浦大桥、世纪公园。

小区 附近 有 五条 公交 线路， 可以 到 外滩、 人民广场、 徐家汇， 到 南浦大桥、 世纪公园。

Xiao₃₃ qu₄₄ fhu₂₂ jhin₄₄ yhou₂₃ ng₂₂ dhiao₄₄ gong₅₅ jiao₂₁ xi₃₃ lu₄₄， ku₃₃ yi₄₄ dao₃₄ nga₂₂ te₄₄， shen₂₂ min₅₅ guang₃₃ shang₂₁， xhi₂₂ ga₅₅ we₂₁， dao₃₄ noe₂₂ pu₅₅ dha₃₃ jhiao₂₁， sy₅₅ ji₃₃ gong₃₃ yhuoe₂₁.

◆ 要换地铁、轻轨方便吗？

要 换 地铁、 轻轨 方便哦？

Yao₃₄ whoe₂₃ dhi₂₂ tik₄， qin₅₅ gue₂₁ fang₅₅ bhi₃₃ fha₂₁？

◇ 换地铁只要坐两站公共汽车;到轻轨车站,只要走过去就可以了。

换 地铁 只要 乘 两站 公共汽车； 到 轻轨 站头， 只要 走走过去 就 可以了。

Whoe₂₃ dhi₂₂ tik₄ zek₃ yao₄₄ cen₃₄ lian₂₂ she₄₄ gong₅₅ ghong₃₃ qi₃₃ co₂₁； dao₃₄ qin₅₅ gue₂₁ she₂₂ dhou₄₄， zek₃ yao₄₄ zou₃₃ zou₅₅ gu₃₃ qi₂₁ xhiu₂₃ ku₃₃ yi₅₅ lek₂₁.

◆ 我要上高架的话,哪个路口离这儿最近？

我 要 上 高架个 闲话， 阿里个 路口 离 挮搭 最 近？

Ngu₂₃ yao₃₄ shang₂₃ gao₅₅ ga₃₃ ghek₂₁ hhe₂₂ hho₄₄， hha₂₂ li₅₅ ghek₂₁ lu₂₂ kou₄₄ li₂₃ ghek₁ dak₂₃ zoe₃₄ jhin₂₃？

第八课 订房购屋

◇ 往西过去两条马路就可到内环线高架道口了。
朝西　过去　两条　马路　就　好　到　内环线　高架　道口了。
Shao$_{22}$ xi$_{44}$　gu$_{33}$ qi$_{44}$　lian$_{22}$ dhiao$_{44}$　mo$_{22}$ lu$_{44}$　xhiu$_{23}$　hao$_{34}$　dao$_{34}$ ne$_{22}$ ghue$_{55}$ xi$_{21}$　gao$_{55}$ ga$_{21}$　dhao$_{22}$ kou$_{55}$ lek$_{21}$.

◆ 这儿周围有没有菜场、大型超市,买生活用品方便吗?
搿搭　周围　有勿有　小菜场、　大型　超市,　生活　用品　买起来　便当哦?
Ghek$_1$ dak$_{23}$　zou$_{55}$ whe$_{21}$　yhou$_{22}$ fhek$_{55}$ yhou$_{21}$　xiao$_{33}$ ce$_{55}$ shan$_{21}$,　dha$_{22}$ yhin$_{44}$ cao$_{55}$ shy$_{21}$,　sen$_{55}$ whek$_{21}$　yhong$_{22}$ pin$_{44}$　ma$_{22}$ qi$_{55}$ le$_{21}$　bhi$_{22}$ dang$_{55}$ fha$_{21}$?

◇ 菜场就在马路对面,联华超市已经开好了,小餐馆有好几家,到大型超市可以坐他们开来的接送车,就在小区出去没几步的地方。
小菜场　就辣　对马路,　联华　超市　已经　开好了,　小餐馆　有　好几爿,　到大型　超市　可以　乘　伊拉　开来个　接送车,　就辣　小区　出去　一眼眼　路个　地方。
Xiao$_{33}$ ce$_{55}$ shan$_{21}$　xhiu$_{33}$ lak$_4$　de$_{33}$ mo$_{55}$ lu$_{21}$,　li$_{22}$ hho$_{44}$　cao$_{55}$ shy$_{21}$　yi$_{22}$ jin$_{44}$　ke$_{55}$ hao$_{33}$ lek$_{21}$,　xiao$_{33}$ coe$_{55}$ guoe$_{21}$　yhou$_{23}$　hao$_{33}$ ji$_{55}$ bhe$_{21}$,　dao$_{34}$　dha$_{22}$ yhin$_{44}$ cao$_{55}$ shy$_{21}$　ku$_{33}$ yi$_{44}$　cen$_{34}$　yhi$_{22}$ la$_{44}$　ke$_{55}$ le$_{33}$ ghek$_{21}$　jik$_3$ song$_{55}$ co$_{21}$,　xhiu$_{22}$ lak$_4$ xiao$_{33}$ qu$_{44}$　cek$_3$ qi$_{44}$　yik$_3$ nge$_{55}$ nge$_{21}$　lu$_{22}$ ghek$_{21}$　dhi$_{22}$ fang$_{44}$.

◆ 医院呢?
医院呢?
Yi$_{55}$ yhuoe$_{55}$ nek$_{21}$?

◇ 地段医院就在拐弯处。
地段医院　就　辣辣　转弯角角浪。
Dhi$_{22}$ dhoe$_{55}$ yi$_{22}$ yhuoe$_{21}$　xhiu$_{23}$　lak$_1$ lak$_{23}$　zoe$_{33}$ we$_{55}$ gok$_3$ gok$_3$ lang$_{21}$.

◆ 周围环境怎么样?晚上闹不闹?
周围　环境　哪能介?　夜里向　吵勿吵?
Zou$_{55}$ whe$_{21}$　ghue$_{22}$ jin$_{44}$　na$_{22}$ nen$_{55}$ ga$_{21}$?　Yha$_{22}$ li$_{55}$ xian$_{21}$　cao$_{33}$ fhek$_5$ cao$_{21}$?

◇ 大马路离这儿比较远,这儿地方真是闹中取静,你听听,还有鸟叫声呢。
大马路　离　搿搭　比较　远,　搿搭个　地方　真是　闹中　取　静,　侬听听看， 还有　鸟叫声辣海。
Dhu₂₂ mo₅₅ lu₂₁　li₂₃　ghek₁ dak₂₃　bi₃₃ jiao₄₄　yhuoe₂₃，　ghek₁ dak₂ ghek₂₃ dhi₂₂ fang₄₄　zen₅₅ shy₂₁　nao₂₂ zong₄₄　qu₃₄　xhin₂₃，　nong₂₃　tin₅₅ tin₃₃ koe₂₁， hhe₂₂ yhou₄₄　　niao₃₃ jiao₅₅ sen₃₃ lak₃ he₂₁．

◆ 小区安全吗？晚上有照明设施吗？
　小区　安全哦？　夜里　有　照明设施哦？
　Xiao₃₃ qu₄₄　oe₅₅ xhi₃₃ fha₂₁？　Yha₂₂ li₄₄　yhou₂₃　zao₂₂ min₅₅ sek₃ sy₃₃ fha₂₁？

◇ 小区安全措施齐全,路灯都已装好,配有值班保安人员。
　小区　安全　措施　齐全，路灯　侪　已经　装好，配有　值班　保安。
　Xiao₃₃ qu₄₄　oe₅₅ xhi₂₁　cu₃₃ sy₄₄　xhi₂₂ xhi₄₄，　lu₂₂ den₄₄　she₂₃　yi₃₃ jin₄₄ zang₅₅ hao₂₁，　pe₃₃ yhou₄₄　　shek₁ be₂₃　　bao₃₃ oe₄₄．

## 租　房

◆ 我想向你们租间屋子住。
　我　想　问　侬　租间　房子　蹲蹲。
　Ngu₂₃　xian₃₄　men₂₃　na₂₃　zu₅₅ ge₂₁　fhang₂₂ zy₄₄　den₅₅ den₂₁．

◇ 你要什么地段的房屋？
　侬　要　啥个　地段个　房子？
　Nong₂₃　yao₃₄　sa₃₃ ghek₄₄　dhi₂₂ dhoe₅₅ ghek₂₁　fhang₂₂ zy₄₄？

◆ 我要离我工作的地方近一点儿的,有你们那儿周围的房屋吗？
　我　要　离　我　工作　地方　近一点个，　侬　辔搭　周围个　房子 有哦？
　Ngu₂₃　yao₃₄　li₂₃　ngu₂₃　gong₅₅ zok₂₁　dhi₂₂ fang₄₄　jhin₂₂ yik₅ di₃₃ ghek₂₁， na₂₃　ghek₁ dak₂₃　zou₅₅ whe₃₃ ghek₂₁　fhang₂₂ zy₄₄　yhou₂₂ fha₄₄？

◇ 你要几室的房间？
　侬　要　几室个　房子？
　Nong₂₃　yao₃₄　ji₃₃ sek₅ ghek₂₁　fhang₂₂ zy₄₄？

第八课 订房购屋

◆ 我要一室一厅的。
  我 要 一房 一厅。
  $Ngu_{23}$ $yao_{34}$ $yik_3$ $fhang_{44}$ $yik_3$ $tin_{44}$.

◇ 这儿一室一厅的房间租得最紧俏,面积都在 40 平方米左右,不是朝南的,你要吗?
  舒搭 一房 一厅个 房子 租得 最 紧俏, 面积 侪 辣 四十 平方
   左右, 勿是 朝 南个, 侬 要哦?
  $Ghek_1$ $dak_{23}$ $yik_3$ $fhang_{44}$ $yik_3$ $tin_{55}$ $ghek_{21}$ $fhang_{22}$ $zy_{44}$ $zu_{55}$ $dek_{21}$ $zoe_{34}$
  $jin_{33}$ $qiao_{44}$, $mi_{22}$ $jik_4$ $she_{23}$ $lak_{12}$ $sy_{33}$ $sek_4$ $bhin_{22}$ $fang_{44}$ $zu_{55}$ $yhou_{44}$,
  $fhek_1$ $shy_{23}$ $shao_{33}$ $noe_{22}$ $ghek_4$, $nong_{23}$ $yao_{33}$ $fha_4$?

◆ 可以考虑,有没有独用煤卫?
  可以 考虑, 有勿有 独用 煤卫?
  $Ku_{33}$ $yi_{44}$ $kao_{33}$ $lyu_{44}$, $yhou_{22}$ $fhek_5$ $yhou_{21}$ $dhok_1$ $yhong_{23}$ $me_{22}$ $whe_{44}$?

◇ 煤卫当然是独用的,你要楼上房间还是底层房间?
  煤卫 当然 是 独用个, 侬 要 楼浪房子 还是 底楼房子?
  $Me_{22}$ $whe_{44}$ $dang_{55}$ $shoe_{44}$ $shy_{23}$ $dhok_1$ $yhong_{22}$ $ghek_{23}$, $nong_{23}$ $yao_{34}$
  $lou_{22}$ $lang_{55}$ $fhang_{33}$ $zy_{21}$ $hhe_{22}$ $shy_{44}$ $di_{33}$ $lou_{55}$ $fhang_{33}$ $zy_{21}$?

◆ 我最好是要三四层楼的多层楼房。
  我 最 好 是 多层房个 三四层楼。
  $Ngu_{23}$ $zoe_{52}$ $hao_{34}$ $shy_{23}$ $du_{55}$ $shen_{33}$ $fang_{33}$ $ghek_{21}$ $se_{55}$ $sy_{33}$ $shen_{33}$ $lou_{21}$.

◇ 现在只有二层楼的房间。
  现在 只有 两层楼个 房子。
  $Yhi_{22}$ $she_{44}$ $zek_3$ $yhou_{44}$ $lian_{22}$ $shen_{55}$ $lou_{33}$ $ghek_{21}$ $fhang_{22}$ $zy_{44}$.

◆ 是不是装修好的?
  是勿是 装修好个?
  $Shy_{22}$ $fhek_5$ $shy_{21}$ $zang_{55}$ $xiu_{44}$ $hao_{33}$ $ghek_{21}$?

◇ 有简单装修房,里边有电话、空调。
  有 简单 装修个 房子, 里向 有 电话、空调。
  $Yhou_{23}$ $ji_{33}$ $de_{44}$ $zang_{55}$ $xiu_{44}$ $ghek_{21}$ $fhang_{22}$ $zy_{44}$, $li_{22}$ $xian_{44}$ $yhou_{23}$ $dhi_{22}$
  $hho_{44}$, $kong_{55}$ $dhiao_{21}$.

69

◆ 有没有煤气热水器和洗衣机?

　　煤气　热水器　脱仔　洗衣机　有哦?

　　Me$_{22}$ qi$_{44}$　nik$_1$ sy$_{22}$ qi$_{23}$　tek$_3$ zy$_{44}$　xi$_{33}$ yi$_{55}$ ji$_{21}$　yhou$_{22}$ fha$_{44}$?

◇ 有一套房里有的,你看看平面图。

　　有　一套　房子里向　有个,　侬　看看　平面图。

　　Yhou$_{23}$　yik$_3$ tao$_{44}$　fhang$_{22}$ zy$_{55}$ li$_{33}$ xian$_{21}$　yhou$_{22}$ ghek$_4$,　nong$_{23}$　koe$_{33}$ koe$_{44}$ bhin$_{22}$ mi$_{55}$ dhu$_{21}$.

◆ 就租这一套吧,租金怎么算?

　　就　租　辂套哦,　租金　哪能　算?

　　Xhiu$_{23}$　zu$_{52}$　ghek$_1$ tao$_{22}$ fha$_{23}$,　zu$_{55}$ jin$_{21}$　na$_{22}$ nen$_{55}$　soe$_{34}$?

◇ 三个月付一次吧,每个月1 600元。

　　三个　月　一付好哝,　每个　月　一千　六。

　　Se$_{55}$ ghek$_{21}$　yhuik$_{12}$　yik$_3$ fu$_{55}$ hao$_{33}$ le$_{21}$,　me$_{55}$ ghek$_{21}$　yhuik$_{12}$　yil$_3$ qi$_{44}$　lok$_{12}$.

◆ 水电煤气费怎么算?

　　水电　煤　哪能介　算?

　　Sy$_{33}$ dhi$_{44}$　me$_{23}$　na$_{22}$ nen$_{55}$ ga$_{21}$　soe$_{34}$?

◇ 自己去付。

　　自家　去　付。

　　Shy$_{22}$ ga$_{44}$　qi$_{34}$　fu$_{34}$?

 购新屋

◆ 我快要搬家了。

　　我　要　搬　场　快了。

　　Ngu$_{23}$　yao$_{34}$　boe$_{52}$　shan$_{23}$　kua$_{33}$ lek$_{21}$.

◇ 你搬到哪儿去?哪个地段?

　　侬　搬到　啥地方去?　啥个　地段?

　　Nong$_{23}$　boe$_{55}$ dao$_{21}$　sa$_{33}$ dhi$_{55}$ fang$_{33}$ qi$_{21}$?　Sa$_{33}$ ghek$_{44}$　dhi$_{22}$ dhoe$_{44}$?

第八课　订房购屋

◆ 我买了徐家汇附近的高层房。

　　我　买好了　徐家汇　附近个　高层。
　　Ngu$_{22}$　ma$_{22}$ hao$_{55}$ lek$_{21}$　xhi$_{22}$ ga$_{55}$ whe$_{21}$　fhu$_{22}$ jhin$_{55}$ ghek$_{21}$　gao$_{55}$ shen$_{21}$.

◇ 现在大家都看上"地段",你那个地方真棒！住几楼？朝向好吗？

　　现在　大家　"吃　地段",　侬个　地方　嗲咪！　住　几层楼？　朝向　好哦？
　　Yhi$_{22}$ she$_{44}$　dha$_{22}$ ga$_{44}$　'qik$_5$　dhi$_{22}$ dhoe$_{44}$',　nong$_{22}$ ghek$_{44}$　dhi$_{22}$ fang$_{44}$ dia$_{33}$ le$_{44}$!　Shy$_{23}$　ji$_{33}$ shen$_{55}$ lou$_{21}$?　Shao$_{22}$ xian$_{44}$　hao$_{33}$ fha$_{44}$?

◆ 住 18 楼,正房跟大厅都面南。

　　住　十八层楼，　正房　脱仔　大厅　侪　朝　南。
　　Shy$_{23}$　shek$_1$ bak$_2$ shen$_{22}$ lou$_{23}$,　zen$_{33}$ fhang$_{44}$　tek$_3$ zy$_{44}$　dhu$_{22}$ tin$_{44}$　she$_{23}$ shao$_{23}$　noe$_{23}$.

◇ 那是好极了,上海人都喜欢正南房间,冬天阳光充足,霉雨日子潮气不会太重。得房率高不高？面积大不大？

　　葛是　老　嬜个，　上海人　侪　欢喜　正南房子，冬天　阳光　充足，黄梅天　潮气　勿会　忒　重。　得房率　高勿高？　面积　大勿大？
　　Gek$_5$ shy$_{21}$　lao$_{23}$　ze$_{33}$ ghek$_4$,　shang$_{22}$ he$_{55}$ nin$_{21}$　she$_{23}$　huoe$_{55}$ xi$_{21}$ zen$_{33}$ noe$_{55}$ fhang$_{33}$ zy$_{21}$,　dong$_{55}$ ti$_{21}$　yhan$_{22}$ guang$_{44}$　cong$_{55}$ zok$_{21}$, whang$_{22}$ me$_{55}$ ti$_{21}$　shao$_{22}$ qi$_{44}$　fhek$_1$ whe$_{23}$　tek$_5$　shong$_{23}$.　Dek$_3$ fhang$_{55}$ lik$_{21}$ gao$_{55}$ fhek$_3$ gao$_{21}$?　Mi$_{22}$ jik$_{44}$　dhu$_{22}$ fhek$_3$ dhu$_{23}$?

◆ 三房二厅二卫,建筑面积是 136 平方米,得房率是 70%。

　　三房　两厅　两卫生，建筑面积　是　一百　三十　六　平方，得房率 是　百分之　七十。
　　Se$_{55}$ fhang$_{21}$　lian$_{22}$ tin$_{44}$　lian$_{22}$ whe$_{55}$ sen$_{21}$,　ji$_{33}$ zok$_5$ mi$_{33}$ jik$_{21}$　shy$_{23}$　yik$_3$ bak$_4$ se$_{55}$ shek$_{21}$　lok$_{12}$　bhin$_{22}$ fang$_{44}$,　dek$_3$ fhang$_{55}$ lik$_{21}$　shy$_{23}$　bak$_3$ fhen$_{55}$ zy$_{21}$ qik$_3$ sek$_4$.

◇ 这样是太好了！是毛坯房还是装修房？

　　辩能介　是　勿要　忒　好噢。　是　毛坯房　还是　装修房？
　　Ghek$_1$ nen$_{22}$ ga$_{23}$　shy$_{23}$　fhek$_1$ yao$_{23}$　tek$_5$　hao$_{33}$ ao$_{44}$.　Shy$_{23}$　mao$_{22}$ pe$_{55}$ fhang$_{21}$

71

hhe₂₂ shy₄₄   zang₅₅ xiu₃₃ fhang₂₁?

◆ 是毛坯房,现在正在请人装修。

是 毛坯房, 现在 正辣辣 请人 装修。
Shy₂₃ mao₂₂ pe₅₅ fhang₂₁, yhi₂₂ she₄₄ zen₅₂ lak₁ lak₂₃ qin₃₄ nin₂₃ zang₅₅ xiu₂₁.

◇ 那儿的物业管理好不好?物业管理费贵不贵?

搿面个 物业 管理 好勿好? 物业 管理费 贵哦?
Ghek₁ mi₂₂ ghek₂₃ fhek₁ nik₂₃ guoe₃₃ li₄₄ hao₃₃ fhek₅ hao₂₁? Fhek₁ nik₂₃ guoe₃₃ li₅₅ fi₂₁ ju₃₃ fha₄₄?

◆ 马马虎虎,管理费是中上等的。

马马虎虎, 管理费 是 中上等个。
Ma₅₅ ma₃₃ hu₃₃ hu₂₁, guoe₃₃ li₅₅ fi₂₁ shy₂₃ zong₅₅ shang₃₃ den₃₃ ghek₂₁.

◇ 购房款你都付了没有?

侬 购房款 倽 付脱了哦?
Nong₂₃ gou₃₃ fhang₅₅ kuoe₂₁ she₂₃ fu₃₃ tek₅ lek₃ fha₂₁?

◆ 我只付了首期房款,余额用按揭贷款办法付。

我 只 付脱 首期 房款, 余额 用 按揭 贷款 办法 付。
Ngu₂₃ zek₅ fu₃₃ tek₄ sou₃₃ jhi₅₁ fhang₂₂ kuoe₄₄, yhu₂₂ ngak₄ yhong₂₃ oe₅₅ jik₂₁ dhe₂₂ kuoe₄₄ bhe₂₂ fak₄ fu₃₄.

## 宾馆订房

◆ 小姐,这个宾馆有没有空房?

小姐, 搿搭 宾馆 有勿有 空房?
Xiao₃₃ jia₄₄, ghek₁ dak₂₃ bin₅₅ guoe₂₁ yhou₂₂ fhek₅ yhou₂₁ kong₃₃ fhang₄₄?

◇ 有,先生你们几位?

有个, 先生 侬 有 几位?
Yhou₂₂ ghek₄, xi₅₅ san₂₁ nong₂₃ yhou₂₃ ji₃₃ whe₄₄?

第八课　订房购屋

◆ 两个人。

两个　人。

Lian$_{22}$ ghek$_4$　nin$_{23}$.

◇ 我们有标房、套房、豪华套房,你要哪一种?

阿拉　有　标房、　套房、　豪华　套房,　侬　要　阿里一种?

Ak$_3$ lak$_4$　yhou$_{23}$　biao$_{55}$ fhang$_{21}$,　tao$_{33}$ fhang$_{44}$,　hhao$_{22}$ hho$_{44}$　tao$_{33}$ fhang$_{44}$,　nong$_{22}$　yao$_{34}$　hha$_{22}$ li$_{55}$ yik$_3$ zong$_{21}$?

◆ 我们住标房吧,住一夜多少钱?

阿拉　住　标房好了,　几钿　一夜?

Ak$_3$ lak$_4$　shy$_{23}$　biao$_{55}$ fhang$_{33}$ hao$_{33}$ lek$_{21}$,　ji$_{33}$ dhi$_{44}$　yik$_3$ yha$_{44}$?

◇ 这儿是三星级宾馆,300元住一夜。

辫搭　是　三星级　宾馆,　三百　一夜。

Ghek$_1$ dak$_{23}$　shy$_{23}$　se$_{55}$ xin$_{33}$ jik$_{21}$　bin$_{55}$ guoe$_{21}$,　se$_{55}$ bak$_3$ kue$_{21}$　yik$_3$ yha$_4$.

◆ 好吧,我们要住三天。

好,　阿拉　要　住　三夜。

Hao$_{34}$,　ak$_3$ lak$_{44}$　yao$_{34}$　shy$_{23}$　se$_{55}$ yha$_{21}$.

◇ 给你3楼305房间行吗?

拨侬　三楼　三零　五　房间　好哦?

Bek$_3$ nong$_{44}$　se$_{55}$ lou$_{21}$　se$_{55}$ lin$_{21}$ ng$_{23}$　fhang$_{22}$ ge$_{44}$　hao$_{33}$ fha$_{44}$?

◆ 行。房间里可以直拨国际电话吗?

好个。　房间里　国际电话　可以　直拨个哦?

Hao$_{33}$ ghek$_4$.　fhang$_{22}$ ge$_{55}$ li$_{21}$　gok$_3$ ji$_{55}$ dhi$_{33}$ hho$_{21}$　ku$_{33}$ yi$_{44}$　shek$_1$ bek$_2$ ghek$_2$ fha$_{23}$?

◇ 房间里的电话只能打国内,国际电话可以到服务台来打。

房间里个　电话　只好　打　国内,　国际电话　可以　到　总服务台来　打。

Vang$_{22}$ ge$_{55}$ li$_{33}$ ghek$_{21}$　dhi$_{22}$ hho$_{44}$　zek$_3$ hao$_{44}$　dan$_{34}$　gok$_3$ ne$_{44}$,　gok$_3$ ji$_{55}$ dhi$_{33}$ hho$_{21}$　ku$_{33}$ yi$_{44}$　dao$_{34}$　zong$_3$ fhok$_5$ whu$_{33}$ dhe$_{33}$ le$_{21}$　dan$_{34}$.

◆ 这儿可以订飞机票吗?

辫搭　好　订　飞机票哦?

73

Ghek₁ dak₂₃　hao₃₄　din₃₄　fi₅₅ ji₃₃ piao₃₃ fha₂₁?

◇ 可以代订。

可以　代订。
Ku₃₃ yi₄₄　dhe₂₂ din₄₄.

◆ 顺便问一下,餐厅晚上几点开饭?

顺便　问一声,　餐厅　夜里　几点钟　开　饭?
Shen₂₂ bhi₄₄　men₂₂ yik₅ san₂₁,　coe₅₅ tin₂₁　yha₂₂ li₄₄　ji₃₃ di₅₅ zong₂₁　ke₅₂ fhe₂₃?

◇ 下午6点。你们把大的衣服放在洗衣袋里,服务员会来拿的。先生,请你出示护照或者身份证,让我登记一下。

下午　六点钟。　侬　大个　衣裳　摆辣　洗衣　袋袋里,　服务员　会　来　拿个。　先生,　请　侬　出示　护照　或者　身份证,　让我　登记一下。
Hho₂₂ wu₄₄　lok₁ di₂₂ zong₂₃.　Na₂₃　dhu₂₂ ghek₄　yi₅₅ shang₂₁　ba₃₃ lak₄　xi₃₃ yi₄₄　dhe₂₂ dhe₅₅ li₂₁,　fhok₁ whu₂₂ yhuoe₂₃　whe₂₃　le₂₃　ne₅₅ ghek₂₁.　Xi₅₅ san₂₁,　qin₃₄　nong₂₃　cek₃ shy₄₄　whu₂₂ zao₄₄　hhok₁ ze₂₃　sen₅₅ fhen₃₃ zen₂₁,　nian₂₃　ngu₂₃　den₅₅ ji₃₃ yik₃ xia₂₁.

**替换练习**

1. ⎡公共设施⎤
   ⎢保安措施⎥ 有眼啥?
   ⎢商店里向⎥
   ⎣马路浪向⎦

2. 搿搭周围有勿有 ⎡小菜场⎤
   ⎢幼儿园⎥ ?
   ⎢书店　⎥
   ⎣大型超市⎦

3. ⎡地段医院⎤　　　⎡转弯角角浪　⎤
   ⎢工商银行⎥ 就辣辣 ⎢对面马路浪　⎥。
   ⎢小烟纸店⎥　　　⎢横马路浪　　⎥
   ⎣小菜场　⎦　　　⎣勿远个地方　⎦

## 第八课　订房购屋

4. 㑚搭是 ⎡三星级 / 机关招待所 / 普通旅馆⎤，⎡三百元 / 一百元 / 一百廿元⎤ 一夜。

5. ⎡联华超市 / 彩电冰箱 / 产权证 / 花园别墅⎤ 已经 ⎡开 / 搬 / 办 / 买⎤ 好了。　6. 只要 ⎡走走过去 / 送送过去 / 装装下去 / 敲敲上去⎤ 就 ⎡可以 / 可以 / 好 / 好⎤ 了。

7. 㑚搭 ⎡好 / 好 / 能 / 可以⎤ ⎡订飞机票 / 订火车票 / 送夜饭 / 代汏衣裳⎤ 哦？　8. ⎡朝西 / 望北 / 再跑 / 转弯⎤ 过去 ⎡两条马路 / 一百米路 / 两站路 / 一眼眼路⎤ 就 ⎡可以 / 可以 / 好 / 好⎤ 到。

9. 潮气 ⎡勿会 / 会得 / 可能 / 勿能⎤ 忒重。

10. 我 ⎡要 / 想 / 要想 / 想要⎤ ⎡上高架个闲话 / 乘地铁个话 / 走近路 / 存钞票个闲话⎤，阿里 ⎡个路口 / 条路线 / 种走法 / 只银行⎤ 最近？

## 补充词语

### 一、房舍名词

**房子** fhang$_{22}$ zy$_{44}$ 屋子。　**房间** fhang$_{22}$ ge$_{44}$　**弄堂** long$_{22}$ dhang$_{44}$　**里** li$_{23}$／**邨** cen$_{52}$／**坊** fang$_{34}$ 上海弄堂名称的后缀。如：渔阳里、花园邨、祥德坊。　**弄堂房子** long$_{22}$ dhang$_{55}$ fhang$_{33}$ zy$_{21}$ 弄内成排的房子。　**石库门** shak$_1$ ku$_{22}$ men$_{23}$ 一种砖木结构的房子名称，有前楼、后楼、天井、客堂，门边用石条砌成。　**新村** xin$_{55}$ cen$_{21}$ 新式里弄

住宅,矮墙,小铁门,天井成了小花园。 **过街楼** gu₃₃ ga₅₅ lou₂₁ 弄堂口上跨过行路过道的楼。 **工房** gong₅₅ fhang₂₁ 成排的简陋职工住房。 **新工房** xin₅₅ gong₃₃ fhang₂₁ 新盖的居住条件较好的职工住房。 **大楼房子** dha₂₂ lou₅₅ fhang₃₃ zy₂₁ 多层房屋,有电梯,有套间,供居住或办公。 **高层** gao₅₅ shen₂₁ 10层楼以上的楼房建筑。 **多层** du₅₅ shen₂₁ 六层以下的住房。 **别墅** bhik₁ shy₂₃ **洋房** yhan₂₂ fhang₄₄ **花园洋房** ho₅₅ yhuoe₃₃ yhan₃₃ fhang₂₁ **小区** xiao₃₃ qu₄₄ **楼梯** lou₂₂ ti₄₄ 扶梯。 **阳台** yhan₂₂ dhe₄₄ **旅馆** lyu₂₂ guoe₄₄ **饭店** fhe₂₂ di₄₄ **宾馆** bin₅₅ guoe₂₁ **套房** tao₃₃ fhang₄₄ **标房** biao₅₅ fhang₂₁ 标准客房。

**二、设施名词**

**地段** dhi₂₂ doe₄₄ **小菜场** xiao₃₃ ce₅₅ shan₂₁ 菜场。 **超市** cao₅₅ shy₂₁ **地铁** dhi₂₂ tik₄ **轻轨** qin₅₅ gue₂₁ **高架** gao₅₅ ga₂₁ **车站** co₅₅ she₂₁ **站头** she₂₂ dhou₄₄ 车站。 **横马路** whan₂₂ mo₅₅ lu₂₁ **机关招待所** ji₅₅ gue₂₁ zao₅₅ dhe₃₃ su₂₁ **烟纸店** yi₅₅ zy₃₃ di₂₁

**三、"吃"有多重意思**

上海话中"吃"能表达多种意义,如一些用嘴的动作,都说"吃 qik₅",如"吃开水 qik₃ ke₃ sy₂₁","吃酒 qik₅ jiu₃₄","吃香烟 qik₃ xian₅ yi₂₁"。吸收液体,如"吃墨 qik₅ mek₁₂";耗费,如"吃劲 qik₃ jin₄₄";受,如"吃一拳 qik₃ yik₃ jhuoe₂₁";侵占,如"黑吃黑 hek₅ qik₅ hek₅";惹,欺辱,如"吃吃我 qik₃ qik₅ ngu₂₁";收进,说"吃进 qik₃ jin₄₄";钦佩,受吸引,如:"吃伊 qik₃ yhi₄₄";按进,如"吃错排挡 qik₃ co₄₄ bha₂₂ dang₄₄";碰上,如"吃红灯 qik₅ hhong₂₂ den₄₄"。另"吃地段 qik₅ dhi₂₂ dhoe₄₄"是"看重地段"的意思,属于"受吸引"一类含义中的;又如"吃房型 qik₅ fhang₂₂ yhin₄₄"是"看重房型"的意思。

**四、其他**

**户口簿** whu₂₂ kou₅₅ bhu₂₁ **产权证** ce₃₃ jhuoe₅₅ zen₂₁ **身份证** sen₅₅ fhen₃₃ zen₂₁ **社保卡** sho₂₂ bao₅₅ ka₂₁ 社会保障卡。 **拆迁** cak₃ qi₄₄ **动迁** dhong₂₂ qi₄₄ **彩电** ce₃₃ dhi₄₄ **冰箱** bin₅₅ xian₂₁

## 语法要点

**一、名词重叠**

表示小称,用于称呼小的或可爱的事物,与普通话的"儿化"词相同。如:

洞洞 dhong$_{22}$ dhong$_{44}$ 相当于"洞儿"。　**角角** kok$_3$ kok$_4$ 小角落。　**洞洞眼** dhong$_{22}$ dhong$_{55}$ nge$_{21}$ 小洞。　**槽槽** shao$_{22}$ shao$_{44}$ 小槽。　**豁豁** huak$_3$ huak$_4$ 小裂缝。　**水潭潭** sy$_{33}$ dhe$_{55}$ dhe$_{21}$ 小水坑。　**袋袋** dhe$_{22}$ dhe$_{44}$ 小袋子。　**珠珠** zy$_{55}$ zy$_{21}$ 珠子。　**泡泡** pao$_{55}$ pao$_{21}$ 小泡。　**脚脚** jiak$_3$ jiak$_4$ 一点儿剩余物。

还有用重叠的"**角角落落** gok$_3$ gok$_5$ lok$_5$ lok$_{21}$"表示多处角落,"**粒粒屑屑** lik$_2$ lik$_5$ xik$_3$ xik$_{21}$"表示许多碎屑。

## 二、指示代词

小结一下上海话的指示代词,用"**犟个** ghek$_1$ ghek$_{23}$"表示事物的近指和定指,用"**埃个** e$_{55}$ ghek$_{21}$"或"**伊个** yi$_{55}$ ghek$_{21}$"表示事物的远指或另指;用"**犟搭** ghek$_1$ dak$_{23}$"表示处所的近指,用"**埃面** e$_{55}$ mi$_{21}$"表示远指,"**犟面** ghek$_1$ mi$_{23}$"有时也能表示远指,是手指或目指处,或对话双方都知道的地方,即定指。老派用"**迭个** dhik$_1$ ghek$_{23}$"表示事物的近指,用"**迭搭** dhik$_1$ dak$_{23}$"表示处所的近指。例:"犟个是我个书,埃个是伊个。"(这是我的书,那是他的书。)"红个犟张是我用个。"(红的那张是我用的。)"超市、银行辣犟搭一边,邮局辣埃面,犟面是地铁口。"(超市、银行在这边,邮局在那边,那边是地铁出口。)

# 第九课　出行交通

 迷　路

◆ 请问去世纪公园怎么走？

谢谢侬　到　世纪公园　哪能　走？

Xhia$_{22}$ xhia$_{55}$ nong$_{21}$　dao$_{34}$　sy$_{55}$ ji$_{33}$ gong$_{33}$ yhuoe$_{21}$　na$_{22}$ nen$_{44}$　zou$_{34}$？

◇ 从这儿过去是很远的，要转车，你想从大桥去、隧道去还是坐地铁去？

从　觭搭　过去　老　远个，　要　转车，依　想　从　大桥　去、从　隧道　去　还是　乘　地铁　去？

Shong$_{23}$　ghek$_1$ dak$_{23}$　gu$_{33}$ qi$_{44}$　lao$_{23}$　yhuoe$_{22}$ ghek$_4$，　yao$_{34}$　zoe$_{33}$ co$_{44}$，nong$_{23}$　xian$_{34}$　shong$_{23}$　dha$_{22}$ jhiao$_{44}$　qi$_{34}$，shong$_{23}$　shoe$_{22}$ dhao$_{44}$　qi$_{34}$　hhe$_{22}$ shy$_{44}$　cen$_{34}$　dhi$_{22}$ tik$_4$　qi$_{34}$？

◆ 随便哪一条路线去吧。

随便　阿里一条　线路　去　好咪。

Shoe$_{22}$ bhi$_{44}$　hha$_{22}$ li$_{55}$ yik$_3$ dhiao$_{21}$　xi$_{33}$ lu$_{44}$　qi$_{34}$　hao$_{33}$ le$_{21}$。

◇ 坐隧道四线去，不过这儿到隧道四线先要坐548路车，乘三站。

乘　隧道　四线　去，不过　觭搭　到　隧道　四线　先要　坐　五四八路　车，乘　三站。

Cen$_{34}$　shoe$_{22}$ dhao$_{44}$　sy$_{33}$ xi$_{44}$　qi$_{34}$，bek$_3$ gu$_{44}$　ghek$_1$ dak$_{23}$　dao$_{34}$　shoe$_{22}$ dhao$_{44}$　sy$_{33}$ xi$_{44}$　xi$_{55}$ yao$_{21}$　shu$_{23}$　ng$_{22}$ sy$_{44}$　bak$_3$ lu$_{44}$　co$_{52}$，cen$_{34}$　se$_{55}$ she$_{21}$。

78

◆ 那样转来转去,时间都误了。坐地铁去吧。
  葛是 转来转去 辰光 侪 搭脱了。 乘 地铁 去哦。
  Gek$_5$ shy$_{21}$ zoe$_{33}$ le$_{55}$ zoe$_{33}$ qi$_{21}$, shen$_{22}$ guang$_{44}$ she$_{23}$ dak$_3$ tek$_5$ lek$_{21}$. Cen$_{34}$ dhi$_{22}$ tik$_4$ qi$_{33}$ fha$_{44}$.

◇ 从这儿去,也要先坐地铁一号线,坐两站,到人民广场站,再转二号线,可以到。
  从 此地 去, 也 要 先 乘 地铁 一号线, 乘 两站, 到 人民广场 站, 再 转 二号线, 可以 到。
  Shong$_{23}$ cy$_{55}$ dhi$_{21}$ qi$_{34}$, hha$_{23}$ yao$_{34}$ xi$_{52}$ cen$_{34}$ dhi$_{22}$ tik yik$_3$ hhao$_{55}$ xi$_{21}$, cen$_{34}$ lian$_{22}$ she$_{44}$, dao$_{34}$ shen$_{22}$ min$_{55}$ guang$_{33}$ shan$_{21}$ she$_{23}$, ze$_{52}$ zoe$_{34}$ lian$_{33}$ hhao$_{55}$ xi$_{21}$, ku$_{33}$ yi$_{44}$ dao$_{34}$.

◆ 还是挺麻烦,算了,我们还是打的去吧。
  还是 蛮 麻烦个, 算了, 阿拉 还是 拦 差头去哦。
  Hhe$_{22}$ shy$_{44}$ me$_{23}$ mo$_{22}$ fhe$_{55}$ ghek$_{21}$, soe$_{33}$ lek$_4$, ak$_3$ lak$_4$ hhe$_{22}$ shy$_{44}$ lak$_{12}$ ca$_{55}$ dhou$_{33}$ qi$_{33}$ fha$_{21}$.

 出租车上

◆ 先生,你们要上哪儿?
  先生, 俚 要 到 啥地方?
  Xi$_{55}$ san$_{21}$, na$_{23}$ yao$_{34}$ dao$_{34}$ sa$_{33}$ dhi$_{55}$ fang$_{21}$?

◇ 我们要去长风公园。
  阿拉 要 到 长风公园。
  Ak$_3$ lak$_4$ yao$_{34}$ dao$_{34}$ shan$_{22}$ fong$_{55}$ gong$_{33}$ yhuoe$_{21}$.

◆ 去长风公园,要不要上高架走?
  到 长风公园, 要勿要 上 高架 走?
  Dao$_{34}$ shan$_{22}$ fong$_{55}$ gong$_{33}$ yhuoe$_{21}$, yao$_{33}$ fhek$_5$ yao$_{21}$ shang$_{23}$ gao$_{55}$ ga$_{21}$ zou$_{34}$?

◇ 随便怎么走,怎么方便怎么开。
  随便 哪能 走, 哪能 方便 就 哪能 开。

79

Shoe₂₂ bhi₄₄　na₂₂ nen₄₄　zou₃₄，na₂₂ nen₄₄　fang₅₅ bhi₂₁　xhiu₂₃　na₂₂ nen₄₄ ke₅₂.

◆ 那么就上高架吧。

葛末　就　上　高架哦。

Gek₅ mek₂₁　xhiu₂₃　shang₂₃　gao₅₅ ga₃₃ fha₂₁.

◇ 现在上海的交通比以前好多了。有了南北高架和内环线高架道路,就把上海的南北东西都连接起来了。

现在　上海　交通　比　以前　好　交关了。　有了　南北　高架　脱仔
内环线　高架路，　就　拿　上海　南北　东西　侪　连起来了。

Yhi₂₂ she₄₄　shang₂₂ he₄₄　jiao₅₅ tong₂₁　bi₃₄　yi₅₅ xhi₂₁　hao₃₄　jiao₅₅ gue₃₃ lek₂₁.
Yhou₂₂ lek₄₄　noe₂₂ bok₄　gao₅₅ ga₂₁　tek₃ zy₄₄　ne₂₂ ghue₅₅ xi₂₁　gao₅₅ ga₃₃ lu₂₁，
xhiu₂₃　ne₅₂　shang₂₂ he₄₄　noe₂₂ bok₄　dong₅₅ xi₂₁　she₂₃　li₂₂ qi₅₅ le₃₃ lek₂₁.

◆ 是啊,可以节省许多时间。不过今天高架下车道口堵住了,只好等一会儿了。

是呀，　好　省　交关　辰光。　不过　勿对，　今朝　高架　下车　道口
塞牢了，　只好　等一歇了。

Shy₂₂ ya₄₄，hao₃₄　san₃₄　jiao₅₅ gue₂₁　shen₂₂ guang₄₄.　Bek₃ gu₄₄　fhek₁ de₂₃，
jin₅₅ zao₂₁　gao₅₅ ga₂₁　hho₂₂ co₄₄　dao₂₂ kou₄₄　sek₃ lao₅₅ lek₂₁，zek₃ hao₄₄
den₃₃ yik₅ xik₃ lek₂₁.

 堵车对话

◆ 啊呀,碰上堵塞,车堵了这么多的时间,急死人了。

喔唷，　碰着　堵塞，　车子　堵了　介许多　辰光，　急煞　人了。

Ok₅　yo₂₃，bhan₂₂ shak₄　du₃₃ sek₄，co₅₅ zy₂₁　du₃₃ lek₄　ga₅₅ xu₃₃ du₂₁
shen₂₂ guang₄₄，jik₃ sak₄　nin₂₂ lek₄.

◇ 是啊,今天是星期二,这段路常常要堵车,只好耐心等一等了,急也没用。

是呀，　今朝　是　礼拜　二，　辣段　路　常庄　要　塞车，只好　耐心
等一等了，　急也　呒没　用场。

Shy$_{22}$ ya$_{44}$, jin$_{55}$ zao$_{21}$ shy$_{23}$ li$_{22}$ ba$_{44}$ ni$_{23}$, ghek$_1$ dhoe$_{23}$ lu$_{23}$ shan$_{22}$ shan$_{44}$ yao$_{34}$ sek$_3$ co$_{44}$. zek$_3$ hao$_{44}$ ne$_{22}$ xin$_{44}$ den$_{33}$ yik$_5$ den$_{33}$ lek$_{21}$, jik$_3$ hha$_{44}$ m$_{22}$ mek$_4$ yhong$_{22}$ shan$_{44}$.

◆ 已经等了10分多钟了,真是热死了,车上闷得要命,空调开得大一点行吗?

已经 等了 十分 多 钟了, 热也 热煞了, 车子浪 闷得来 要 死, 空调 开 大一眼 好哦?

Yi$_{33}$ jin$_{44}$ den$_{33}$ lek$_4$ shek$_1$ fen$_{23}$ du$_{52}$ zong$_{55}$ lek$_{21}$, nik$_1$ hha$_{23}$ nik$_1$ sak$_{22}$ lek$_{23}$, co$_{55}$ zy$_{33}$ lang$_{21}$ men$_{55}$ dek$_3$ le$_{21}$ yao$_{34}$ xi$_{34}$, kong$_{55}$ dhiao$_{21}$ ke$_{52}$ dhu$_{22}$ yik$_5$ nge$_{21}$ hao$_{33}$ fha$_{44}$?

◇ 到这时候,急死也没有办法。

到 搿个 辰光, 急煞 也 呒没 办法。

Dao$_{34}$ ghek$_1$ ghek$_{23}$ shen$_{22}$ guang$_{44}$, jik$_3$ sak$_4$ hha$_{23}$ m$_{22}$ mek$_4$ bhe$_{22}$ fak$_4$.

◆ 让我下去算了,还是两条腿走快了。

让我 下去 算了, 还是 "十一路 电车" 快了。

Nian$_{22}$ ngu$_{44}$ hho$_{22}$ qi$_{44}$ soe$_{33}$ lek$_4$, hhe$_{22}$ shy$_{44}$ 'shek$_1$ yik$_{22}$ lu$_{23}$ dhi$_{22}$ co$_{44}$' kua$_{33}$ lek$_4$.

◇ 步行总没的士快,这儿不能随便下车,警察要管的。

步行 总归 呒没 差头 快, 搿搭 勿好 随便 下车个, 警察 要 管个。

Bhu$_{22}$ yhin$_{44}$ zong$_{33}$ gue$_{44}$ m$_{22}$ mek$_4$ ca$_{55}$ dhou$_{21}$ kua$_{34}$, ghek$_1$ dak$_{23}$ fhek$_1$ hao$_{23}$ shoe$_{22}$ bhi$_{44}$ hho$_{22}$ co$_{55}$ ghek$_{21}$, jin$_{55}$ cak$_4$ yao$_{34}$ guoe$_{33}$ ghek$_4$.

◆ 那么绕个圈子出去好吗?

葛 绕个 圈子 出去 好哦?

Gek$_5$ niao$_{22}$ ghek$_4$ quoe$_{55}$ zy$_{21}$ cek$_3$ qi$_{44}$ hao$_{33}$ fha$_{44}$?

◇ 要绕就要绕个大圈子,你看怎样?

要 绕 就要 绕个 大圈子, 侬 看 哪能?

Yao$_{34}$ niao$_{23}$ xhiu$_{33}$ yao$_{44}$ niao$_{22}$ ghek$_{44}$ dhu$_{22}$ quoe$_{55}$ zy$_{21}$, nong$_{23}$ koe$_{34}$ na$_{22}$ nen$_{44}$?

◆ 这么一来,反而浪费时间,还不如刚才去坐地铁快了。

掰能 一来，反而 浪费 辰光，及勿上 刚刚 去 乘 地铁 快了。
Ghek₁ nen₂₃ yik₃ le₄₄，fe₃₃ er₄₄ lang₂₂ fi₄₄ shen₂₂ guang₄₄，jhik₁ fhek₂ shang₂₃ gang₅₅ gang₂₁ qi₃₄ cen₃₄ dhi₂₂ tik₄ kua₃₃ lek₄.

## 买火车票

◆ 请问，明天晚上去合肥的火车票还有吗？
请问，明朝 夜里 去 合肥个 火车票 还 有哦？
Qin₃₃ men₄₄，min₂₂ zao₄₄ yha₂₂ li₄₄ qi₃₄ hhek₁ fhi₂₂ ghek₂₃ hu₃₃ co₅₅ piao₂₁ hhe₂₃ yhou₂₂ fha₄₄？

◇ "动车"没有了，"高铁"票还有。
"动车" 呒没了，"高铁" 还 有。
'dhong₂₂ co₄₄' m₂₂ mek₅₅ lek₂₁，'gao₅₅ tik₄' hhe₂₃ yhou₂₃.

◆ 买一张"高铁"车票吧。请问，从上海到合肥要乘几个小时？
买 一张 "高铁"票哦。请问，从 上海 到 合肥 要 乘 几个 钟头？
Ma₂₃ yik₃ zan₄₄ 'gao₅₅ tik₃' piao₃ fha₂₁. Qin₃₃ men₄₄，shong₂₃ shang₂₂ he₄₄ dao₃₄ hhek₁ fhi₂₃ yao₃₄ cen₃₄ ji₃₃ ghek₄ zong₅₅ dhou₂₁.

◇ 坐4个小时。
乘 四个 钟头。
Cen₃₄ sy₃₃ ghek₄ zong₅₅ dhou₂₁.

◆ 几点钟开车？
几点钟 开 车？
Ji₃₃ di₅₅ zong₂₁ ke₅₂ co₅₂？

◇ 上午9点30分开车。
上半日 九点 三十分 开 车。
shang₂₂ boe₅₅ nik₂₁ jiu₃₃ di₄₄ se₅₅ sek₃ fen₂₁ ke₅₂ co₅₂.

## 替换练习

1. 现在 ⎡上海交通 / 上海马路 / 居住条件 / 商场竞争⎤ 比以前 ⎡好 / 清爽 / 宽敞 / 激烈⎤ 多了。

2. ⎡步行 / 写字 / 走路梯 / 烧小菜⎤ 总归呒没 ⎡的士 / 打电脑 / 乘电梯 / 吃快餐⎤ 快。

3. 反而 ⎡浪费辰光 / 影响速度 / 伤料作 / 去勿成⎤，⎡及勿上 / 比勿上 / 勿如 / 倒勿如⎤ 刚刚去 ⎡乘地铁快 / 乘差头快 / 买成衣好 / 乘火车好⎤ 了。

4. ⎡车子浪 / 小伙子 / 小姑娘⎤ ⎡闷 / 忙 / 嗲⎤ 得来 ⎡要死 / 要命 / 勿得了⎤，⎡空调 / 休息辰光 / 稍微⎤ ⎡开大 / 留 / 严肃⎤ 一眼好哦?

5. 让我 ⎡下车 / 上车 / 出去 / 回去⎤ 算了。

6. ⎡不过 / 哎呀 / 乃末 / 可惜⎤ ⎡勿 / 对 / 对好 / 来三⎤，今朝 ⎡塞车 / 跑勿脱 / 关门 / 老板回去⎤ 了。

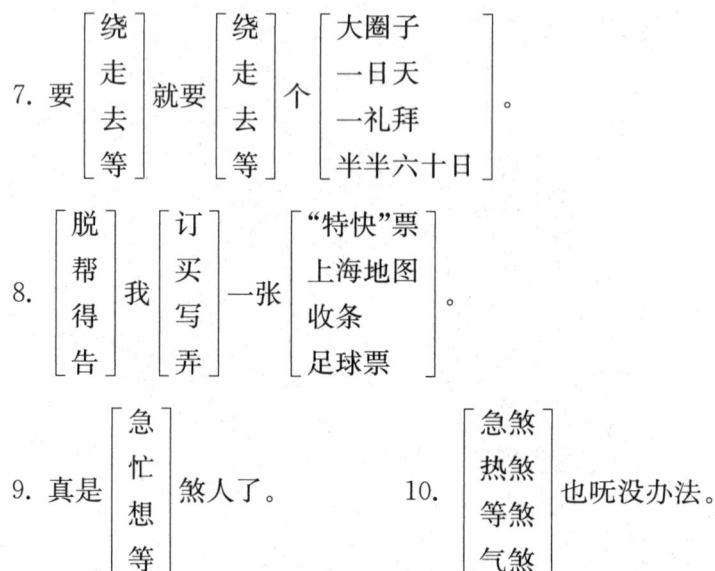

9. 真是 [急/忙/想/等] 煞人了。　　10. [急煞/热煞/等煞/气煞] 也呒没办法。

## 补充词语

**一、交通名词**

的士 dik₃ sy₄₄ / 差头 ca₅₅ dhou₂₁ 出租车。　　大巴 dha₂₂ ba₄₄　　中巴 zong₅₅ ba₂₁ 面包车 mi₂₂ bao₅₅ co₂₁　　助动车 shu₂₂ dhong₅₅ co₂₁　　公共汽车 gong₅₅ ghong₃₃ qi₂₁ co₂₁ 　　无轨电车 whu₂₂ gue₅₅ dhi₃₃ co₂₁　　公交车 gong₅₅ jiao₃₃ co₂₁　　脚踏车 jiak₃ dhak₅ co₂₁ 自行车。　　三轮车 se₅₅ len₃₃ co₂₁　　卡车 ka₃₃ co₄₄ 载货车。　　轿车 jhiao₂₂ co₄₄　　自备车 shy₂₂ bhe₅₅ co₂₁ 私家车。　　摩托车 mo₂₂ tok₅ co₂₁。

**二、其他**

乘车子 cen₃₃ co₅₅ zy₂₁　　乘地铁 cen₃₄ dhi₂₂ tik₄　　拦差头 lak₁₂ ca₅₅ dhou₂₁　　11路电车 shek₁ yik₂ lu₂₃ dhi₂₂ co₄₄ 戏称步行。　　荡马路 dhang₂₂ mo₅₅ lu₂₁ 逛马路。　　兜一圈 dou₅₅ yik₃ quoe₂₁ 转一圈儿。　　跑一坎 bhao₂₂ yik₅ dha₂₁ 走一次。　　打回票 dan₃₄ whe₂₂ piao₄₄ 退回。　　开倒车 ke₅₂ dao₃₃ co₄₄　　电车路 dhi₂₂ co₅₅ lu₂₁ 有轨电车的轨道,比喻人额上的皱纹线。　　用场 yhong₂₂ shan₄₄ 用处。　　乃末 ne₂₂ mek₄₄ 这下。如:"乃末糟糕了!"　　料作 liao₂₂ zok₄ 衣料;引申为东西的质地。　　清洁 qin₅₅ jik₂₁

宽敞 kuoe₅₅ can₂₁　激烈 jik₃ lik₄　老板 lao₂₂ be₄₄　严肃 ni₂₂ sok₄　竞争 jhin₂₂ zen₄₄　速度 sok₃ dhu₄₄　影响 yin₃₃ xian₄₄　伤 sang₅₂ 浪费。　收条 sou₅₅ dhiao₂₁　足球票 zok₃ jhiu₅ piao₂₁　上海地图 shang₂₂ he₅₅ dhi₃₃ dhu₂₁

## 语法要点

### 一、比较句

用"**比** bi₃₄、**比得过** bi₃₃ dek₅ gu₂₁、**及得上** jhik₁ dek₂ shang₂₃"表示顺比，如："现在上海交通比以前好用多了。""我个能力比得过伊。""我外语及得上伊。"

用"**比勿上** bi₃₃ fhek₅ shang₂₁、**及勿上** jhik₁ fhek₂ shang₂₃、**比勿过** bi₃₃ fhek₅ gu₂₁、**呒没** m₂₂ mek₄"表示逆比。如："现在反而浪费辰光，及勿上刚刚去乘地铁快了。""我长跑比勿过伊。""我写字呒没伊好。"

### 二、"给"字句

上海话用"**脱** tek₅"代表示"替"的"给"，如："脱我订一张'特快'票。""脱我去买一张报。""脱"从"替"的读音变来。

### 三、经常不用"把"字句

上海话很少用普通话的"把"字句形式，而直接把接受动作的事物放在前面，如普通话的"把空调开大一点行吗？"上海话说："空调开大一眼好哦？"又如："侬衣裳汏了哦？"（你把衣服洗了没有？）要是用"把"字句，上海话说"**拿** ne₅₂/nao₅₂"，如："拿空调开大一点好哦？"

### 四、得来 dek le

相当于"得"："戆得来要死！"（傻得要命！）又可以把"要死"、"勿得了"等极端词语省去，如："戆得来！"就是"傻得很"的意思。又如："侬漂亮得来！"

### 五、并列连词

相当于普通话"和"或"跟"的连词（如"小王和小张"）。上海话中原有的有"**脱** tek₅"、"**脱仔** tek₃ zy₄₄"、"**搭** dak₅"、"**搭仔** dak₃ zy₄₄"（或读作"**得** dek₅、**得之** dek₃ zy₄₄）几个，"脱"源自"**替** ti₃₄"虚化而来（脱我做事体），"搭"源自"**对** de₃₄"虚化而来（我搭侬讲）；后来又有"**告** gao₅₂"，"告"源自"**叫** gao₃₄"（老板叫侬来）；新的有"**帮** bang₅₂"，青年人多用，青年人还用从普通话来的"**跟** gen₅₂"。

85

# 第十课 邮电银行

 在邮局

◆ 小姐,请问最后一次开信箱是什么时间?

小姐, 请问 辣末一趟 开 信箱 是 啥 辰光?

Xiao₃₃ jia₄₄, qin₃₃ men₄₄ lak₂ mek₅ yik₃ tang₂₁ ke₅₂ xin₃₃ xian₄₄ shy₂₃ sa₃₄ shen₂₂ guang₄₄?

◇ 5 点,你的信赶快投进去还来得及。

五点钟, 信 豪愥 乱进去 还 来得及。

Ng₂₂ di₅₅ zong₂₁, xin₃₄ hhao₂₂ sao₄₄ dok₃ jin₅₅ qi₂₁ hhe₂₃ le₂₂ dek₅ jhik₂₁.

◆ 寄挂号信是不是可以快一点?

寄 挂号信 是勿是 可以 快一点?

Ji₃₄ go₃₃ hhao₅₅ xin₂₁ shy₂₂ fhek₅ shy₂₁ ku₃₃ yi₄₄ kua₃₃ yik₅ di₂₁?

◇ 挂号信是保险一点,但不会快一点,反而是慢一点。

挂号信 是 保险一点, 但 勿会 快一点, 反而 慢一点。

Go₃₃ hhao₅₅ xin₂₁ shy₂₃ bao₃₃ xi₅₅ yik₃₃ di₂₁, dhe₂₃ fhek₁ whe₂₃ kua₃₃ yik₅ di₂₁, fe₃₃ er₄₄ me₂₂ yik₅ di₂₁.

◆ 那么我寄"特快邮件",什么时候可以收到?

葛末 我 寄 "特快 邮件", 啥辰光 好 收到?

Gek₅ mek₂₁ ngu₂₃ ji₃₄ 'dhek₁ kua₂₃ yhou₂₂ jhi₄₄', sa₃₃ shen₅₅ guang₂₁ hao$_{34}$ sou$_{55}$ dao$_{21}$?

◇ **寄"特快邮件"明天就可以收到。**

寄 "特快 邮件" 明朝 就 可以 收到。

Ji$_{34}$ 'dek$_1$ kua$_{23}$ yhou$_{22}$ jhi$_{44}$' min$_{22}$ zao$_{44}$ xhiu$_{23}$ ku$_{33}$ yi$_{44}$ sou$_{55}$ dao$_{21}$.

◆ **我要寄信到南京,贴多少钱的邮票?**

我 要 寄 信 到 南京, 贴 几钿 邮票?

Ngu$_{23}$ yao$_{34}$ ji$_{34}$ xin$_{34}$ dao$_{34}$ noe$_{22}$ jin$_{44}$, tik$_5$ ji$_{22}$ dhi$_{44}$ yhou$_{22}$ piao$_{44}$?

◇ **把信放在秤上称一下,告诉你。**

信 摆辣 秤 上面 称一称, 告诉 侬。

Xin$_{34}$ ba$_{33}$ lak$_4$ cen$_{34}$ shang$_{22}$ mi$_{44}$ cen$_{55}$ yik$_3$ cen$_{21}$, gao$_{55}$ su$_{33}$ nong$_{21}$.

◆ **请你给我一张寄款单。**

请 侬 拨 一张 寄款单 拨我。

Qin$_{34}$ nong$_{23}$ bek$_5$ yik$_3$ zan$_{44}$ ji$_{33}$ kuoe$_{55}$ de$_{21}$ bek$_3$ ngu$_{44}$.

◇ **桌面上有,可以自己拿,别忘了写邮政编码。**

台面浪 可以 自家 拿, 邮政编码 勿要 忘记 写。

Dhe$_{22}$ mi$_{55}$ lang$_{21}$ ku$_{33}$ yi$_{44}$ shy$_{22}$ ka$_{44}$ ne$_{52}$, yhou$_{22}$ zen$_{55}$ bi$_{33}$ mo$_{21}$ fhek$_1$ yao$_{23}$ mang$_{22}$ ji$_{44}$ xia$_{34}$.

◆ **啊呀,邮编我倒忘了,怎么办?**

啊呀, 邮编 我 倒 忘记脱了, 哪能 办?

Ak$_5$ ya$_1$, yhou$_{22}$ bi$_{44}$ ngu$_{23}$ dao$_{34}$ mang$_{22}$ ji$_{55}$ tek$_3$ lek$_{21}$, na$_{22}$ nen$_{44}$ bhe$_{23}$?

◇ **在你右边的桌上有一本邮政编码的本子,你去查吧。门口那儿还有自动查询机,不过你问我我也许也可以告诉你。**

侬 右面 台浪 有 一本 邮政 编码 簿子, 侬 去 查 好了。门口头 还有得 自动 查询机, 不过 问 我 我 作兴 也 可以 告诉侬。

Nong$_{23}$ yhou$_{22}$ mi$_{44}$ dhe$_{22}$ lang$_{44}$ yhou$_{23}$ yik$_3$ ben$_{44}$ yhou$_{22}$ zen$_{44}$ bi$_{55}$ mo$_{21}$ bhu$_{22}$ zy$_{44}$, nong$_{23}$ qi$_{34}$ sho$_{23}$ hao$_{33}$ lek$_{21}$. Men$_{22}$ kou$_{55}$ dhou$_{21}$ hhe$_{22}$ yhou$_{55}$ dek$_{21}$ shy$_{22}$ dhong$_{44}$ sho$_{22}$ xun$_{55}$ ji$_{21}$, bek$_3$ gu$_{44}$ men$_{23}$ ngu$_{23}$ ngu$_{23}$ zok$_3$ xin$_{44}$ hha$_{23}$ ku$_{33}$ yi$_{44}$ gao$_{55}$ su$_{33}$ nong$_{21}$.

◆ 我还有一张汇款单,是不是在你那儿提钱。

我 还有 一张 汇款单, 阿是 辣 侬搭 领 钞票?

Ngu₂₃ hhe₂₂ yhou₄₄ yik₃ zang₄₄ whe₂₂ kuoe₅₅ de₂₁, ak₃ shy₄₄ lak₁₂ nong₂₄ dak₂₁ lin₂₃ cao₃₃ piao₄₄?

◇ 你身份证带来了吗?

侬 身份证 带来哦?

Nong₂₃ sen₅₅ fhen₃₃ zen₂₁ da₃₃ le₅₅ fha₂₁?

◆ 身份证号码我已经填在那儿了,可以提吗?

身份证 号码 我 已经 填辣海了, 可以 领哦?

Sen₅₅ fhen₃₃ zen₂₁ hhao₂₂ mo₄₄ ngu₂₃ yi₃₃ jin₄₄ dhi₂₂ lak₅ he₃₃ lek₂₁, ku₃₃ yi₄₄ lin₂₂ fha₄₄?

◇ 对不起,没有带身份证是不能提汇款的。

对勿起, 呒没 带 身份证 是 勿好 领 汇款个。

De₃₃ fhek₅ qi₂₁, m₂₂ mek₄ da₃₄ sen₅₅ fhen₃₃ zen₂₁ shy₂₃ fhek₁ hao₂₃ lin₂₃ whe₂₂ kuoe₅₅ ghek₂₁.

银行取钱

◆ 先生,我要存钱,怎么存?

先生, 我 要 存 钞票, 哪能 存法?

Xi₅₅ san₂₁, ngu₂₃ yao₃₄ shen₂₃ cao₃₃ piao₄₄, na₂₂ nen₄₄ shen₂₂ fak₄?

◇ 你要存活期存款还是定期存款?"定活两便"也有的。

侬 要 存 活期 存款 还是 定期 存款? "定活 两便" 也 有个。

Nong₂₃ yao₃₄ shen₂₃ whek₁ jhi₂₃ shen₂₂ kuoe₄₄ hhe₂₂ shy₄₄ dhin₂₂ jhi₄₄ shen₂₂ kuoe₄₄? 'Dhin₂₂ whek₄ lian₂₂ bhi₄₄' hha₂₃ yhou₂₂ ghek₄.

◆ 这点钱我要存定期,那点钱就存活期行了。

箇点 钞票 我 要 存 定期, 还有 一点 钞票末 就 存 活期 好咪。

Ghek₁ di₂₃ cao₃₃ piao₄₄ ngu₂₃ yao₃₄ shen₂₃ dhin₂₂ jhi₄₄, hhe₂₂ yhou₄₄ yik$_3$ di$_{21}$　cao$_{33}$ piao$_{55}$ mek$_{21}$　xhiu$_{23}$　shen$_{23}$　whek$_1$ jhi$_{23}$　hao$_{33}$ le$_{21}$.

◇ 我们这儿有外币、人民币定期一本通,也有外币、人民币活期一本通。

阿拉　弆搭　有　外币、人民币　定期　一本通,也有　外币、人民币　活期　一本通。

Ak$_3$ lak$_4$　ghek$_1$ dak$_{23}$　yhou$_{23}$　nga$_{22}$ bhi$_{44}$, zen$_{22}$ min$_{55}$ bhi$_{21}$　dhin$_{22}$ jhi$_{23}$　yik$_3$ ben$_{55}$ tong$_{21}$, hha$_{22}$ yhou$_{44}$　nga$_{22}$ bhi$_{44}$, zen$_{22}$ min$_{55}$ bhi$_{21}$　whek$_1$ jhi$_{23}$　yik$_3$ ben$_{55}$ tong$_{21}$.

◆ 这样可方便了,我就开"活期一本通"账户,再开一个"定期一本通"。

弆能　倒　便当了,我　就　开"活期　一本通"账户,再　开　一只"定期　一本通"。

Ghek$_1$ nen$_{23}$　dao$_{34}$　bhi$_{22}$ dang$_{55}$ lek$_{21}$, ngu$_{23}$　xhiu$_{23}$　ke$_{52}$　'whek$_1$ jhi$_{23}$　yik$_3$ ben$_{55}$ tong$_{21}$'　zan$_{33}$ whu$_{44}$, ze$_{52}$　ke$_{52}$　yik$_3$ zak$_4$ "dhin$_{22}$ jhi$_{23}$　yik$_3$ ben$_{55}$ tong$_{21}$".

◇ 活期取款你可以用硬卡在"自动取款机"上取钱。

活期　取款　侬　可以　用　硬卡　辣"自动　取款机"高头　拿　钞票。

Whek$_1$ jhi$_{23}$　qu$_{33}$ kuoe$_{44}$　nong$_{23}$　ku$_{33}$ yi$_{44}$　yhong$_{23}$　ngan$_{22}$ ka$_{44}$　lak$_{12}$　'shy$_{22}$ dhong$_{44}$　qu$_{33}$ kuoe$_{55}$ ji$_{33}$'　gao$_{33}$ dhou$_{21}$　ne$_{52}$　cao$_{33}$ piao$_{44}$.

◇ 你们的"自动取款机"跟别的银行联网吗?

倷"自动　取款机"得　别个　银行　联　网哦?

Na$_{23}$　'shy$_{22}$ dhong$_{44}$　qu$_{33}$ kuoe$_{55}$ ji$_{21}$'　dek$_5$　bhik$_1$ ghek$_{23}$　nin$_{22}$ hhang$_{44}$　li$_{23}$　mang$_{22}$ fha$_{44}$?

◇ 你到有银联标志的ATM机去取款就可以了,我们银行有24小时自助服务的。

侬　到　有　银联　标记个　AT M机里　去　取　钞票　就　可以了,阿拉　银行　有　廿四小时　自助　服务个。

Nong$_{23}$　dao$_{34}$　yhou$_{23}$　nin$_{22}$ li$_{44}$　biao$_{55}$ ji$_{33}$ ghek$_{21}$　e$_{55}$ ti$_{21}$　e$_{33}$ m$_{22}$ ji$_{33}$ li$_{21}$　qi$_{34}$　qu$_{34}$　cao$_{33}$ piao$_{44}$　xhiu$_{23}$　ku$_{33}$ yi$_{55}$ lek$_{21}$, ak$_3$ lak$_4$　nin$_{22}$ hhang$_{44}$　yhou$_{23}$　nie$_{22}$ sy$_{55}$ xiao$_{33}$ shy$_{21}$　shy$_{22}$ shu$_{44}$　fhok$_1$ whu$_{22}$ ghek$_{23}$.

◆ 真方便,那么这个卡怎么用呢?

真　便当,葛末　弆个　卡　哪能　用法呢?

Zen₅₂ bhi₂₂ dang₄₄, gek₅ mek₂₁ ghek₁ ghek₂₃ ka₃₄ na₂₂ nen₄₄ yhong₂₂ fak₅ ni₂₁?

◇ 插进去，一看说明就知道的。

插进去，一看 说明 就 晓得个。

Cak₃ jin₅₅ qi₂₁, yik₃ koe₄₄ sek₃ min₄₄ xhiu₂₃ xiao₃₃ dek₅ ghek₂₁.

打电话

◆ 先生，我要给我的女儿打个电话。

先生， 我 要 打只 电话 拨 囡儿。

Xi₅₅ san₂₁, ngu₂₃ yao₃₄ dan₃₃ zak₄ dhi₂₂ hho₄₄ bek₅ noe₂₂ ng₄₄.

◇ 这个是自动投币电话，你只要丢下去一元硬币，拨电话号码，接通对方以后，按一下就可以通话了。

搿只 是 自动 投币电话， 侬 只要 甩下去 一元 硬币， 拨 电话 号码， 接通 对方 以 后， 揿一记 就 好 通 话了。

Ghek₁ zak₂₃ shy₂₃ shy₂₂ dhong₄₄ dhou₂₂ bhi₅₅ dhi₃₃ hho₂₁, nong₂₃ zek₃ yao₄₄ dok₃ hho₅₅ qi₂₁ yik₃ kue₄₄ ngan₂₂ bhi₄₄, bek₅ dhi₂₂ hho₅₅ hhao₃₃ mo₂₁, jik₃ tong₄₄ de₃₃ fang₄₄ yi₃₄ hhou₂₃, qin₃₃ yik₅ ji₂₁ xhiu₂₃ hao₃₄ tong₅₂ hho₂₂ lek₄.

◆ 我没有带零钱，请你换给我一元的硬币好吗？

我 呒没 带 零头， 谢谢侬 调拨我 一元头个 硬币 好哦？

Ngu₂₃ m₂₂ mek₄ da₃₄ lin₂₂ dhou₄₄, xhia₂₂ xhia₅₅ nong₂₁ dhiao₂₂ bek₅ ngu₂₁ yik₃ kue₅₅ dhou₃₃ ghek₂₁ ngan₂₂ bhi₄₄ hao₃₃ fha₄₄?

◇ 好。（接通电话）

好个。

hao₃₃ ghek₄.

◆ 喂，我是毛和平，请问你是谁？

喂， 我 是 毛和 平， 请问 侬 是 啥人？

Whe₂₃, ngu₂₃ shy₂₃ mao₂₂ whu₄₄ bhin₂₃, qin₃₃ men₄₄ nong₂₃ shy₂₃ sa₃₃ nin₄₄?

◆ 哦,请你转告莉莉一下,我今天晚上不回来吃晚饭了。谢谢,再见。

哦, 请 侬 转告 莉莉一声, 我 今朝 夜里 勿回来 吃 夜饭了。 谢谢, 再会。

O₅₂, qin₃₄ nong₂₃ zoe₃₃ gao₄₄ li₅₅ li₃₃ yik₃ san₂₁, ngu₂₃ jin₅₅ zao₂₁ yha₂₂ li₄₄ vek₃ whe₅₅ le₂₁ qik₅ yha₂₂ fhe₅₅ lek₂₁. Xhia₂₂ xhia₄₄, ze₅₅ whe₂₁.

 快递服务

◆ 喂,请问现在替我送一叠稿子行吗?

喂, 请问 现在 脱我 送 一叠 稿子 好哦?

Whe₂₃, qin₃₃ men₄₄ yhi₂₂ she₄₄ tek₃ ngu₄₄ song₃₄ yik₃ dhek₄ gao₃₃ zy₄₄ hao₃₃ fha₄₄?

◇ 行,您住哪儿?

好, 侬 住辣 啥地方?

Hao₃₄, nong₂₃ shy₂₂ lak₄ sa₃₃ dhi₅₅ fang₂₁?

◆ 我就住在虹桥路564弄3号206室。

我 就 住辣 虹桥路 五百 六十四弄 三号 二零 六 室。

Ngu₂₃ xhiu₂₃ shy₃₂ lak₄ hhong₂₂ jhiao₅₅ lu₂₁ ng₂₂ bak₄ lok₂ shek₅ sy₃₃ long₂₁ se₅₅ hhao₂₁ lian₂₂ ling₄₄ lok₁₂ sek₅.

◇ 我们在半小时以内到你家来取。

阿拉 半个 钟头 里向 到 侬 屋里 来 拿。

Ak₃ lak₄ boe₃₃ ghek₄ zong₅₅ dhou₂₁ li₂₂ xian₄₄ dao₃₄ nong₂₃ ok₃ li₄₄ le₃₄ ne₅₂.

◆ 多长时间可以送到?

几化 辰光 好 送到?

Ji₃₃ ho₄₄ shen₂₂ guang₄₄ hao₃₄ song₃₃ dao₄₄?

91

◇ 你要送到哪里？

侬　要　送到　阿里搭？
Nong₂₃　yao₃₄　song₃₃ dao₄₄　hha₂₂ li₅₅ dak₂₁？

◆ 我要送到上海人民出版社。

我　要　送到　上海　人民　出版社。
Ngu₂₃　yao₃₄　song₃₃ dao₄₄　shang₂₂ he₄₄　shen₂₂ min₄₄　cek₃ be₅₅ sho₂₁．

◇ 哦，在福州路上海书城楼里，今天上午就可以送到。快递费收十元钱。

噢，辣　福州路　上海　书城　楼里，今朝　上半日　就　可以　送到。快递费　收　十元　洋钿。
Ao₅₂，lak₁₂　fok₃ zou₅₅ lu₂₁　shang₂₂ he₄₄　sy₅₅ shen₄₄　lou₂₂ li₄₄，jin₅₅ zao₂₁ shang₂₂ boe₅₅ nik₂₁　xhiu₂₃　ku₃₃ yi₄₄　song₃₃ dao₄₄．kua₃₃ dhi₅₅ fi₂₁　sou₅₂ shek₁ kue₂₃　yhan₂₂ dhi₄₄．

◆ 那么我现在在家里等着，你要马上就来，再见。

葛末　我　现在　辣　屋里向　等辣海，侬　马上　就　来　噢，再会。
Gek₅ mek₂₁　ngu₂₃　yhi₂₂ she₄₄　lak₁₂　ok₃ li₅₅ xian₂₁　den₃₃ lak₅ he₂₁，nong₂₃ ma₂₂ shang₄₄　xhiu₂₃　le₂₃　ao₅₂，ze₅₅ whe₂₁．

**替换练习**

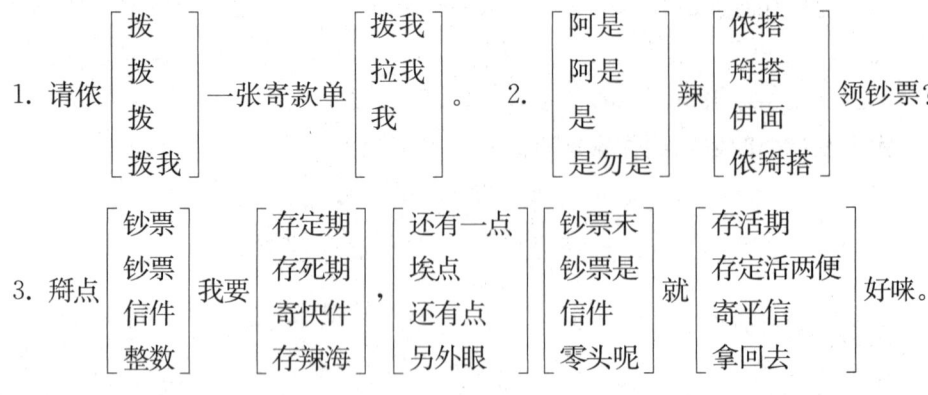

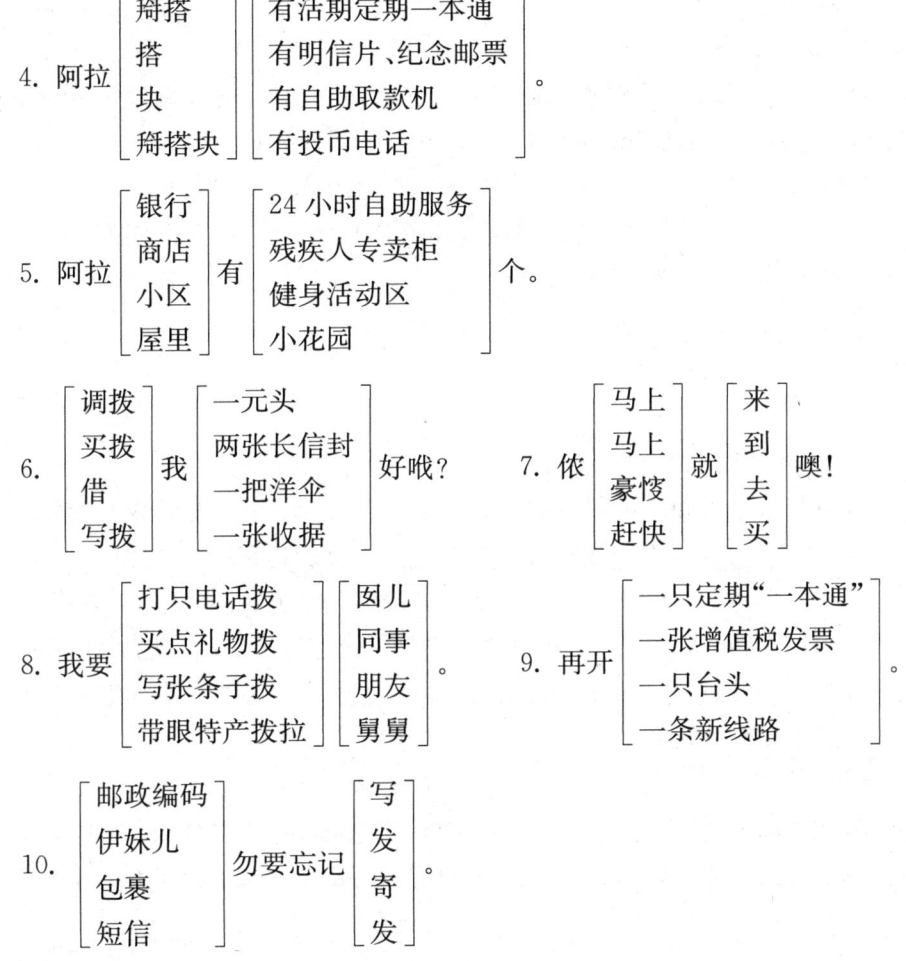

## 补充词语

平信 bhin₂₂ xin₄₄　挂号信 go₃₃ hhao₅₅ xin₂₁　快件 kua₃₃ jhi₄₄　包裹 bao₅₅ gu₂₁　汇款单 whe₂₂ kuoe₅₅ de₂₁　邮票 yhou₂₂ piao₄₄　纪念邮票 ji₃₃ ni₅₅ yhou₃₃ piao₂₁　信纸 xin₃₃ zy₁₇　信封 xin₃₃ fong₄₄　信壳 xin₃₃ kok₄ 信封。　明信片 min₂₂ xin₅₅ pi₂₁　电话 dhi₂₂ hho₄₄　短信 doe₃₃ xin₄₄　电传 dhi₅₅ shoe₄₄　电子邮件 dhi₃₃ zy₅₅ yhou₃₃ jhi₂₁　伊

新上海人学说上海话

**妹儿** yi₅₅ me₃₃ er₂₁  **存活期** shen₂₃ whek₂₂ jhi₄₄  **存死期** shen₂₃ xi₃₃ jhi₄₄ 存定期。 **整数** zen₃₃ su₄₄  **零头** lin₂₂ dhou₄₄ 零星数。 **收据** sou₅₅ ju₂₁  **残疾人** she₂₂ xhik₅ nin₂₁  **专卖柜** zoe₅₅ ma₃₃ jhu₂₁  **同事** dhong₂₂ shy₄₄  **特点** dhek₁ di₂₃  **增值税** zen₅₅ shek₃ soe₂₁  **发票** fak₃ piao₄₄  **台头** dhe₂₂ dhou₄₄ 发票、支票上开列的对方的名称。借自英语 title。 **噢** ao₅₂ 语气助词,可表示叮嘱、提醒、劝听的语气。如:"侬马上就来噢!"有"你马上就来,听见了吗!"的意思。"侬当心扒手噢!""勿要哭噢!"  **勿要** fhek₁ yao₂₃ 别。如:"勿要出去!"(别出去!)

## 语法要点

### 一、双宾语句

指动词带一个人和一个物,如普通话"给我一本书"用上海话说是"拨我一本书"。"给"说成 **拨** bek₅。"送给我一本书"上海话说"送拨我一本书"。又如:"调拨我一元头好哦?"上海话还有一个表示法是:"拨一本书拨我。""送一本书拨我。"前面一句可以用两个"拨(给)",又如:"请侬拨一张寄款单拨我。"老派还能说:"拨一张寄款单我。"(即把普通话的双宾语前后位置倒一倒)或"拨一张寄款单拉我。"

### 二、搭 dak 表示处所

"辫搭"的"搭"可以用在人的后面表示处所,如:"我搭"就是"我这儿","王老师搭"就是"王老师那儿"。也可以说"我辫搭","王老师辫搭"。"块"也是表示地点的后缀,可以叠加在"搭"后面,如:"伊搭块"就是"他那儿"。如:"报纸辣辣伊搭块。"

# 第十一课 逛街购物

 地下商场

◆ 你看,现在的人民广场漂亮吗?里面都是绿化,周围有许多高级建筑,像上海博物馆、上海大剧院、上海城市规划展示馆,都是上海的标志性建筑,气派真大!
侬 看, 现在个 人民广场 漂亮哦? 里向 侪是 绿化, 周围 有 交关 高级 建筑, 像 上海 博物馆、上海 大剧院、上海 城市 规划 展示馆, 侪是 上海 标志性 建筑, 气派 真 大!
Nong$_{23}$ koe$_{34}$, yhi$_{22}$ she$_{55}$ ghek$_{21}$ shen$_{22}$ min$_{55}$ guang$_{33}$ shan$_{21}$ piao$_{33}$ lian$_{55}$ fha$_{21}$?
Li$_{22}$ xian$_{44}$ she$_{22}$ shy$_{44}$ lok$_1$ ho$_{23}$, zou$_{55}$ whe$_{21}$ yhou$_{23}$ jiao$_{55}$ gue$_{21}$ gao$_{55}$ jik$_{21}$ ji$_{33}$ zok$_4$, xhian$_{23}$ shang$_{22}$ he$_{44}$ bok$_3$ fhek$_5$ guoe$_{21}$, shang$_{22}$ he$_{44}$ dha$_{22}$ jhik$_5$ yhuoe$_{21}$, shang$_{22}$ he$_{44}$ shen$_{22}$ shy$_{44}$ gue$_{55}$ whak$_{21}$ zoe$_{23}$ shy$_{55}$ guoe$_{21}$, she$_{22}$ shy$_{44}$ shang$_{22}$ he$_{44}$ biao$_{55}$ zy$_{33}$ xin$_{21}$ ji$_{33}$ zok$_4$, qi$_{33}$ pa$_{44}$ zen$_{52}$ dhu$_{23}$!

◇ 是啊,我二十年前到上海来玩,到过人民广场,完全不是现在这个模样。
是呀, 我 廿年 前 到 上海 来 白相, 到过 人民广场, 完全 勿 是 现在 辫个 样子。
Shy$_{22}$ ya$_{44}$, ngu$_{23}$ nie$_{22}$ ni$_{44}$ xhi$_{23}$ dao$_{34}$ shang$_{22}$ he$_{44}$ le$_{23}$ bek$_1$ xian$_{23}$, dao$_{33}$ gu$_{44}$ shen$_{22}$ min$_{55}$ guang$_{33}$ shan$_{21}$, whoe$_{22}$ xhi$_{44}$ fhek$_1$ shy$_{44}$ yhi$_{22}$ she$_{44}$ ghek$_1$ ghek$_{23}$ yhan$_{22}$ zy$_{44}$.

95

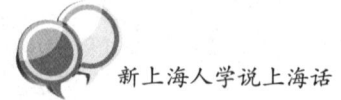

◆ 不但地面上好看,地底下的商场也大得不得了。今天我带你去看看地下商场。

勿但 地面高头 好看, 地底下 商场 也 大得 勿得 了。 今朝 我 带侬 去 看看 地下商场。

Fhek₁ dhe₂₃ dhi₂₂ mi₅₅ gao₃₃ dhou₂₁ hao₃₃ koe₄₄ , dhi₂₂ di₅₅ hho₂₁ sang₅₅ shan₂₁ hha₂₃ dhu₂₂ dek₄ fhek₁ dek₅₃ liao₂₃. Jin₅₅ zao₂₁ ngu₂₃ da₃₃ nong₄₄ qi₃₄ koe₃₃ koe₄₄ dhi₂₂ hho₅₅ sang₃₃ shan₂₁.

◇ 哦,这里是华盛商场,时尚的小商品真是看得眼花缭乱,像走迷宫一样。

喔, 瓣搭 是 "华盛"商场, 时髦个 小商品 真是 看得来 眼睛也 花脱咪, 像 走 迷宫一样。

O₅₂ , ghek₁ dak₂₃ shy₂₃ hho₂₂ shen₅₅ sang₃₃ shan₂₁ , shy₂₂ mao₅₅ ghek₂₁ xiao₃₃ sang₅₅ pin₂₁ zen₅₅ shy₂₁ koe₃₃ dek₅₅ le₂₁ nge₂₂ jin₅₅ hha₂₁ ho₅₅ tek₃₃ le₂₁ , xhian₂₃ zou₃₄ mi₂₂ gong₅₅ yik₃ yhan₂₁.

◆ 你看,还有很多出口,都可以通到地铁人民广场站的。有1号线、2号线、8号线在此交汇。

侬 看, 还有 交关 出口, 侪 可以 通到 地铁 人民广场站个。有 1号线、 2号线、 8号线 辣 此地 交汇。

Nong₂₃ koe₃₄ , e₅₅ yhou₂₁ jiao₅₅ gue₂₁ cek₃ kou₄ , she₂₃ ku₃₃ yi₄₄ tong₅₅ dao₂₁ dhi₂₂ tik₃₄ shen₂₂ min₅₅ guang₃₃ shan₃₃ she₃₃ ghelk₂₁. Yhou₂₃ yik₃ hhao₅₅ xi₂₁ , lian₂ hhao₅₅ xi₂₁ , bak₃ hhao₅₅ xi₂₂ lak₁₂ cy₅₅ dhi₂₁ jiao₅₅ whe₂₁.

◇ 那是你要到哪里去,就可以到哪里去了啊?

葛 是 侬 要 到 阿里去, 就 好 到 阿里去啦?

gek₅ shy₂₃ nong₂₃ yao₃₄ dao₃₄ hha₂₂ li₅₅ qi₂₁ , xhiu₂₃ hao₃₄ dao₃₄ hha₂₂ li₅₅ qi₃₃ la₂₁ ?

◆ 是呀!向南可以坐1号线到徐家汇商业广场,坐2号线向西可到中山公园龙之梦大商场,向东可到浦东世纪大道站,这些地方有更大的购物天堂呢!

是呀! 朝 南 好 乘 1号线 到 徐家汇 商业广场, 乘 2号线 朝 西 好 到 中山公园 龙之 梦 大商场, 朝 东 可以到 浦东 世纪大道站, 瓣眼 地方 侪 有得 更加 大个购物天堂辣海!

Shy₂₂ ya₄₄ ! shao₂₃ noe₂₃ hao₃₄ cen₃₄ yik₃ hhao₅₅ xi₂₁ dao₃₄ xhi₂₂ ga₅₅ whe₂₁ sang₅₅ nik₃₃ guang₃₃ shan₂₁, cen₃₄ lian₂₂ hhao₅₅ xi₂₁ shao₂₃ xi₅₂ hao₃₄ dao₃₄ zong₅₅ se₃₃ gong₃₃ yhuoe₂₁ long₂₂ zy₄₄ mong₂₃ dhu₂₂ sang₅₅ shan₂₁, shao₂₃ dong₅₂ ku₃₃ yi₅₅ dao₂₁ pu₃₃ dong₄₄ sy₅₅ ji₃₃ dha₂₃ dhao₃₃ she₂₁, ghek₁ nge₂₃ dhi₂₂ fang₄₄ she₂₃ yhou₂₂ dek₄₄ gen₃₃ ga₄₄ dhu₂₂ ghek₄₄ gou₂₃ fhek₅ ti₃₃ dhang₃₃ lak₃ he₂₁!

◇ 现在上海已经造好了十几条地铁线路,真是四通八达!你看,这儿最多的是年轻小伙陪他女朋友来逛街购物的呢!

现在 上海 已经 造好了 十几条 地铁线路, 真是 四通八达! 侬 看, 搿搭 独多个 是 年轻 小伙子 陪伊 女朋友 来 荡 马路 买 物事个啊!

yhi₂₂ she₄₄ shang₂₂ he₄₄ yi₃₃ jin₄₄ shao₂₂ hao₅₅ lek₂₁ shek₁ ji₂₂ dhiao₂₃ dhi₂₂ tik₅₅ xi₃₃ lu₂₁, zen₅₅ shy₂₁ sy₃₃ tong₅₅ bak₃₃ dhak₂₁. Nong₂₃ koe₃₄, ghek₁ dak₂₃ dhok₁ du₂₂ ghek₂₃ shy₂₃ ni₂₂ qin₄₄ xiao₃₃ hu₅₅ zy₂₁ bhe₂₂ yhi₄₄ nyu₂₂ bhan₅₅ yhou₂₁ le₂₃ dhang₂₃ mo₂₂ lu₄₄ ma₂₃ mek₁ shy₂₂ ghek₂₂ a₂₃!

 逛太平桥绿地

◆ 你才从人民广场地下商场出来,现在可以去看看闹市中心的绿地,看看创新和怀旧巧妙结合的"新天地"。

侬 刚刚 从 人民广场 地下商场 出来, 现在 可以 去 看看 闹市 中心个 绿地, 看看 创新 脱仔 怀旧 巧妙 结合个 "新天地"。

Nong₂₃ gang₅₅ gang₂₁ shong₂₃ shen₂₂ min₂₂ guang₃₃ shan₂₁ dhi₂₂ hho₅₅ sang₃₃ shan₂₁ cek₃ le₄₄, yhi₂₂ she₄₄ ku₃₃ yi₄₄ qi₃₄ koe₃₃ koe₄₄ nao₂₂ shy₅₅ zong₃₃ xin₃₃ gek₂₁ lok₁ dhi₂₃, koe₃₃ koe₄₄ cang₃₃ xin₄₄ tek₃ zy₄₄ wha₂₂ jhiu₄₄ qiao₃₃ miao₄₄ jik₃ hhek₅ ghek₂₁ 'xin₅₅ ti₃₃ dhi₂₁'.

◇ 哦,这块地方,本来像是叫"太平桥",我来过的,记得当时都是石库门弄堂房子,挤满了"七十二家房客",家家用手提马桶的。

哦, 搿搭 一块 地方, 本来 像 是 叫 "太平桥", 我 来过歇个,

记得　当时　侪是　石库门　弄堂房子，轧满仔 "七十二家　房客"，家家　用　手拎　马桶个。

O₅₂, ghek₁ dak₂₃　yik₃ kue₄₄　dhi₂₂ fang₄₄, ben₃₃ le₄₄　xhian₂₃　shy₂₃　jiao₃₄ 'ta₃₃ bhin₅₅ jhiao₂₁', ngu₂₃　le₂₂ gu₅₅ xik₃ ghek₂₁, ji₃₃ dek₄　dang₅₅ shy₂₁ she₂₂ shy₄₄　shak₁ ku₂₂ men₂₃　long₂₂ dhang₅₅ fhang₃₃ zy₂₁, ghak₁ moe₂₂ zy₂₃ 'qik₃ shek₅ ni₃₃ ga₂₁　fhang₂₂ kak₄', ga₅₅ ga₂₁　yhong₂₃　sou₃₃ lin₄₄ mo₂₂ dhong₅₅ ghek₂₁.

◆ 现在都动迁去住新房子了,不会再闻马桶臭气来。你看,开辟了一片绿地,中间还有一个长长的湖泊,水多清洁!

现在　侪　动迁　去　住　新房子哎，勿要　再　闻　马桶臭了。　侬看，开出了　一片　绿地，当中　还有　一只　长长叫个　湖泊，水几化　清爽!

Yhi₂₂ she₄₄　she₂₃　dong₂₂ qi₄₄　qi₃₄　shy₂₃　xin₅₅ fhang₃₃ zy₃₃ le₂₁, fhek₁ yao₂₃　ze₅₂　men₂₃　mo₂₂ dhong₅₅ cou₃₃ lek₂₁. Nong₂₃　koe₃₄, ke₅₅ cek₃ lek₂₁ yik₃ pi₄₄　lok₁ dhi₂₃,　dang₅₅ zong₂₁　hhe₂₂ yhou₂₃　yik₃ zak₄ shan₂₂ shan₅₅ jiao₃₃ ghek₂₁,　whu₂₂ pek₄,　sy₃₄　ji₃₃ ho₄₄　qin₅₅ sang₂₁!

◇ 真是不可想象！石库门弄堂是上海的老建筑标本,还是要保留一点上海特色的好。

真是　看勿懂哎!　石库门　弄堂　是　上海个　老建筑　标本,　还是　要保留一点　上海　特色个　好。

Zen₅₅ shy₂₁　koe₃₃ fhek₅ dong₃₃ le₂₁! Shak₁ ku₂₂ men₂₃　long₂₂ dhang₄₄　shy₂₃ shang₂₂ he₅₅ ghek₂₁　lao₂₂ ji₅₅ zok₂₁　biao₅₅ ben₂₁,　hhe₂₂ shy₄₄　yao₃₄ bao₃₃ liu₅₅ yik₃ di₂₁　shang₂₂ he₄₄　dhek₁ sek₂₂ ghek₂₃　hao₃₄.

◆ 是啊,你看对面不是有一长排石库门房子吗? 重新改造一下,外表是旧弄堂,里边开了一个个欧式的小店,情调好极了!去玩玩吧?

是呀，侬　看　对面　勿是　有　一块排　石库门　房子吗？　重新　改造　一下，外表　是　旧弄堂，里向　开了　一爿爿　欧式　小店了，情调瞎哆!　去　白相相哦?

Shy₂₂ ya₄₄, nong₂₃　koe₃₄　de₃₃ mi₄₄　fhek₁ shy₂₃　yhou₂₃　yik₃ dha₅₅ bha₂₁

第十一课　逛街购物

shak$_1$ ku$_{22}$ men$_{23}$　fhang$_{22}$ zy$_{55}$ ma$_{21}$？　Shong$_{22}$ xin$_{44}$　ge$_{33}$ shao$_{55}$ yik$_3$ xia$_{21}$，nga$_{22}$ biao$_{44}$　shy$_{23}$　jhiu$_{22}$ nong$_{55}$ dhang$_{21}$，li$_{22}$ xian$_{44}$　ke$_{55}$ lek$_{21}$　yik$_3$ bhe$_{55}$ bhe$_{21}$　ou$_{55}$ sek$_{21}$　xiao$_{33}$ di$_{55}$ lek$_{21}$，xhin$_{22}$ dhiao$_{44}$　hak$_1$ dia$_{44}$！Qi$_{34}$ bhek$_1$ xian$_{22}$ xian$_{22}$ fha$_{23}$？

◇ 啊，真是别出心裁，新的、旧的融合一气，到此地来玩，感觉实在是好！
哦，　真是　别出心裁，　新个、　旧个　融合　一气，　到　此地　来　白相，
　感觉　勿要　忒　好噢！
O$_{52}$，　zen$_{55}$ shy$_{21}$　bhik$_2$ cek$_5$ xin$_{33}$ she$_{21}$，　xin$_{55}$ ghek$_{21}$，　jhiu$_{22}$ ghek$_4$　yhong$_{22}$ hhek$_4$　yik$_3$ qi$_{44}$，　dao$_{34}$　cy$_{55}$ dhi$_{21}$　le$_{23}$　bek$_1$ xian$_{23}$，　goe$_{33}$ juik$_4$　fhek$_1$ yao$_{23}$　tek$_5$　hao$_{33}$ ao$_{44}$！

◆ "一大"会址就在这里，我们进去看看吧？
"一大"　会址　就　辣辣　挡搭，　阿拉　进去　看看　好哦？
"yik$_3$ dha$_{44}$"　whe$_{22}$ zy$_{44}$　xhiu$_{23}$　lak$_1$ lak$_{23}$　ghek$_1$ dak$_{23}$，　ak$_3$ lak$_4$　jin$_{33}$ qi$_{44}$　koe$_{33}$ koe$_{44}$　hao$_{33}$ fha$_{44}$？

讨价还价

◆ 现在到处有"超市"，一次性可以一起买很多东西，走进去只要自己拿拿，再去结账，真方便。
现在　到处　有"超市"，一次性　可以　一道　买　交关　物事，　走进　去　只要　自家　拿拿，再　去　结结　账，真　便当。
Yhi$_{22}$ she$_{44}$　dao$_{33}$ cy$_{44}$　yhou$_{23}$　'cao$_{55}$ shy$_{21}$'，　yik$_3$ cy$_{55}$ xin$_{21}$　ku$_{33}$ yi$_{44}$　yik$_3$ dhao$_{44}$　ma$_{23}$　jiao$_{55}$ gue$_{21}$　mek$_1$ shy$_{23}$，　zou$_{33}$ jin$_{55}$ qi$_{21}$　zek$_3$ yao$_{44}$　shy$_{22}$ ga$_{44}$　ne$_{55}$ ne$_{21}$，　ze$_{55}$ qi$_{21}$　jik$_5$ jik$_4$　zan$_{34}$，　zen$_{52}$　bhi$_{22}$ dang$_{44}$.

◇ 不过上海还有不少小摊子，小摊子上买东西，可以讨价还价，情调也很好。
不过　上海　还有　勿少　小摊头，　小摊头浪　买　物事，　好　讨价　还价，　情调　也　交关　好。
Bek$_3$ gu$_{44}$　shang$_{22}$ he$_{44}$　hhe$_{22}$ yhou$_{44}$　fhek$_1$ sao$_{23}$　xiao$_{33}$ te$_{55}$ dhou$_{21}$，

99

xiao₃₃ te₅₅ dhou₃₃ lang₂₁ ma₂₃ mek₁ shy₂₃, hao₃₄ tao₃₃ ga₄₄ whe₂₂ ga₄₄, xhin₂₂ dhiao₄₄ hha₂₃ jiao₅₅ gue₂₁ hao₃₄.

◆ 喂,这种橘子多少钱买一斤啊?

哎, 挊种 橘子 几钿 一斤啊?

E₅₂, ghek₁ zong₂₃ juik₃ zy₄₄ ji₃₃ dhi₄₄ yik₃ jin₅₅ a₂₁?

◇ 写在那儿十元钱三斤,我可以卖给你十元四斤。

写辣海 十元 三斤, 我 可以 卖侬 十元 四斤。

Xia₃₃ lak₅ he₂₁ shek₁ kue₂₃ se₅₅ jin₂₁, ngu₂₃ ku₃₃ yi₄₄ ma₂₂ nong₄₄ shek₁ kue₂₃ sy₃₃ jin₄₄.

◆ 太贵了,还可以便宜点吗?我多买一点。你看底下两只小得多呢。

忒 贵了, 再 好 噢一点哦? 我 多买点。 侬 看 下头两只 要 小得 多了。

Tek₅ ju₃₃ lek₄, ze₅₂ hao₃₄ jhian₂₂ yik₅ di₃₃ fha₂₁? Ngu₂₃ du₅₅ ma₃₃ di₂₁. Nong₂₃ koe₃₄ hho₂₂ dhou₅₅ lian₃₃ zak₂₁ yao₃₄ xiao₃₃ dek₄ du₅₅ lek₂₁.

◇ 我这是统货,你要挑的话,就只能卖十元三斤,不挑就四斤。

我 是 统货, 侬 要 拣末, 就 只好 十元 三斤, 勿拣 就 四斤。

Ngu₂₃ shy₂₃ tong₃₃ hu₄₄, nong₂₃ yao₃₄ ge₃₃ mek₄, xhiu₂₃ zek₃ hao₄₄ shek₁ kue₂₃ se₅₅ jin₂₁, fhek₁ ge₂₃ xhiu₂₃ sy₃₃ jin₄₄.

◆ 好吧,就十元买四斤吧。你的台秤有问题吗?

好了 好了, 就 十元 四斤哦。 侬 只 磅秤 有 问题哦?

Hao₃₃ lek₄ hao₃₃ lek₄, xhiu₂₃ shek₁ kue₂₃ sy₃₃ jin₅₅ fha₂₁. Nong₂₃ zak₅ bang₃₃ cen₄₄ yhou₂₃ fhen₂₂ dhi₅₅ fha₂₁?

◇ 那儿有工商管理所在,不会骗你的,我们天天在这里做生意的。

挊搭 有 工商 管理所辣海, 勿会 骗侬个, 阿拉 日日 辣 此地 做生意个。

Ghek₁ dak₂₃ yhou₂₃ gong₅₅ sang₂₁ guoe₃₃ li₇₅ su₃₃ lak₃ he₂₁, fhek₁ whe₂₃ pi₃₃ nong₅₅ ghek₂₁, ak₄ lak₄ nik₁ nik₂₃ lak₇ cy₅₅ dhi₂₁ zu₃₃ san₅₅ yi₃₃ ghek₂₁.

◆ 那么再加给我两个!

100

葛末 再 加 两只！
Gek₅ mek₂₁ ze₅₂ ga₅₂ lian₂₂ zak₄！

◇ 拿去吧，拿去吧！
好 好 好好 好！
Hao₃₄ hao₃₄ hao₃₃ hao₄₄ hao₃₄！

 商店购物

◆ 给我看看这套组合音响。
挷套 组合音响 拨我 看看叫。
Ghek₁ tao₂₃ zu₃₃ hhek₅ yin₃₃ xian₂₁ bek₃ ngu₄₄ koe₃₃ koe₅₅ jiao₂₁。

◇ 这个台式音响可以听调频，放盒带、CD、MP3。
挷个 台式音响 可以 听 调频， 放 盒带、 CD、 MP3。
Ghek₁ ghek₂₃ dhe₂₂ sek₅ yin₃₃ xian₂₁ ku₃₃ yi₄₄ tin₅₂ dhiao₂₂ bhin₄₄， fang₃₄ hhek₃ da₄₄， xi₅₅ dhi₂₁， e₃₃ m₄₄ pi₅₂ se₅₂。

◆ 音色好不好？
音色 好勿好？
Yin₅₅ sek₂₁ hao₃₃ fhek₅ hao₂₁？

◇ 你听听，声音真是太好了！层次特清楚。
侬 听听看， 声音 勿要 忒 好噢！ 层次 来得个 清爽。
Nong₂₃ tin₃₃ tin₅₅ koe₂₁， sen₅₅ yin₂₁ fhek₁ yao₂₃ tek₅ hao₃₃ ao₄₄！ Shen₂₂ cy₄₄ le₃₃ dek₅ ghek₂₁ qin₅₅ sang₂₁。

◆ 质量怎样？
质量 哪能？
Zek₃ lian₄₄ na₂₂ nen₄₄？

◇ 是名牌嘛！
是 名牌末！
Shy₂₃ min₂₂ bha₅₅ mek₂₁！

◆ 别是冒牌货吧，小地方组装的。

勿要　是　大兴货噢，　小地方　组装个。

Fhek₁ yao₂₃　shy₂₃　dha₂₂ xin₅₅ hu₃₃ ao₂₁，　xiao₃₃ dhi₅₅ fang₂₁　zu₃₃ zang₅₅ ghek₂₁.

◇ 你别乱说，货是响当当的，不容置疑的！

侬　勿要　瞎讲末，　货色　乒乓　响，　呒没　闲话　讲个！

Nong₂₃　fhek₁ yao₂₃　hak₃ gang₅₅ mek₂₁，　hu₃₃ sek₄　pan₅₅ pan₂₁　xian₃₄，

m₂₂ mek₄　hhe₂₂ hho₄₄　gang₃₃ ghek₄₄！

◆ 如有问题，包换吗？

有　问题　包　换哦？

Yhou₂₃　fhen₂₂ dhi₄₄　bao₅₂　whoe₂₂ fha₄₄？

◇ 我们实行"三包"，我们从来不做一次性生意的。

阿拉　实行　"三包"，　阿拉　从来　勿做　一枪头　生意。

Ak₃ lak₄　shek₁ yhin₂₃　'se₅₅ bao₂₁'，　ak₃ lak₄　shong₂₂ le₄₄　fhek₁ zu₂₃

yik₃ qian₅₅ dhou₂₁　san₅₅ yi₂₁.

◆ 价钱能不能打折扣？

价钿　可勿可以　打　折扣？

Ga₃₃ dhi₄₄　ku₃₃ fhek₅ ku₃₃ yi₂₁　dan₃₄　zek₃ kou₄₄？

◇ 这儿折扣是不能打的，不过送货上门不收费。

搿搭　折头　是　勿好　打个，　不过　送货　上　门　勿收　费个。

Ghek₁ dak₂₃　zek₁ dhou₄₄　shy₂₃　fhek₁ hao₂₃　dan₃₃ ghek₄，　bek₃ gu₄₄

song₃₃ hu₄₄　shang₂₃　men₂₃　fhek₁ sou₂₃　fi₃₃ ghek₄.

**替换练习**

1. 我十年前 ⎡到上海来白相⎤ ⎡到过⎤ ⎡人民广场⎤
            ⎢到城隍庙白相⎥ ⎢去过⎥ ⎢豫园　　⎥
            ⎢辣中学里读书⎥,⎢学过歇⎥ ⎢打字　　⎥。
            ⎣去南京旅游　⎦ ⎣到过歇⎦ ⎣夫子庙　⎦

第十一课 逛街购物

2. 勿但 [地面浪好看／市中心好白相／好打折扣／好打折扣]，[地底下市场／周边地区／送货上门／算起价钿来] 也 [大得勿得了／大发展了／可以个／邪气合算]。

3. [可以慢慢／应该轻轻／应该好好／可以笃笃] 叫 [走放做坐／看用做坐] 个 [一日天／几年头／两年／半日]。

4. 葛是 [一记头袋袋里／一下子货架浪／一趟头摊头浪] 个 [钞票／物事／西瓜] 侪要 [摸空／抢光／卖完] 个末？

5. 水 [几化／几化／多少／多] [清爽／卫生／混浊／纯净]！

6. 犒 [套／只／只／部] [组合音响／手表／收录机／脚踏车] 拨我 [看看叫／看看叫／听听看／踏踏看]。

7. 忒 [贵／暗／浓／狭] 了，再好 [嗯／亮／淡／阔] 一眼哦？

8. 勿要是 [大兴货／蹩脚货／老爷货／落脚货] 噢！

9. 是 [名牌／正宗个／台湾货／便宜货] 末！

10. 价钿 [可勿可以／能勿能够／好勿好／愿勿愿意] [打折扣／嗯一点／少算一眼／多出几十]？

## 补充词语

### 一、商业词语

开店 ke$_{52}$ di$_{34}$　　做生意 zu$_{33}$ san$_{55}$ yi$_{21}$　　开张 ke$_{55}$ zan$_{21}$　　打烊 dan$_{34}$ yhan$_{23}$ 停止

营业。　讨价 tao₃₄ ga₃₄　还价 whe₂₂ ga₄₄　工钿 gong₅₅ dhi₂₁ 工资。　开销 ke₅₅ xiao₂₁　涨价 zan₃₃ ga₄₄　跌价 dik₃ ga₄₄　行情 hhang₂₂ xhin₄₄　现钞 yhi₂₂ cao₄₄　货架 hu₃₃ ga₄₄　盘点 bhoe₂₂ di₄₄　折本 shek₁ ben₂₃　蹩脚货 bhik₁ jiak₂ hu₂₃/推扳货 te₅₅ be₂₃ hu₂₁ 劣质货，又喻指质差的人。　老爷货 lao₂₂ yha₅₅ hu₂₁ 质差、一碰即坏的商品。　落脚货 lok₁ jiak₂ hu₂₃ 选剩下来的货物。　搭底货 dak₃ di₅₅ hu₂₁ 差到底的货物。　肮三货 ang₅₅ se₄₄ hu₂₁ 落价的商品，也指差劲、不正派的人。　吃赔账 qik₅ bhe₂₂ zan₄₄ 赔钱。

### 二、形容词

暗 oe₃₄　亮 lian₂₃　淡 dhe₂₃　浓 niong₂₃　正宗 zen₃₃ zong₄₄　大兴 dha₂₂ xin₄₄ 冒牌、非正宗。　合算 gek₃ soe₄₄　实惠 shek₁ whe₂₃　纯净 shen₂₂ xhin₄₄　混浊 when₂₂ shok₄　卫生 whe₂₂ sen₄₄

### 三、其他

看勿懂 koe₃₃ fhek₅ dong₂₁ 不可理解，不可思议。　独多 dhok₁ du₂₃ 很多，仅此。　一日天 yik₃ nik₅ ti₂₁ 上海话原说"一日"，受北方话"一天"的影响，形成叠加形式的"一日天"，现年轻人又多说"一天"了。　五花六花 ng₂₂ ho₅₅ lok₃ ho₂₁ 花花绿绿，令人眩目。　七支八搭 qik₃ zy₅₅ bak₃ dak₂₁ 乱搭腔，胡扯；思维混乱。　城隍庙 shen₂₂ whang₅₅ miao₂₁　豫园 yhu₂₂ yhuoe₄₄ 上海黄浦区现存著名的明清园林。　南京 noe₂₂ jin₄₄　夫子庙 fu₅₅ zy₃₃ miao₂₁　台湾 dhe₂₂ we₄₄　能够 nen₃₃ gou₄₄　愿意 nyuoe₂₂ yi₄₄

## 语法要点

### 一、经历体

动词后用体助词"过 gu"或"过歇 guxik"，表示曾有这个经历。如："我记得来过歇。""我来过个。""侬吃过歇哦？""我十年前来过人民广场。""我买过交关音乐 CD。"

### 二、量词

一只 yik₃ zak₄。上海话量词"只"用的面很广，普通话许多用"个"的，上海话都用"只"，如："一只狗"、"一只台子"、"一只电视机"、"一只手表"、"一只教室"、"一只饭店"、"一只话剧"、"一只报告"、"一只文件"、"一只风景区"、"一只国家"；相当于

"份"的,如:"一只青菜"、"一只工作";相当于"种"的,如:"一只颜色"、"一只股票"。

下列常用量词前都加数词"一":

一根 yik$_3$ gen$_{44}$　一条 yik$_3$ dhiao$_{44}$　一个 yik$_3$ ghek$_4$　一部 yik$_3$ bhu$_{44}$(电梯、电影、扶梯、机器、电车)　一坮 yik$_3$ dha$_{44}$(房子、字)"排"和"行"的意思。　一泼 yik$_3$ pek$_4$(人、货色、橘子)"拨"、"批"的意思。　一票 yik$_3$ piao$_{44}$(货色、生意)"批"的意思。　一点 yik$_3$ di$_{34}$　一沰 yik$_3$ dok$_4$(浆糊、胶水、烂泥)液状、糊状或胶状的小滴。　一坒 yik$_3$ bhi$_{44}$(砖头、钞票、青菜)排列整齐的成层、成叠或成排的东西。　一泡 yik$_3$ pao$_{44}$(尿、污)用于尿、屎的一场或一片。　一坮排 yik$_3$ dha$_{55}$ bha$_{21}$(房子、树木)一排、一行。　一爿爿 yik$_3$ bhe$_{55}$ bhe$_{21}$(商店、门面)一家家。　一枪头 yik$_3$ qian$_{55}$ dhou$_{21}$ 只一次,一次性行为。　一记头 yik$_3$ ji$_{55}$ dhou$_{21}$ 一下子,只一次。如:"一记头戳进去。"

### 三、递进句、转折句

表示递进关系的复句经常用"勿但……也……",如:"勿但便宜,质量也好。"表示转折关系的复句,可用"不过"来表示转折,如:"大商店有勿少,不过上海还有勿少小摊头。"仅这里的"不过"用"不"不用"勿"。

### 四、是……末、勿要……末

"末"可表示特别指出、指明。如:"伊拉两个是双胞胎末。""侬勿要瞎讲末!"也可指道理显而易见,如课文中:"是名牌末!"意思是"质量当然好的,不用说的。"

### 五、AA 叫

上海话中有少量"AA 叫"的状语。如:

**长长叫** shan$_{22}$ shan$_{55}$ jiao$_{21}$ 长长模样地。　**笃笃叫** dok$_3$ dok$_5$ jiao$_{21}$ 放心地、很安定地。　**偷偷叫** tou$_{55}$ tou$_{33}$ jiao$_{21}$ 暗地里。如:"可以慢慢叫走。"(可以慢慢地走)"伊偷偷叫写一封信拨我。"(他暗地里写给我一封信。)

有的"AA 叫"有实的和虚的两个意义,如:

**好好叫** hao$_{33}$ hao$_{55}$ jiao$_{21}$ 好好地;远远。　**慢慢叫** me$_{22}$ me$_{55}$ jiao$_{21}$ 慢慢地、等一会。如:"辰光早咪,侬可以慢慢叫走。"(时间早着呢,呢可以等一会走。)

### 六、辣海 lak$_1$ he$_{23}$

可以相当于普通话的语气助词"呢",表示存在(轻微的"在那儿")的意思。如:"旁边还有自动取款机辣海。""斜搭有工商管理所辣海。""我有十元钞票辣海。"

105

# 第十二课  走 亲 会 友

 去舅妈家

◆ 舅妈家好久不去了。
  舅妈拉  长远  勿去了。
  Jhiu₂₂ ma₅₅ la₂₁  shan₂₂ yhuoe₄₄  fhek₃ qi₅₅ lek₂₁.

◇ 现在她已经退休了,不过她常常在街道里帮忙搞点社区服务。
  现在  伊  已经  退休了,  不过  伊  常庄  辣辣  街道里  帮  忙  搞点
    社区  服务。
  Yhi₂₂ she₄₄  yhi₂₃  yi₃₃ jin₄₄  te₃₃ xiu₅₅ lek₂₁,  bek₃ gu₄₄  yhi₂₃  shan₂₂ shan₄₄
  lak₃ lak₄  ga₅₅ dhao₃₃ li₂₁  bang₅₂  mang₂₃  ghao₂₂ di₄₄  sho₂₂ qu₄₄
  fhok₁ whu₂₃.

◆ 是不是参加了"3860 部队"? 还是没什么事儿学习学习"144 号文件"?
  是勿是  参加了  "三八  六〇  部队"?  还是  呒啥  事体  学习学习
  "一百  四十四号  文件"?
  shy₂₂ fhek₅ shy₂₁  coe₅₅ ga₃₃ lek₂₁  'se₅₅ bak₂₁  lok₁ lin₂₃  bhu₂₃ dhe₄₄'?
  hhe₂₂ shy₄₄  m₂₂ sa₄₄  shy₂₂ ti₄₄  hhok₂ xhik₅ hhok₃ xhik₂₁  'yik₃ bak₄
  sy₃₃ shek₅ sy₃₃ hhao₂₁  fhen₂₂ jhi₄₄'?

◇ 她不太打麻将的。这人是个热心肠,所以在社区里她的朋友有许许多多,她一
  点也不感到冷清的。

第十二课 走亲会友

麻将 是 勿大搓个。 瓾个 人 是个 热心肠，所以 辣 社区里
伊个 朋友 行情行事， 伊 一点也 勿觉着 冷清清个。

$Mo_{22} jian_{44}$ $shy_{23}$ $fhek_2 dha_{55} co_{33} ghek_{21}$. $Ghek_1 ghek_{23}$ $nin_{23}$ $shy_{22} ghek_4$
$nik_1 xin_{22} shan_{23}$, $su_{55} yi_{21}$ $lak_{12}$ $sho_{22} qu_{55} li_{21}$ $yhi_{22} ghek_4$ $bhan_{22} yhou_{44}$
$hhang_{22} xhin_{55} hhang_{33} shy_{21}$, $yhi_{23}$ $yik_3 di_{55} hha_{21}$ $vek_3 gok_5 shak_{21}$
$lan_{22} qin_{55} qin_{33} ghek_{21}$.

◆ 今天我们全家都去好吗？

今朝 阿拉 一家门 侪 去 好哦？

$Jin_{55} zao_{21}$ $ak_3 lak_4$ $yik_3 ga_{55} men_{21}$ $she_{23}$ $qi_{34}$ $hao_{33} fha_{44}$?

◇ 买点什么东西去？

买点 啥个 物事去？

$Ma_{22} di_{44}$ $sa_{33} ghek_4$ $mek_1 shy_{22} qi_{23}$?

◆ 我已经买了，两盒西洋参，五斤苹果。

我 买好了， 两盒 西洋参， 五斤 苹果。

$Ngu_{23}$ $ma_{22} hao_{55} lek_{21}$, $lian_{22} hhak_4$ $xi_{55} yhan_{33} sen_{21}$, $ng_{22} jin_{44}$ $bhin_{22} gu_{44}$.

◇ 不是说苹果不能送的吗？"苹果"听起来就是"病故"啊！

勿是 讲 苹果 勿好 送个末？ "苹果" 听起来 就是 "病故"呀！

$Fhek_1 shy_{23}$ $gang_{34}$ $bhin_{22} gu_{44}$ $fhek_1 hao_{23}$ $song_{33} ghek_5 mek_{21}$?
'$bhin_{22} gu_{44}$' $tin_{34} qi_{33} le_{21}$ $xhiu_{22} shy_{44}$ '$bhin_{22} gu_{55}$' $ya_{21}$!

◆ 早就没这种迷信了！现在是什么时代了？舅妈思想好开通,所以没关系的。我最喜欢吃舅妈做的罗宋汤。

老早 呒没 瓾种 迷信了！ 现在 是 啥个 时代了？ 舅妈 思想
开通来死咾， 勿要紧个。 我 最 欢喜 吃 舅妈 烧个 罗宋汤。

$Lao_{22} zao_{44}$ $m_{22} mek_4$ $ghek_1 zong_{23}$ $mi_{22} xin_{55} lek_{21}$! $Yhi_{22} she_{44}$ $shy_{23}$
$sa_{33} ghek_4$ $shy_{22} dhe_{55} lek_{21}$? $Jhiu_{22} ma_{44}$ $sy_{55} xian_{21}$ $ke_{55} tong_{33} le_{33} xi_{33} lao_{21}$,
$vek_3 yao_{55} jin_{33} ghek_{21}$. $Ngu_{23}$ $zoe_{34}$ $huoe_{55} xi_{21}$ $qik_5$ $jhiu_{22} ma_{44}$
$sao_{55} ghek_{21}$ $lu_{22} song_{55} tang_{21}$.

 朋友约会

◆ 今天在这个茶室里碰头,情调不错!

今朝 辣辣 箇搭 茶室里 碰头, 情调 勿推扳!

Jin₅₅ zao₂₁  lak₁ lak₂₃  ghek₁ dak₂₃  sho₂₂ sek₅ li₂₁  bhan₂₃  dhou₂₃,
xhin₂₂ dhiao₄₄  fhek₃ te₅ be₂₁!

◇ 你要喝什么茶?泡一壶柠檬红茶好吗?

侬 要 吃 啥个 茶? 泡 一壶 柠檬 红茶 倒倒 好哦?

Nong₂₃  yao₃₄  qik₅  sa₃₃ ghek₄  sho₂₃?  Pao₃₄  yik₃ whu₄₄  nin₂₂ mong₄₄
hhong₂₂ sho₄₄  dao₃₃ dao₄₄  hao₃₃ fha₄₄?

◆ 随你吧。再要点瓜子、腰果、杏仁什么的尝尝。

随便 侬 叫。 再 弄点 瓜子、 腰果、 杏仁 咾啥 吃吃。

Shoe₂₂ bhi₅₅ nong₂₁  jiao₃₄.  Ze₅₂  nong₅₅ di₂₁  go₅₅ zy₂₁,  yao₅₅ gu₂₁,
hhan₂₂ nin₅₅ lao₃₃ sa₂₁  qik₃ qik₄.

◇ 王兄,你现在在做什么生意了?

王兄, 侬 现在 辣辣 跑 啥个 生意了?

Whang₂₂ xiong₄₄,  nong₂₃  yhi₂₂ she₄₄  lak₁ lak₂₃  bao₂₃  sa₃₃ ghek₄  san₅₅ yi₂₁ lek₂₁?

◆ 我这几天把工作给辞了,在家里呆着,吃吃饭。下个月有家独资公司聘我去做。

我 箇两日 生意 回头脱了, 辣 屋里向 坐辣海, 吃吃 老米饭。
下个 月 有家 独资公司 聘我 去 做。

Ngu₂₃  ghek₁ lian₂₂ nik₂₃  san₅₅ yi₂₁  whe₂₂ dhou₅₅ tek₃ lek₂₁,  lak₁₂
ok₃ li₅ xian₂₁  shu₂₂ lak₅ he₂₁,  qik₃ qik₄  lao₂₂ mi₅₅ fhe₂₁.  Hho₂₂ ghek₄  yuik₁₂
yhou₂₃  ga₅₂  dhok₁ zy₂₂ gong₂₂ sy₂₃  pin₃₃ ngu₄₄  qi₃₄  zu₃₄.

◇ 老哥真有能耐!哪像我,埋在不景气的企业里面,真不是滋味。我也想跳个槽了。

老兄 有 噱头个! 勿像 我, 勿景气个 企业里 捂辣海, 真真 呒
没 味道。我 也 想 跳跳 槽了。

Lao₅₅ xiong₂₁  yhou₂₃  xuik₃ dhou₅₅ ghek₂₁!  Fhek₁ xhian₂₃  ngu₂₃,

fhek₃ jin₅₅ qi₃₃ ghek₂₁   qi₃₃ nik₅ li₂₁   wu₅₅ lak₃ he₂₁， zen₅₅ zen₂₁   m₂₂ mek₄
mi₂₂ dhao₄₄.   Ngu₂₃   hha₂₃   xian₃₄   tiao₃₃ tiao₄₄   shao₂₂ lek₄.

◆ 想跳就得快，拖着没意思。我的连襟正在做装潢设计，恰好缺搭档。你的艺术细胞很丰富，我介绍你去合伙，怎么样？

要  跳  就要  跳得  快， 荡辣辣  吭啥  意思。 我个  连襟  辣辣  做  装潢  设计， 正好  缺  搭子。 侬  艺术  细胞  丰富来死， 我  介绍侬  去  伛伙， 哪能？

Yao₃₄   tiao₃₄   xhiu₂₂ yao₄₄   tiao₃₃ dek₄   kua₃₄， dhang₂₂ lak₅ lak₂₁   m₂₂ sa₄₄
yi₅₅ sy₂₁.   Ngu₂₂ ghek₄   li₂₂ jin₄₄   lak₁ lak₂₃   zu₃₄   zang₅₅ whang₂₁   sek₃ ji₄₄，
zen₃₃ hao₂₂   quik₅   dak₃ zy₄₄.   Nong₂₃   ni₂₂ shek₄   xi₃₃ bao₄₄
fong₅₅ fu₃₃ le₃₃ xi₂₁， ngu₂₃   jia₃₃ shao₅₅ nong₂₁   qi₃₄   gek₃ hu₄₄， na₂₂ nen₄₄？

◇ 只怕没这么容易吧。

恐怕  吭没  介  容易哦。
Kong₃₃ po₄₄   m₂ mek₄   ga₅₂   yhong₂₂ yhi₅₅ fha₂₁.

◆ 哥儿们，我说了，就会把忙帮到底的！

朋友道里， 我  讲出了末， 就  会  帮忙  帮到  底个！
Bhan₂₂ yhou₅₅ dhao₃₃ li₂₁， ngu₂₃   gang₃₃ cek₅ lek₃ mek₂₁， xhiu₂₃   whe₂₃
bang₅₅ mang₂₁   bang₅₅ dao₂₁   di₃₃ ghek₄！

◇ 给你添麻烦啦！

拨  侬  添  麻烦啦！
Bek₅   nong₂₃   ti₅₂   mo₂₂ fhe₅₅ la₂₁！

◆ 没事儿！包在我身上！

勿搭界个！ 包辣我  身浪！
Fhek₁ dek₂₃   ga₃₃ ghek₄！ Bao₅₅ lak₃₃ ngu₂₁   sen₅₅ lang₂₁！

谈恋爱

◆ 我知道你会来的。

我  晓得  侬  会  来个。

Ngu₂₃ xiao₃₃ dek₄ nong₂₃ whe₂₃ le₂₂ ghek₄.

◇ 我不来那谁来呀?

我 勿来末 啥人 来啊?

Ngu₂₃ vek₃ le₅₅ mek₂₁ sa₃₃ nin₄₄ le₂₂ a₄₄?

◆ 你真是那么好吗?

侬 真 介 好咪?

Nong₂₃ zen₅₂ ga₅₂ hao₃₃ le₄₄?

◇ 我对别人都不好,因为你发指示叫我来谈谈话的啊。

我 对 别人 侪 勿好, 因为 侬 发 调头 叫 我 来 讲讲 闲话咾。

Ngu₂₃ de₃₄ bik₁ nin₂₃ she₂₃ fhek₁ hao₂₃, yin₅₅ whe₂₁ nong₂₃ fak₅ dhiao₂₂ dhou₄₄ jiao₃₄ ngu₂₃ le₂₃ gang₃₃ gang₄₄ hhe₂₂ hho₅₅ lao₂₁.

◆ 那么你把频道换掉也行啊!

葛末 侬 频道 隔脱伊好咪!

Gek₃ mek₄₄ nong₂₃ bhin₂₂ dhao₄₄ gak₃ tek₅ yhi₃₃ lao₃₃ le₂₁!

◇ 我单吊的日子过厌啦!

我 单吊 日脚 过得 厌脱咪!

Ngu₂₃ de₅₅ diao₂₁ nik₁ jiak₂₃ gu₅₃ dek₄ yi₃₃ tek₅ le₂₁!

◆ 我倒觉得挺好的。

我 倒 觉着 蛮好。

Ngu₂₃ dao₃₄ gok₃ shak₄ me₅₅ hao₂₁.

◇ 我会后悔一辈子的啊,对吗?

我 会 后悔 一辈子个呀 对哦?

Ngu₂₃ whe₂₃ hhou₂₂ hue₄₄ yik₃ be₅₅ zy₃₃ ghek₃ ya₂₁ de₃₃ fha₄₄?

◆ 不谈了!我们去周庄玩怎么样?

勿谈了! 阿拉 到 周庄 去 白相 好哦?

Vek₃ dhe₅₅ lek₃₁! Ak₃ lak₄ dao₃₄ zou₅₅ zang₂₁ qi₃₄ bhek₁ xian₂₃ hao₃₃ fha₄₄?

第十二课 走亲会友

 探望病人

◆ 今天我刚知道你在生病,下了班来看望你。
今朝 我 刚刚 晓得 侬 辣 生 病, 下仔 班 来 望望侬。
$Jin_{55} zao_{21}$ $ngu_{23}$ $gang_{55} gang_{21}$ $xiao_{33} dek_4$ $nong_{23}$ $lak_{12}$ $san_{52}$ $bhin_{23}$,
$hho_{22} zy_{44}$ $be_{52}$ $le_{23}$ $mang_{22} mang_{55} nong_{21}$.

◇ 我一点儿小病,病了很长时间了,你用不着来的。
我 一点点 小毛病, 生了 交关 辰光了, 侬 用勿着 来个呀。
$Ngu_{23}$ $yik_3 di_{55} di_{21}$ $xiao_{33} mao_{55} bhin_{21}$, $san_{55} lek_{21}$ $jiao_{55} gue_{21}$
$shen_{22} guang_{55} lek_{21}$, $nong_{23}$ $yhong_{22} fhek_3 shak_{21}$ $le_{22} ghek_5 ya_{21}$.

◆ 你身体一直非常好,想不到突然之间住医院了。
侬 一向 身体 好来死, 想勿到 辣陌生头 住 医院了。
$Nong_{23}$ $yik_3 xian_{44}$ $sen_{55} ti_{21}$ $hao_{33} le_{55} xi_{21}$, $xian_{33} fhek_5 dao_{21}$
$lak_2 mak_5 san_{33} dhou_{21}$ $shy_{23}$ $yi_{55} yhuoe_{33} lek_{21}$.

◇ 是啊,年纪不饶人,现在 40 多了,过去心脏从来没有发现有病,这次有点措手不及。
是呀, 年纪末 勿饶 人, 现在 四十岁了, 过去 心脏 从来 呒没
发现 毛病, 辫趟 有眼 措手 勿及。
$Shy_{22} ya_{44}$, $ni_{22} ji_{55} mek_{21}$ $fhek_1 niao_{23}$ $nin_{23}$, $yhi_{22} she_{44}$ $sy_{33} sek_5 soe_{33} lek_{21}$,
$gu_{33} qu_{44}$ $xin_{55} shan_{21}$ $shong_{22} le_{44}$ $m_{22} mek_4$ $fak_3 yhi_{44}$ $mao_{22} bhin_{44}$,
$ghek_1 tang_{23}$ $yhou_{22} nge_{44}$ $cu_{33} sou_{44}$ $fhek_3 jhik_{23}$.

◆ 你常常加班加点,星期天也休息不好,以后对身体不可大意。
侬 常庄 加班加点, 礼拜 日 也 休息勿好, 以后 对 身体 大意
勿得。
$Ngu_{23}$ $shan_{22} shan_{44}$ $ga_{55} be_{33} ga_{33} di_{21}$, $li_{22} ba_{44}$ $nik_{12}$ $hha_{23}$ $xiu_{55} xik_{33} fhek_3 hao_{21}$,
$yi_{55} hhou_{21}$ $de_{34}$ $sen_{55} ti_{21}$ $dha_{22} yi_{55} fhek_3 dek_{21}$.

◇ 这次一进医院,才知道身体健康最最重要,出去以后要锻炼锻炼了。

㑚 一进 医院，再 晓得 身体 健康 最最 要紧，出去 以 后 要 锻炼锻炼了！
Ghek₁ tang₂₃ yik₃ jin₄₄ yi₅₅ yhuoe₂₁, ze₅₂ xiao₃₃ dek₄ sen₅₅ ti₂₁ jhi₂₂ kang₄₄ zoe₃₃ zoe₄₄ yao₃₃ jin₄₄, cek₃ qi₄₄ yi₅₂ hhou₂₃ yao₃₄ doe₃₃ li₅₅ doe₃₃ li₃₃ lek₂₁！

## 替换练习

1. ［舅妈拉长远 / 公婆拉交关辰光 / 爷娘家㑚枪里 / 外婆家长长远远］ 勿去了。

2. 我㑚两日 ［生意 / 一票货 / 落脚货 / 几百元］ ［回头 / 出送 / 噢卖 / 用］ 脱了。

3. 我个 ［连襟 / 阿哥 / 爷叔 / 老爸］ 辣辣 ［做装潢设计 / 弄广告设计 / 做促销生意 / 带博士生］。

4. 辣 ［屋里向坐 / 房间里睏 / 墙壁浪挂 / 抽屉里摆］ 辣海。

5. 我 ［买好 / 写好 / 考出 / 读完］ 了 ［两盒西洋参 / 两条标语 / 六级英语 / 四年大学］，［五斤苹果 / 三只广告 / 高级计算机班 / 三年研究生］。

6. 今朝辣辣 ［㑚搭茶室 / 公园里 / 茶室里向 / 饭桌浪］ ［碰头 / 白相 / 谈恋爱 / 谈生意］。

7. ［包 / 写 / 落 / 打］ 辣我 ［身 / 账 / 头 / 屁股］ 浪。

8. 葛末侬 ［频道隔 / 文章写 / 报表做 / 考卷改］ 脱伊好咪。

9. 我勿 ［来 / 做 / 写 / 吃］ 末啥人 ［来 / 做 / 写 / 吃］ 啊？

10. 我 ⎡讲/看/写/提⎤ 出了末,就会 ⎡帮忙帮/跟踪跟/负责负/爱侬爱⎤ 到底个!

# 补充词语

**一、亲属名词**

**爸爸** ba₅₅ ba₂₁ 受普通话影响后现在一般称呼父亲为"爸爸"。 **老爸** lao₂₂ ba₄₄ 近来引进的对父亲的较随意亲热的称呼。老派上海话称"**爹爹** dia₅₅ dia₂₁"。 **姆妈** m₅₅ ma₂₁ 妈妈。 **爷** yha₂₃ 引称父亲时用,如对人说:"阿拉爷辣上班。"(我的父亲在上班。)当面不叫"爷"。 **娘** nian₂₃ 引称母亲时用。 **阿公** ak₃ gong₄₄ 公公。 **阿婆** ak₃ bhu₄₄ 婆婆。 **老爹** lao₂₂ dia₄₄ 祖父。 **唔奶** n₅₅ na₂₁ 祖母。 **外公** nga₂₂ gong₄₄ **外婆** nga₂₂ bhu₄₄。 **丈人** shan₂₂ nin₄₄ 岳父引称。 **丈姆娘** shan₂₂ m₅₅ nian₂₁ 岳母引称。 **爷叔** yha₂₂ sok₄ 叔叔。 **伯伯** bak₃ bak₄ 父亲的哥哥。 **小叔** xiao₃₃ sok₄₄ 丈夫的弟弟。 **婶娘** sennian 婶母。 **姨妈** yhi₂₂ ma₄₄ 母亲的姐姐。 **阿姨** a₅₅ yhi₂₁ 母亲的妹妹。 **孃孃** nian₅₅ nian₂₁ 父亲的姐妹。 **娘舅** nian₂₂ jhiu₄₄ 舅舅。 **阿哥** ak₃ gu₄₄ 哥哥。 **阿姐** ak₃ jia₄₄ 姐姐。 **弟弟** dhi₂₂ dhi₄₄ **妹妹** me₂₂ me₄₄ **老公** lao₂₂ gong₄₄ 丈夫。 **老婆** lao₂₂ bhu₄₄。 **新妇** xin₅₅ fhu₂₁ 媳妇。 **女婿** nyu₂₂ xi₄₄ **儿子** ni₂₂ zy₄₄ **囡儿** noe₂₂ ng₄₄ 女儿。 **一家门** yik₃ ga₅₅ men₂₁ 一家子。 ……**拉** la:表示复数或"那儿"。如:"娘舅拉",即"舅舅他们"(舅舅一家)或"舅舅那儿"。

**二、其他**

**长远** shan₂₂ yhuoe₄₄ 很久。 **促销** cok₃ xiao₄₄ **带** da₃₄ **博士生** bok₃ shy₅₅ san₂₁ **抽屉** cou₅₅ ti₂₁ **墙壁** xhian₂₂ bik₄₄ **标语** biao₅₅ nyu₂₁ **广告** guang₃₃ gao₄₄ **计算机班** ji₃₃ soe₅₅ ji₃₃ be₂₁ **研究生** ni₅₅ jiu₃₃ san₂₁ **公园** gong₅₅ yhuoe₂₁ **茶室** sho₂₂ sek₄ **饭桌** fhe₂₂ zok₄ **账** zan₃₄ **头** dhou₂₃ **屁股** pi₂₂ gu₄₄ **落** lok₈ **照相** zao₃₃ xian₄₄ **拍** pak₅ **考卷** kao₃₃ juoe₄₄ **改** ge₃₄ **跟踪** gen₅₅ zong₂₁ **负责** fhu₂₂ zek₄ **爱** e₃₄

**欢喜** huoe₅₅ xi₂₁ 喜欢。　　**发调头** fak₅ dhiao₂₂ dhou₄₄ 发话，发指示，发命令。　　**回头** whe₂₂ dhou₄₄ 回绝。　　**换频道** whoe₃₄ bhin₂₂ dhao₄₄ 改换话题。往往在听得不耐烦时说。　　**隔** gak₅ 此处用义是收音机上用旋钮旋转调换电台。　　**咾啥** lao₃₃ sa₂₁ 等等。　　**个** ghek/hhek：语气助词，表示确实、肯定。如："我晓得侬会来个。""侬用勿着来个。""麻将是勿大搓个。"　　**唻** le 语气助词，表示轻微不信语气，如："侬真介好唻！"（你真的这么好么？）又可表示"表白、申明"的语气，如："我单身日脚过得厌脱唻！"（我单身的日子过厌啦！）　　**个呀** ghekya 表示申明、重申的语气，如："侬用勿着来个呀。""我懂个呀。"

### 三、戏谑语

与别人开开玩笑说的话，或者取笑别人的话。

**3860 部队** se₅₅ bak₂₁ lok₁ lin₂₃ bhu₂₂ dhe₄₄ 38 是妇女节，60 谐音"老人"，这里指自愿为社区、街道服务维持秩序的老年妇女们。

**学习 144 号文件** hhok₃ xhik₂₁ yik₃ bak₄ sy₃₃ shek₅ sy₃₃ hao₂₁ fhen₂₂ jhi₄₄ 围在一起打麻将。因为麻将有 144 张牌。

**六点零五分** lok₁ di₂₃ lin₂₂ ng₅₅ fen₂₁ 头侧着教训人的模样。和钟表指针六点零五分相像。

## 语法要点

### 一、"辣辣"、"辣海"的"进行体"、"存续体"用法

"**辣辣** lak₁ lak₂₃"经常做介词，是"在……"的意思。如："伊常常辣辣街道里帮忙搞点社区服务。""今朝辣辣垿搭茶室里碰头。""包辣我身浪！"

"辣辣"、"**辣海** lak₁ he₂₃"还有"在那儿"的意思，见上一课的"语法要点"。进而放在动词前边可以表示事情正在进行的"进行体"。如："侬现在辣辣跑啥个生意了？"（你现在正在做什么生意？）"我个连襟辣辣做装潢设计。""我辣海吃茶。"（我正在喝茶。）

"辣辣"、"辣海"放在动词后面，可以表示动作结束以后，其状态还在延续着或存在着，称为"存续体"，如："辣屋里向坐辣海。"（在屋里坐着。）"辣勿景气个企业里捂辣海。"（在不景气的企业里呆着。）"荡辣辣呒啥意思。"（闲在那儿没什么意思。）

"英文学辣海,以后总归有用场。"(英语学在那里,今后总会有用的。)

## 二、V脱、V脱伊

"V脱"表示动作的结果。有时相当于普通话"V掉",有时相当于"V了"。如:"我辩两日生意回头脱了。"(我这几天已把生意回绝了。)

上海话中还有一种常用的形式,是句子前边用的话题,动词后用一个"伊"照应,共指一物。如:"侬频道隔脱伊好唻!"(你把频道换了吧!)句中,"伊"重复呼应前边的话题"频道"。又如:"垃圾倒脱伊。"(把垃圾倒了。)

## 三、虚拟推论句

上海话中用"……末,就……"表示"如果……就……"复句;用"……了末,就……"表示"既然……就……"复句。如:"我勿来末啥人来啊?"(要是我不来,谁来呀?)又如:"墨磨得淡末要化开来,浓末揭勿开。"(墨如果磨得淡就要化开来,如果磨得浓就拉不开。)"我讲出了末,就会帮忙帮到底个!"(既然我讲出话,就会把忙帮到底的!)"侬来了末,就勿要走了。"(你既然来了,就别走了。)

## 四、因果句

上海话中表示因果关系的"因为……所以……"复句可用"……咾,……"或"……,因为……咾"表示。如:"舅妈思想开通来死咾,勿要紧个。""我生病咾勿去。"(我因为生病,所以不去。)"我对别人侪勿好,因为侬发调头叫我来讲讲闲话咾。""我请假了三日天,因为生病咾。"

# 第十三课　请人帮忙

 修抽水马桶

◆ 张伯伯，你吃了饭了吗？我请你帮我看看，抽水马桶坏了。
　张家　阿伯，侬　饭　吃过了哦？　我　请侬　来　帮我　看看，抽水马桶　坏脱咪。
　Zan$_{55}$ ga$_{21}$　ak$_3$ bak$_4$，　nong$_{23}$　fhe$_{23}$　qik$_3$ gu$_{55}$ lek$_3$ fha$_{21}$？　Ngu$_{23}$ qin$_{33}$ nong$_{44}$　le$_{23}$　bang$_{55}$ ngu$_{21}$　koe$_{33}$ koe$_{44}$，　cou$_{55}$ sy$_{33}$ mo$_{33}$ dhong$_{21}$ wha$_{22}$ tek$_5$ le$_{21}$！

◇ 我还没吃饭。
　我　饭　还　吭没　吃了。
　Ngu$_{23}$　fhe$_{23}$　hhe$_{23}$　m$_{22}$ mek$_4$　qik$_3$ lek$_4$。

◆ 你吃了饭来一趟好吗？
　侬　吃了　饭　来一坽　好哦？
　Nong$_{23}$　qik$_3$ lek$_4$　fhe$_{23}$　le$_{22}$ yik$_5$ dha$_{21}$　hao$_{33}$ fha$_{44}$？

◇ 我现在就来看一下吧，坏在什么地方？
　我　现在　就　来　看一看好咪，坏辣　啥地方？
　Ngu$_{23}$　yhi$_{22}$ she$_{44}$　xhiu$_{23}$　le$_{23}$　koe$_{33}$ yik$_5$ koe$_{33}$ hao$_{33}$ le$_{21}$，　wha$_{22}$ lak$_4$ sa$_{33}$ dhi$_{55}$ fang$_{21}$？

◆ 一直漏水，大概是橡皮圈的问题。

一直 漏 水，大概 橡皮圈个 毛病。
　　Yik$_3$ shek$_4$　lou$_{23}$　sy$_{34}$,　dha$_{22}$ ge$_{44}$　xhian$_{22}$ bhi$_{55}$ quoe$_{33}$ ghek$_{21}$　mao$_{22}$ bhin$_{44}$.

◆ 让我看一看。哦，是浮球卡住了，要换一个位置。来，给我一个钳子。
　　让我　看看叫。　哦，　是 浮球　轧牢了，　要　调　一只　位置。　来，
　　拨我　一只　老虎钳。
　　Nian$_{22}$ ngu$_{44}$　koe$_{33}$ koe$_{55}$ jiao$_{21}$.　O$_{52}$,　shy$_{23}$　fhu$_{22}$ jhiu$_{44}$　ghak$_1$ lao$_{22}$ lek$_{23}$,
　　yao$_{34}$　dhiao$_{23}$　yik$_3$ zak$_4$　whe$_{22}$ zy$_{44}$.　Le$_{23}$,　bek$_3$ ngu$_{44}$　yik$_3$ zak$_4$
　　lao$_{22}$ hu$_{55}$ jhi$_{21}$.

◆ 抽水马桶老是要坏。
　　抽水马桶　老是　要　坏。
　　Cou$_{55}$ sy$_{33}$ mo$_{33}$ dhong$_{21}$　lao$_{22}$ shy$_{44}$　yao$_{34}$　wha$_{23}$.

◆ 下次再漏水，干脆帮你把里面的东西全部换掉。
　　下趟　再　漏　水，　里向个　物事　索性　帮　侬　统统　调脱伊。
　　Hho$_{22}$ tang$_{44}$　ze$_{52}$　lou$_{23}$　sy$_{34}$,　li$_{22}$ xian$_{23}$ ghek$_{21}$　mek$_1$ shy$_{23}$　sok$_3$ xin$_{44}$
　　bang$_{52}$　nong$_{23}$　tong$_{55}$ tong$_{21}$　dhiao$_{22}$ tek$_5$ yhi$_{21}$.

◆ 谢谢你。既然你来了，我还要请你看看这里一盏电灯怎么一会儿亮一会儿不亮。
　　谢谢侬。　既然　侬　来了，　我　还要　请侬　看看　辂搭块　一盏　电灯
　　　哪能　一歇歇　亮　一歇歇　勿亮。
　　Xhia$_{22}$ xhia$_{55}$ nong$_{21}$.　Ji$_{55}$ shoe$_{21}$　nong$_{23}$　le$_{22}$ lek$_4$,　ngu$_{23}$　hhe$_{22}$ yao$_{44}$
　　qin$_{33}$ nong$_{44}$　koe$_{33}$ koe$_{44}$　ghek$_1$ dak$_2$ kue$_{23}$　yik$_3$ ze$_{44}$　dhi$_{22}$ den$_{44}$　na$_{22}$ neng$_{44}$
　　yik$_3$ xik$_5$ xik$_{21}$　lian$_{23}$　yik$_3$ xik$_5$ xik$_{21}$　fhek$_1$ lian$_{23}$.

◆ 哦，是开关的接触不好了。等我吃了饭帮你把这儿的开关换了吧。
　　噢，　是　开关个　接触　勿好了。　等我　吃了　饭　帮　侬　辂搭　只
　　开关　换脱伊。
　　O$_{52}$,　shy$_{23}$　ke$_{33}$ gue$_{33}$ ghek$_{21}$　jik$_5$ cok$_5$　vek$_3$ hao$_{55}$ lek$_{21}$.　Den$_{33}$ ngu$_{44}$
　　qik$_3$ lek$_{23}$　fhe$_{23}$　bang$_{52}$　nong$_{23}$　ghek$_5$ dak$_{23}$　zak$_5$　ke$_{55}$ gue$_{21}$
　　whoe$_{22}$ tek$_5$ yhi$_{21}$.

## 室内装修

◆ 这套三室一厅的房子包给你装修,怎么算钱?
   㑚套 三房 一厅个 房子 包拨辣 侬 装修, 哪能 算法?
   Ghek₁ tao₂₃ se₅₅ fhang₂₁ yik₃ ting₅₅ ghek₂₁ fhang₂₂ zy₄₄ bao₅₅ bek₃₃ lak₂₁ nong₂₃ zang₅₅ xiu₂₁, na₂₂ nen₄₄ soe₃₃ fak₄?

◇ 你要精装修,还是粗装修?我们这儿有几个样式可供你参考。
   侬 要 精装修, 还是 粗装修? 阿拉 㑚搭 有 几种 样子 拨侬 参考。
   Nong₂₃ yao₃₄ jin₅₅ zang₃₃ xiu₂₁, hhe₂₂ shy₄₄ cu₅₅ zang₃₃ xiu₂₁? Ak₃ lak₄ ghek₁ dak₂₃ yhou₂₃ ji₃₃ zong₄₄ yhan₂₂ zy₄₄ bek₃ nong₄₄ coe₅₅ kao₂₁.

◆ 我要精装修,要多少钱?
   我 要 精装修, 要 多少 钞票?
   Ngu₂₃ yao₃₄ jin₅₅ zang₃₃ xiu₂₁, yao₃₄ du₅₅ sao₂₁ cao₃₃ piao₄₄?

◇ 原材料你买还是我们买?
   原材料 侬 买 还是 阿拉 买?
   Nyuoe₂₂ she₅₅ liao₂₁ nong₂₃ ma₂₃ hhe₂₂ shy₄₄ ak₃ lak₄₄ ma₂₃?

◆ 地板、厨房、卫生间的东西我去买,其他都包给你。
   地板、 厨房、 卫生间个 物事 我 去 买, 其他 侪 包拨侬。
   Dhi₂₂ be₄₄, shy₂₂ fhang₄₄, whe₂₂ sen₅₅ ge₃₃ ghek₂₁ mek₁ shy₂₃ ngu₂₃ qi₃₄ ma₂₃, jhi₂₂ ta₄₄ she₂₃ bao₅₅ bek₃ nong₂₁.

◇ 包括刷好墙壁,漆好家具,大概要2个半月。
   包括 墙壁 刷好, 家具 油漆 漆好, 大概 要 两个半 号头。
   Bao₅₅ guak₂₁ xhian₂₂ bik₄ sek₃ hao₄₄, jia₅₅ jhu₂₁ yhou₂₂ qik₄ qik₃ hao₄₄, dha₂₂ ge₄₄ yao₃₄ lian₂₂ ghek₅ boe₂₁ hhao₂₂ dhou₄₄.

◆ 好的,我会经常来看的,先付给你15万元,还有5万元要到最后视装修的好坏再议。

好个，我 要 经 常 来 看个，先 付拨侬 十五万，还有 五万 要
到 最 后 看 装修得 好勿好，再 议。
Hao₃₃ ghek₄, ngu₂₃ yao₃₄ jin₅₅ shan₂₁ le₂₃ koe₃₃ ghek₄, xi₅₂ fu₃₃ bek₅ nong₂₁ shek₁ ng₂₂ fhe₂₃, hhe₂₂ yhou₄₄ ng₂₂ fhe₄₄ yao₃₄ dao₃₄ zoe₅₂ hhou₂₃ koe₃₄ zang₅₅ xiu₃₃ dek₂₁ hao₃₃ fhek₅ hao₂₁, ze₅₂ ni₂₃.

◇ 好,明天吃了午饭来看房子。

好，明朝 吃了 中饭 来 看 房子。
Hao₃₄, min₂₂ zao₄₄ qik₃ lek₄ zong₅₅ fhe₂₁ le₃₄ koe₃₄ fhang₂₂ zy₄₄.

打 120

◆ 喂,是 120 吗？我家里有个老年人,心脏病发作,请你赶快来辆救护车,赶快！

喂， 120 是哦？ 我 屋里 有个 老人 心脏病 发作，请侬 豪悻
来 部 救命车， 快点！
Whe₂₃, yao₅₅ lian₃₁ lin₂₃ shy₂₂ fha₄₄? Ngu₂₃ ok₃ li₄₄ yhou₂₂ ghek₄ lao₂₂ nin₄₄ xin₅₅ shan₃₃ bhin₂₁ fak₅ zok₄, qin₃₃ nong₄₄ hhao₂₂ sao₄₄ le₄₃ bhu₂₃ jiu₃₃ min₅₅ co₂₁, kua₃₃ di₄₄!

◇ 好,你的地址是什么？

好， 侬 啥个 地址？
Hao₃₄, nong₂₃ sa₃₃ ghek₄ dhi₂₂ zy₄₄?

◆ 杨浦区淞沪路 320 弄 7 号 204 室,电话是 562554312。谢谢,谢谢。

杨浦区 淞沪路 320 弄 7 号 204 室。 电话 是 56254312。 谢谢
谢谢。
Yhan₂₂ pu₅₅ qu₂₁ song₅₅ whu₃₃ lu₂₁ se₅₅ lian₂₁ lin₂₃ long₂₃ qik₃ hhao₄₄ lian₂₂ lin₄₄ sy₃₃ sek₄. Dhi₂₂ hho₄₄ shy₂₃ ng₂₂ lok₄ lian₂₂ ng₄₄ sy₃₃ se₄₄ yik₅ lian₂₃. Xhia₃₃ xhia₄₄ xhia₂₂ xhia₄₄.

新上海人学说上海话

### 找寻失物

◆ 我的一只手机不见了。
　我　只　手机　勿见脱了。
　Ngu₂₃　zak₅　sou₃₃ji₄₄　fhek₃ji₅₅tek₃lek₂₁.

◇ 你想想,大概在什么时候掉的?
　侬　想想看，大概　是　啥辰光　落脱个?
　Nong₂₃　xian₃₃xian₅₅koe₂₁，dha₂₂ge₄₄　shy₂₃　sa₃₃shen₅₅guang₂₁ lok₁tek₂ghek₂₃?

◆ 我在吃午饭的时候,手机还在,打过两个电话。
　我　吃中饭个　辰光　还　辣辣个，打过　两只　电话。
　Ngu₂₃　qik₃zong₅₅fhe₃₃ghek₂₁　shen₂₂guang₄₄　hhe₂₃　lak₁lak₂ghek₂₃, da₃₃gu₄₄　lian₂₂zak₄　dhi₂₂hho₄₄.

◇ 那么你下午到过几个地方?
　葛末　侬　下半日　到过　几个　地方?
　Gek₅mek₂₁　nong₂₃　hho₂₂boe₅₅nik₂₁　dao₃₃gu₄₄　ji₃₃ghek₄　dhi₂₂fang₄₄?

◆ 哦,想起来了,在填意向书的时候跟眼镜一块放在桌子上,现在已经收场了,不知道还能找到吗?
　喔，想起来了，辣　填　意向书个　辰光　脱　眼镜　一道　摆辣　台子浪，乃　已经　收　场了，勿晓得　还　寻得着哦?
　O₅₂，xian₃₃qi₅₅le₃₃lek₂₁，lak₁₂　dhi₂₃　yi₃₃xian₅₅sy₃₃ghek₂₁　shen₂₂guang₄₄ tek₅　nge₂₂jin₄₄　yik₃dhao₄₄　ba₃₃lak₄　dhe₂zy₅₅lang₂₁，ne₄₃　yi₃₃jin₄₄ sou₅₂　shang₂₂lek₄，fhek₃xiao₅₅dek₂₁　hhe₂₃　xhin₂₂dek₅shak₃fha₂₁?

◇ 赶快到那儿去问。
　豪悙　跑到　埃面去　问。
　Hhao₂₂sao₄₄　bhao₂₂dao₄₄　e₅₅mi₂₂qi₂₁　men₂₃.

◆ 唔,电话铃声响了,"喂,谁啊?……哦,谢谢,谢谢。"好极了,我的手机找到了,人家打电话来叫我去领了。

唔，电话 铃声 响了，"喂，啥人啊？……噢，谢谢 谢谢。"好 极了，我手机 寻着了，人家 打 电话 来 叫我去 领了。

Yo$_{52}$， dhi$_{22}$ hho$_{44}$ lin$_{22}$ sen$_{44}$ xian$_{33}$ lek$_4$， 'whe$_{23}$， sa$_{33}$ nin$_{55}$ a$_{21}$？…ao$_{52}$， xhia$_{22}$ xhia$_{44}$ xhia$_{22}$ xhia$_{44}$.' Hao$_{34}$ jhik$_1$ lek$_{23}$， ngu$_{23}$ sou$_{33}$ ji$_{44}$ xhin$_{22}$ shak$_5$ lek$_{21}$， nin$_{22}$ ga$_{44}$ dan$_{34}$ dhi$_{22}$ hho$_{44}$ le$_{23}$ jiao$_{33}$ ngu$_{55}$ qi$_{21}$ lin$_{22}$ lek$_4$.

 帮忙装软件

◆ 阿德啊，请你来帮我把电脑软件安装一下。

阿德啊， 请侬 来 帮我 装装 电脑 软件。

Ak$_3$ dek$_5$ a$_{21}$， qin$_{33}$ nong$_{44}$ le$_{23}$ bang$_{55}$ ngu$_{21}$ zang$_{55}$ zang$_{21}$ dhi$_{22}$ nao$_{44}$ nyuoe$_{22}$ jhi$_{44}$.

◇ 别麻烦我啦！你还会要我来帮你装软件吗？

帮帮 忙噢！ 侬 还会 叫 我 来 帮侬 装 软件啊？

Bang$_{33}$ bang$_{44}$ mang$_{23}$ ao$_{21}$！ Nong$_{23}$ hhe$_{22}$ whe$_{44}$ jiao$_{34}$ ngu$_{23}$ le$_{23}$ bang$_{55}$ nong$_{21}$ zang$_{52}$ nyuoe$_{22}$ jhi$_{55}$ a$_{21}$？

◆ 是真的，我不骗你，你来吧。

真个呀， 我 勿骗侬， 侬 来哦？

Zen$_{55}$ ghek$_{33}$ ya$_{21}$， ngu$_{23}$ vek$_5$ pi$_{55}$ nong$_{21}$， nong$_{23}$ le$_{22}$ fha$_{44}$？

◇ 让我打完这篇文章再来帮你装。

我 打好仔 辨篇 文章 再 来 帮侬 装。

Ngu$_{23}$ da$_{33}$ hao$_{55}$ zy$_{21}$ ghek$_1$ pi$_{23}$ fhen$_{22}$ zang$_{44}$ ze$_{52}$ le$_{23}$ bang$_{55}$ nong$_{21}$ zang$_{52}$.

◆ 别摆架子了！快点来。

勿要 搭 架子咪！ 快点 来。

Fhek$_1$ yao$_{23}$ dak$_5$ ga$_{33}$ zy$_{55}$ le$_{21}$！ Kua$_{33}$ di$_{44}$ le$_{23}$.

◇ **你怎么这么笨？软件么，你只要放到 CD-ROM 里去，看里边说的，照按就是了。**
  侬 哪能 介 笨个啦？ 软件末 侬 只要 摆到 CD-ROM 里去， 照
    里向 讲个， 揿揿 就 装好了。
  Nong$_{23}$ na$_{22}$ nen$_{44}$ ga$_{52}$ ben$_{22}$ ghek$_5$ la$_{21}$? Nyuoe$_{22}$ jhi$_{55}$ mek$_{21}$ nong$_{23}$ zek$_3$ yao$_{44}$ ba$_{33}$ dao$_{44}$ xi$_{55}$ di$_{21}$ lo$_{55}$ m$_{33}$ li$_{33}$ qi$_{21}$, zao$_{44}$ li$_{22}$ xian$_{44}$ gang$_{33}$ ghek$_{44}$, qin$_{33}$ qin$_{44}$ xhiu$_{23}$ zang$_{55}$ hao$_{33}$ lek$_{21}$.

◆ **不行，这个软件比较烦。**
  勿来三个， 𠲥只 软件 比较 烦。
  Vek$_3$ le$_{55}$ se$_{33}$ ghek$_{21}$, ghek$_1$ zak$_{23}$ nyuoe$_{22}$ jhi$_{44}$ bi$_{33}$ jiao$_{44}$ fhe$_{23}$.

◇ **好吧，好吧，我来帮你安装。你看，我一装就装好了。**
  好 好 好， 我 来 帮 侬 装。 侬 看， 我 一装 就 装好了。
  Hao$_{34}$ hao$_{34}$ hao$_{34}$, ngu$_{23}$ le$_{23}$ bang$_{55}$ nong$_{21}$ zang$_{52}$. Nong$_{23}$ koe$_{34}$, ngu$_{23}$ yik$_3$ zang$_{44}$ xhiu$_{23}$ zang$_{55}$ hao$_{33}$ lek$_{21}$.

◆ **别自以为了不起，你也只是个三脚猫吧！**
  勿要 摆 魁劲， 侬 也 只不过 是只 三脚猫呀！
  Fhek$_1$ yao$_{23}$ ba$_{34}$ kue$_{55}$ jin$_{21}$, Nong$_{23}$ hha$_{23}$ zek$_3$ bek$_5$ gu$_{21}$ shy$_{22}$ zak$_4$ se$_{55}$ jiak$_3$ mao$_{33}$ ya$_{21}$!

## 替换练习

1. ⎡抽水马桶坏⎤
   ⎢窗门玻璃碎⎥ 脱了。
   ⎢里向木头枯⎥
   ⎣台钟辰光慢⎦

2. 是 ⎡浮球轧牢⎤
      ⎢梗子碰着⎥ 了。
      ⎢零件落脱⎥
      ⎣蜡烛点光⎦

3. 里向个物事 ⎡索性⎤ 帮侬统统 ⎡调脱⎤ 伊。
             ⎢干脆⎥          ⎢换脱⎥
             ⎢马上⎥          ⎢搭牢⎥
             ⎣当然⎦          ⎣拆好⎦

4. 等我吃 [了仔／仔好／好完] 饭，帮侬 [挦搭埃面顶浪／面浪] 只 [开关换脱／洋钉敲好／螺丝捻牢／拉手装脱] 伊。

5. 侬 [饭浴／牙齿／厂里] [吃汏刷去] 过了哦？  6. 我还呒没 [吃汏去看] 了。

7. 我 [打好仔看好仔／写完了读了] 挦篇文章再来 [帮脱告得] 侬 [修搬修谈]。

8. 乃 [已经／可以／作兴／大概] 收场了。  9. 我 [手机寻着／手表找到／文件带好／垃圾掼脱] 了。

10. [软件／报表／文章／材料] 末，侬只要 [撽撽想想看看写写] 伊就 [装好填好读懂凑齐] 了。

## 补充词语

### 一、单音动词的更替

上海话受普通话影响后，一些常用动词渐渐改用普通话形式。比如下面一些动词，前边的一个词在老上海话中是频率高的，现在在年轻人中，后边的一个同义词使用频率高了。

跑 bhao$_{23}$—走 zou$_{34}$　寻 xhin$_{23}$—找 zao$_{34}$　着 zak$_5$—穿 coe$_{52}$　讨 tao$_{34}$—要 yao$_{34}$
喊 he$_{34}$—叫 jiao$_{34}$　调 dhiao$_{23}$—换 whoe$_{23}$　拣 ge$_{34}$—挑 tiao$_{52}$　驮 dhu$_{23}$—背 be$_{34}$

摆 ba₃₄—放 fang₃₄　领 lin₂₃—带 da₃₄　搨 tak₅—涂 dhu₂₃　隑 ghe₂₃—靠 kao₃₄。

比如："伊着了一件漂亮个衣裳。"（老年人用得多）"伊穿了一件漂亮个衣裳。"（青年人用得多）但是上海话"立 lik₁₂"不能说"站"，"晓得 xiao₃₃ dek₄"不能说"知道"。

## 二、惯用语

"惯用语"是结构固定，意义用比喻引申的"现成话"。

**三脚猫** se₅₅ jiak₃ mao₂₁ 似乎什么都懂，实际样样不精通的人。　**煨灶猫** we₅₅ zao₃₃ mao₂₁ 成日没精打采的人，像煨睡在热灶头上的猫。　**温吞水** wen₅₅ ten₃₃ sy₂₁ 原指不冷不热的水，喻不冷不热的脾气。　**小儿科** xiao₃₃ hher₅₅ ku₂₁ 不起眼的事；做小孩做得幼稚可笑的事；吝啬，气派小。　**百有份** bak₃ yhou₅₅ fhen₂₁ 爱管闲事，件件事都介入。　**一脚去** yik₃ jiak₅ qi₂₁ 很快告终，无可挽回。　**一帖药** yik₃ tik₄ yhiak₁₂ 甘心顺从，佩服。

## 三、其他

**洋钉** yhan₂₂ din₄₄ 钉子。　**螺丝** lu₂₂ sy₄₄　**拉手** la₅₅ sou₂₁　**梗子** gan₃₃ zy₄₄ 棒儿。　**木头** mok₁ dhou₂₃　**零件** lin₂₂ jhi₄₄　**蜡烛** lak₃ zok₄　**手表** sou₃₃ biao₄₄　**文件** fhen₂₂ jhi₄₄　**报表** bao₃₃ biao₄₄　**材料** she₂₂ liao₄₄　**捻** ni₅₂ 拧。　**填** dhi₂₃　**凑** cou₃₄　**修** xiu₅₂　**拆** cak₅　**懂** dong₃₄　**齐** xhi₂₃　**干脆** goe₅₅ coe₄₄　**马上** ma₅₅ shang₂₁　**大概** dha₂₂ ge₄₄　**统统** tong₅₅ tong₂₁　**全部** xhi₂₂ bhu₄₄　**一塌刮子** yik₃ tak₅ guak₃ zy₂₁ 统统。　**亨八冷打** han₅₅ bak₃ lan₃₃ dan₂₁ 统统。　**搁落三姆** ghok₂ lok₅ se₃₃ m₂₁ 统统。源自英语 gross sum。　**早饭** zao₃₃ fhe₄₄　**早点** zao₃₃ di₄₄　**中饭** zong₅₅ fhe₂₁ 午饭。　**夜饭** yha₂₂ fhe₄₄ 晚饭。　**夜点心** yha₂₂ di₅₅ xin₂₁

## 语法要点

### 一、唯补词

这些词只能做补语，表示结果，意义较虚。有："**脱** tek、**牢** lao、**好** hao、**着** shek、**到** dao、**光** guang、**完** whoe"。如："里向个物事索性帮侬统统调脱伊。""是浮球轧牢了。""软件末，侬只要揿揿伊就装好了。""梗子碰着了。"（碰到棒儿了）"我手机寻着了。""机会找到了。""旧报纸卖光了。""电影放完了。"

## 二、完成体

表示事件的完成或实现。用"V 了"表示。如:"侬吃了饭来一块好哦?""明朝吃了中饭来看房子。""我写了三篇文章。"老上海话是用"V 仔"的,如:"我今朝看仔两部电影。"现今有时也见用"仔",如:"我打好仔辩篇文章再来帮侬装。"

"V 过"的形式也能表示完成,如:"侬饭吃过了哦?""到现在我听过三段戏。"

## 三、VV 伊

重叠动词后也能用"伊"重复照应句前的话题。如:"软件末,侬只要揿揿伊就装好了。"句中"伊"与"软件"共指。又如:"袜子汰汰伊!"(洗一下袜子!)"被头折折伊!"(被子叠一下!)

# 第十四课 生病就医

 看人体长相

◆ 你看,这人长得真帅!

依 看, 瓣个 人 长得 瞎帅!

Nong₂₃ koe₃₄, ghek₁ghek₂₃ nin₂₃ zan₃₃dek₄ hak₃se₄₄!

◇ 有什么好,你倒说说看。

有 啥个 好, 依 倒 讲讲看。

Yhou₂₃ sa₃₃ghek₄ hao₃₄, nong₂₃ dao₃₄ gang₃₃gang₅₅koe₂₁.

◆ 你看,他长得很高,有一米八十几,上下身非常匀称。脸红彤彤,眉毛浓,眼睛大,炯炯有神,鼻梁端正,嘴巴像一直在笑,挺和气的。

依 看, 伊 长了 老 长, 有 一米 八十 几, 上下身 邪气 匀称。 面红 堂堂, 眉毛 浓, 眼睛 大, 炯炯 有 神, 鼻梁 端正, 嘴巴 像 一直 辣 笑, 老 和气个。

Nong₂₃ koe₃₄, yhi₂₃ zan₃₃lek₄ lao₂₃ shan₂₃, yhou₂₃ yik₃mi₄₄ bak₃shek₄ ji₃₄, shang₂₂hho₅₅sen₂₁ xhia₂₂qi₄₄ yhun₂₂cen₄₄. Mi₂₂hong₄₄ dhang₂₂dhang₄₄, mi₂₂mao₄₄ niong₂₃, nge₂₂jin₄₄ dhu₂₃, jiong₅₅jiong₂₁ yhou₂₃ shen₂₃, bhik₁lian₂₃ doe₅₅zen₂₁, zy₃₃bo₄₄ xhian₂₃ yik₃shek₄ lak₁₂ xiao₃₄, lao₂₃ whu₂₂qi₅₅ghek₂₁.

◇ 胸肌发达,上身呈倒三角形,平时注意锻炼所以腹肌很硬很硬的。

第十四课　生病就医

胸肌　发达，倒三角　身胚，平常　注意　锻炼咾　腹肌　绷绷　硬个。
Xiong₅₅ji₂₁　fak₃dhak₄，dao₃₃se₅₅gok₂₁　sen₅₅pe₂₁，bhin₂₂shan₄₄　zy₃₃yi₄₄ doe₃₃li₅₅lao₂₁　fok₃ji₄₄　ban₅₅ban₂₁　ngan₂₂ghek₄．

◆ 不像有些小青年长得又高又瘦,被别人说像一根豆芽。有的孩子却营养过剩，变成了一个胖墩，还会影响发育。

勿像　有种　小青年　生了　又　长　又　瘦，拨　人家　讲　像　一根　豆芽菜。有个　小囡　营养　过　份，变成了　一个　小大块头，还会　影响　发育。
Fhek₁xhian₂₃　yhou₂₂zong₄₄　xiao₃₃qin₅₅ni₂₁　san₅₅lek₂₁　yhou₂₃　shan₂₃ yhou₂₃　sou₃₄，bek₅　nin₂₂ga₄₄　gang₃₄　xhian₂₃　yik₃gen₄₄　dhou₂₂nga₅₅ce₂₁．
　yhou₂₂ghek₄　xiao₃₃noe₄₄　yhin₂₂yhan₄₄　gu₃₄　fhen₂₃，bi₃₃shen₅₅lek₂₁ yik₃ghek₄₄　xiao₂₂dhu₅₅kue₃₃dhou₂₁，hhe₂₂whe₄₄　yin₃₃xian₄₄　fak₃yhuik₄．

◇ 长相好果然好,可是人不可貌相,还要看看他长的是怎样的一副心肠。

卖相　好　当然　好，不过　人　勿可　貌相，还要　看看　伊　生个　是　哪能个　一副　心肠。
Ma₂₂xian₄₄　hao₃₄　dang₅₅shoe₂₁　hao₃₄，bek₃gu₄₄　nin₂₃　fhek₁ku₂₃ mao₂₂xian₄₄，hhe₂₂yao₄₄　koe₃₃koe₄₄　yhi₂₃　san₅₅ghek₂₁　shy₂₃ na₂₂nen₅₅ghek₂₁　yik₃fu₄₄　xin₅₅shan₂₁．

 说自我保健

◆ 今年吃年夜饭,大家第一句话就是祝贺彼此身体健康,可见现在大家对自己的身体很重视。

今年　吃　年夜饭，大家　第一句　闲话　就是　祝贺　彼此　身体　健康，可见　现在　大家　对　自家个　身体　老　重视个。
Jin₅₅ni₂₁　qik₅　ni₂₂yha₅₅fhe₂₁，dha₂₂ga₄₄　dhi₂₂yik₅ju₂₁　hhe₂₂hho₄₄ xhiu₂₂shy₄₄　zok₃whu₄₄　bi₃₃cy₄₄　sen₅₅ti₂₁　jhi₂₂kang₄₄，ku₃₃ji₄₄ yhi₂₂she₄₄　dha₂₂ga₄₄　de₃₄　shy₂₂ga₅₅ghek₂₁　sen₅₅ti₂₁　lao₂₃

127

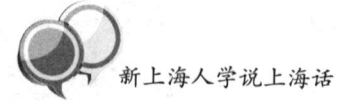

shong₂₂ shy₅₅ ghek₂₁.

◇ 所以，每个住宅小区都有健身区，每天早晨，一拨老年人弯腰昂头转身体，大家脑白金送来送去，不管对方要还是不要。

所以， 每只 住宅 小区 侪有 健身区， 每日 早晨 一泼 老头 老太 弯腰 昂 头 转身体， 大家 脑白金 送来送去， 勿管伊 要咾 勿要。
Su₃₃ yi₄₄， me₅₅ zak₂₁ shy₂₂ shak₄ xiao₃₃ qu₄₄ she₂₂ yhou₄₄， jhi₂₂ sen₅₅ qu₂₁，me₅₅ nik₂₁ zao₃₃ shen₄₄， yik₃ pek₄ lao₂₂ dhou₄₄ lao₂₂ ta₄₄ we₅₅ yao₂₁ ngang₂₃ dhou₂₃ zoe₃₃ sen₅₅ ti₂₁， dha₂₂ ga₄₄ nao₂₂ bhak₅ jin₂₁ song₃₃ le₅₅ song₃₃ qi₂₁， vek₃ guoe₅₅ yhi₂₁ yao₂₂ lao₄₄ fhek₁ yao₂₃.

◆ 是啊，其实人到中年就更要注意自我保健了，忙时不注意休息和锻炼，等生起大病就来不及了。

是啊， 其实 人 到 中年 就 更加要 注意 自我 保健了， 忙了 勿注意 休息咾 锻炼， 晏歇点 生 大毛病起来 就 来勿及了。
Shy₂₂ a₄₄， jhi₂₂ shek₄ nin₂₃ dao₃₄ zong₅₅ ni₂₁ xhiu₂₂ gen₃₃ ga₅₅ yao₂₁ zy₃₃ yi₄₄ shy ngu₄₄ bao₃₃ jhi₅₅ lek₂₁ mang₂₂ lek₄ fhek₃ zy₃₃ yi₂₁ xiu₅₅ xik₃ lao₂₁ doe₃₃ li₄₄， e₃₃ xik₅ di₂₁ san₅₂ dhu₂₂ mao₅₅ bhin₃₃ qi₃₃ le₂₁ xhiu₂₃ le₂₂ fhek₅ jhik₃ lek₂₁.

◇ 身体一有点不舒服，就应该赶快去看病，最好有一本家用医卫手册，备在枕头边，常常翻一下看一下。

身体 一有眼 勿适意， 就 应该 赶快 去 看医生， 最好 有 一本 家用 医卫 手册， 备辣 枕头边， 常庄 翻翻 看看。
Shen₅₅ ti₂₁ yik₃ yhou₂₂ nge₂₁ vek₃ sek₅ yi₂₁， xhiu₂₃ yin₅₅ ge₂₁ goe₃₃ kua₄₄ qi₃₄ koe₃₃ yi₅₅ san₂₁， zoe₅₅ hao₅₁ yhou₂₃ yik₃ ben₄₄ jia₃₃ yhong₂₁ yi₅₅ whe₂₁ sou₂₂ cek₄， bhe₂₂ lak₄ zen₃₃ dhou₅₅ bi₂₁， shan₂₂ shan₄₄ fe₅₅ fe₂₁ koe₃₃ koe₄₄.

◆ 勤洗澡，勤理发，勤换衣服，勤打扫房间，卫生第一。

勤 汰 浴， 勤 理发， 勤 换 衣裳， 勤 打扫 房间， 卫生 第一。
Jhin₂₃ dha₂₃ yhok₁₂， jhin₂₃ li₂₂ fak₄， jhin₂₃ whoe₂₃ yi₅₅ shang₂₁， jhin₂₃ dan₃₃ sao₄₄ fhang₂₂ ge₄₄， whe₂₂ sen₄₄ dhi₂₂ yik₄.

在诊疗室

◆ 轮到我了。

   轮到 我了。

   Len₂₂ dao₄₄ ngu₂₂ lek₄.

◇ 你坐下。有什么不舒服？

   侬 坐下来。 有啥 勿适意？

   Nong₂₃ shu₂₂ hho₅₅ le₂₁. Yhou₂₂ sa₄₄ vek₃ sek₅ yi₂₁?

◆ 肋下有点疼，所以吃不下饭。

   心口头 有眼 痛咾 饭 吃勿落。

   Xin₅₅ kou₃₃ dhou₂₁ yhou₂₂ nge₄₄ tong₃₃ lao₄₄ fhe₂₃ qik₃ fhek₅ lok₂₁.

◇ 这儿疼是吗？这是胃疼，你以前有胃病吗？

   挵搭 痛 阿是？ 挵个 是 胃痛， 侬 老早 有 胃病哦？

   Ghek₁ dek₂₃ tong₃₄ ak₃ shy₄₄? Ghek₁ ghek₂₃ shy₂₃ whe₂₂ tong₄₄,
   nong₂₃ lao₂₂ zao₄₄ yhou₂₃ whe₂₂ bin₅₅ fha₂₁?

◆ 疼过，但是没有现在这么厉害。

   痛末 也 痛过歇个， 呒没 现在 介 厉害。

   Tong₃₃ mek₄ hha₂₃ tong₃₃ gu₅₅ xik₃ ghek₂₁, m₂₂ mek₄₄ yhi₂₂ she₄₄ ga₅₂
   li₂₂ hhe₄₄.

◇ 几时开始的？

   啥辰光 开始个？

   Sa₃₃ shen₅₅ guang₂₁ ke₅₅ sy₄₃ ghek₂₁?

◆ 有一个多星期了，这段时间里大概有点儿着凉。

   有 一个多 礼拜了， 挵抢里 大概 着着点 冷。

   Yhou₂₃ yik₃ ghek₅ du₂₁ li₂₂ ba₅₅ lek₂₁, ghek₁ qian₂₂ li₂₃ dha₂₂ ge₄₄
   shak₁ shak₂ di₂₃ lan₂₃.

◇ 胃口怎样？

129

胃口　哪能？

Whe₂₂ kou₄₄　na₂₂ nen₄₄？

◆ 一点也没有。

一眼也　呒没。

Yik₃ nge₅₅ hha₂₁　m₂₂ mek₄.

◇ 想不想吐？

想勿想　吐？

Xian₃₃ fhek₅ xian₂₁　tu₃₄？

◆ 有点恶心,但是吐不出来。

有点　恶心，但是　吐勿出来。

Yhou₂₂ di₄₄　ok₃ xin₄₄，de₂₂ shy₄₄　tu₃ fhek₅ cek₃ le₂₁.

◇ 如果不放心,那你去做个胃镜查一查。

勿放心末，侬　去　做　只　胃镜　查一查。

Vek₂ fang₅₅ xin₃₃ mek₂₁，nong₂₃　qi₃₄　zu₃₄　zak₅　whe₂₂ jin₄₄ sho₂₂ yik₅ sho₂₁.

 买药治病

◆ 我想买感冒药。

我　想　买　感冒药。

Ngu₂₃　xian₃₄　ma₂₃　goe₃₃ mao₅₅ yhiak₂₁.

◇ 你有什么症状？

侬　有　啥个　症状？

Nong₂₃　yhou₂₂　sa₃₃ ghek₄　zen₃₃ shang₄₄？

◆ 稍微有点儿热度,而且还有点儿咳嗽。

稍许　有点　寒热，外加　还　有点　咳嗽。

Sao₅₅ xu₂₁　yhou₂₂ di₄₄　hhoe₂₂ nik₄，nga₂₂ ga₄₄　hhe₂₃　yhou₂₂ di₄₄ kek₃ sou₄₄.

◇ 那么你既要吃感冒药片，又要吃咳嗽糖浆。
  葛末 侬 既要 吃 感冒药片， 又要 吃 咳嗽 糖浆。
  Gek$_5$ mek$_{21}$ nong$_{23}$ ji$_{55}$ yao$_{21}$ qik$_5$ goe$_{33}$ mao$_{55}$ yhiak$_3$ pi$_{21}$， yhou$_{22}$ yao$_{44}$ qik$_5$ kek$_3$ sou$_{44}$ dhang$_{22}$ jian$_{44}$．

◆ 怎么吃？
  哪能 吃法？
  Na$_{22}$ neng$_{44}$ qik$_3$ fak$_4$？

◇ 一天吃三次，饭后喝药水，喝一个瓶盖的容量，吃一颗药片。
  一日 吃 三次， 饭后 药水 吃 瓶盖头 一盖头， 药片 吃 一粒。
  Yik$_3$ nik$_{44}$ qik$_5$ se$_{55}$ cy$_{21}$， fhe$_{22}$ hhou$_{44}$ yhiak$_1$ sy$_{23}$ qik$_5$ bhin$_{22}$ ge$_{55}$ dhou$_{21}$ yik$_3$ ge$_{55}$ dhou$_{21}$， yhiak$_1$ pi$_{23}$ qik$_5$ yik$_3$ lik$_4$．

◆ 谢谢。
  谢谢侬。
  Xhia$_{22}$ xhia$_{55}$ nong$_{21}$．

◇ 以后一定要预防感冒，因为许多病都是感冒引起的。
  以后 一定要 预防 感冒， 交关 毛病 侪是 感冒 伤风 引起个咾。
  Yi$_{55}$ hhou$_{21}$ yik$_3$ din$_{55}$ yao$_{21}$ yhu$_{22}$ bhang$_{44}$ goe$_{33}$ mao$_{44}$， jiao$_{55}$ gue$_{21}$ mao$_{22}$ bhin$_{44}$ she$_{22}$ shy$_{44}$ goe$_{33}$ mao$_{44}$ sang$_{55}$ fong$_{21}$ yhin$_{22}$ qi$_{55}$ ghek$_3$ lao$_{21}$．

**替换练习**

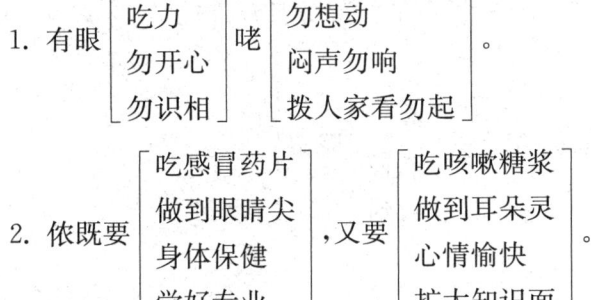

3. ［痛讲想听］末也［痛讲想听］过歇个，［吭没现在介厉害／吭没啥效果／吭没去做过／记末记勿牢了］。

4. ［卖相／人缘／身体／成绩］好当然好，不过［人勿可貌相／人首先要正直／还要注意卫生／还要勇于创新］。

5. ［忙／空／用／买］了勿注意［休息／学习／维修／修理］咾［锻炼／提高／保养／保护］，［晏歇／等歇／朝后／以后］点［生大毛病起来／要用起来／突然坏脱起来／出大纰漏起来］就来勿及了。

6. ［勿放心／勿注意／勿相信／身体推扳］末，［侬去做只胃镜查一查。／就要生病／侬去问医生／就要多锻炼］

7. 一定要［预防感冒／打扫卫生／跳跳蹦蹦／心胸开阔］，因为［交关毛病／老多毛病／蛮多毛病／多少矛盾］侪是［感冒伤风／病菌感染／身体瘦弱／斤斤计较］引起个咾。

8. 大家［脑白金／滋补品／月饼／拜年片］送来送去，勿管伊［要吃／欢喜／收到］咾勿［要吃／欢喜／收到］。

9. ⎡身体⎤　　　　　⎡应该⎤　⎡赶快去看医生　⎤
   ⎢肚皮⎥         ⎢要　⎥　⎢豪愓吃止泻药　⎥
     ⎢胸口⎥—有眼勿适意，就⎢要　⎥　⎢怀疑生心脏病　⎥。
   ⎣头颈⎦         ⎣会　⎦　⎣想到生颈椎病　⎦

10. 猢搭 ⎡痛　　⎤ 阿是？
        ⎢勿适意⎥
        ⎢看勿清⎥
        ⎣勿来事⎦

## 补充词语

### 一、身体词语

头 dhou$_{23}$　　面孔 mi$_{22}$kong$_{44}$ 脸。　　眉毛 mi$_{22}$mao$_{44}$　　眼睛 nge$_{22}$jin$_{44}$　　眼乌珠 nge$_{22}$wu$_{55}$zy$_{21}$ 眼珠。　鼻头 bhik$_1$dhou$_{23}$　　耳朵 ni$_{22}$du$_{44}$　　嘴巴 zy$_{33}$bo$_{44}$　　牙齿 nga$_{22}$cy$_{44}$　　舌头 shek$_1$dhou$_{23}$　　啃咙 whu$_{22}$long$_{44}$ 喉咙。　头颈 dhou$_{22}$jin$_{44}$　　颈椎 jin$_{33}$zoe$_{44}$　　胸口 xiong$_{33}$kou$_{44}$　　心口 xin$_{55}$kou$_{21}$　　背心 be$_{33}$xin$_{44}$　　肚皮 dhu$_{22}$bhi$_{44}$ 肚子。　心脏 xin$_{55}$shan$_{21}$　　胃 whe$_{23}$　　肚肠 dhu$_{22}$shan$_{44}$ 肠子。　下身 hho$_{22}$sen$_{44}$　　屁股 pi$_{55}$gu$_{21}$　　手 sou$_{34}$　　手臂把 sou$_{33}$bi$_{55}$bo$_{21}$ 手臂。　手节头 sou$_{33}$jik$_5$dhou$_{21}$ 手指。　脚 jiak$_5$　　脚馒头 jiak$_3$moe$_{55}$dhou$_{21}$ 膝盖。　脚趾头 jiak$_3$zy$_{55}$dhou$_{21}$ 脚指头。　身高 sen$_{55}$gao$_{21}$　　体重 ti$_{33}$shong$_{44}$　　胖 pang$_{34}$　　瘦 sou$_{34}$　　长 shan$_{23}$ 高。　矮 a$_{34}$

### 二、其他

跳跳蹦蹦 tiao$_{33}$tiao$_{55}$ben$_{33}$ben$_{21}$　　瘦弱 sou$_{55}$shak$_{21}$　　开阔 ke$_{55}$kuek$_{21}$　　矛盾 mao$_{22}$dhen$_{44}$　　斤斤计较 jin$_{55}$jin$_{33}$ji$_{33}$jiao$_{21}$　　滋补品 zy$_{55}$bu$_{33}$pin$_{21}$　　月饼 yhuik$_1$bin$_{23}$　　拜年片 ba$_{33}$ni$_{55}$pi$_{21}$　　止泻药 zy$_{33}$xia$_{55}$yhak$_{21}$　　怀疑 wha$_{22}$ni$_{44}$　　大纰漏 dhu$_{22}$pi$_{55}$lou$_{21}$　　修理 xiu$_{55}$li$_{21}$　　维修 fhi$_{22}$xiu$_{44}$　　保护 bao$_{33}$whu$_{44}$　　保养 bao$_{33}$yhan$_{44}$　　尖 ji$_{52}$ 上海话眼睛、耳朵、嘴巴的灵敏都可说"尖"。　灵 lin$_{23}$　　闷声勿响 men$_{55}$sen$_{21}$fhek$_1$xian$_{23}$ 一点声音都不发出。　病菌 bhin$_{22}$jun$_{23}$　　感染 goe$_{33}$shoe$_{44}$　　效果 yhao$_{22}$gu$_{44}$　　勿来事 vek$_3$le$_{55}$shy$_{21}$ 不行，做不好。

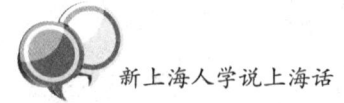

新上海人学说上海话

## 语法要点

### 一、被动句

用"**拨 bek**"引进主动者,相当普通话的"被"。如:"勿像有种小青年生了又长又瘦,拨人家讲像一根豆芽菜。"(不像有的小青年生得又高又瘦,被人家说长得像一根豆芽。)"背心浪拨伊敲一记。"(背上被伊敲一下。)

### 二、动词+宾语+趋向词

"生大毛病起来。"普通话一般是这样说:"生起大病来。"又如:"闯大穷祸出来。"(闯出大祸来。)"出大纰漏起来。"(出起大纰漏来。)

### 三、复句

1. 并列关系。"既……又……":"葛末侬既要吃感冒药片,又要吃咳嗽糖浆。"

2. 递进关系。"勿但……而且……":"稍许有点寒热,而且还有点咳嗽。"

3. 转折关系。"……,不过……":"卖相好当然好,不过人勿可貌相。"

"V 末 V……,……":"痛末也痛歇过个,呒没现在介厉害。"(虽然疼过,但是没现在这么厉害。)

4. 假设推论关系。"……末,(就)……":"勿放心末,侬去做只胃镜查一查。"

5. 因果关系。"……咾……":"有眼头痛咾饭吃勿落。"

"……,因为……咾":"一定要预防感冒,因为交关毛病侪是感冒伤风引起个咾。"

6. 条件关系。"一……就……":"身体一有眼勿适意,就应该赶快去看医生。"

"一"也能换说"只要":"只要身体有眼勿适意,就应该赶快去看医生。"

"勿管……,侪……":"大家脑白金送来送去,勿管伊要咾勿要。""勿管天落勿落雨,我侪要去个。"

### 四、"咾"的用法

1. 表示并列连接。如:"忙了勿注意休息咾锻炼,晏歇点生大毛病起来就来勿及了。"

2. 表示相反连接。如:"大家脑白金送来送去,勿管伊要咾勿要。""我统统要,管伊好咾坏!"

3. 表示因果关系。如:"心口头有眼痛咾饭吃勿落。""大家侪欢喜伊,伊待人和气咾。"

此外,"咾"还有做语气助词的用法等。

## 五、……阿是

"阿是"放在句末,常常可表示确认问。如:"掰搭痛阿是?""看话剧侬勿去了阿是?"

## 六、形容词生动形式

"**冷冰冰** $lan_{22} bin_{55} bin_{21}$"是比较冷,"**冰冰冷** $bin_{55} bin_{21} lan_{23}$"则是非常冷。"**硬绷绷** $ngan_{22} ban_{55} ban_{21}$"是比较硬,而"**绷绷硬** $ban_{55} ban_{21} ngan_{23}$"、"**石石硬** $shak_1 shak_{23} ngan_{23}$"则是非常硬的意思,再硬上海话就用三个字来形容,叫"**石刮挺硬** $shak_1 guak_2 tin_{23} ngan_{23}$"。"**拍拍满** $pak_3 pak_4 moe_{23}$"意思是满得再也放不下。"**生生青** $san_{55} san_{21} qin_{52}$"是非常绿,"**碧绿生青** $bik_3 lok_5 san_{21} qin_{52}$"是更绿的了。这类状态形容词还有"**刮辣松脆** $guak_3 lak_5 song_{21} coe_{34}$(非常松脆)"、"**的粒滚圆** $dik_3 lik_5 gun_{21} yhuoe_{23}$(滚圆滚圆)"、"**热炙潽烫** $nik_1 cy_{22} pu_{23} tang_{34}$(滚烫滚烫)"等。

# 第十五课  求职工作

  应 聘

◆ 先生,请你自我介绍一下。

先生,请侬　自我　介绍一下。

Xi₅₅ san₂₁,　qin₃₃ nong₄₄　shy₂₂ ngu₄₄　jia₃₃ shao₅₅ yik₃ xia₂₁.

◇ 我是黄信诚,北京人,今年**27**岁。我是北京大学中文系文学博士,2002年毕业。我学的是语言学专业。

我　是　黄　信诚,　北京人,　今年　廿七岁。　我　是　北京大学　中文系　文学　博士,　二零　零二年　毕业。我　读个　是　语言学　专业。

Ngu₂₃　shy₂₃　whang₂₂ xin₄₄　shen₂₃,　bok₃ jin₅₅ nin₂₁,　jin₅₅ ni₂₁　nie₂₂ qik₅ soe₂₁.　Ngu₂₃　shy₂₃　bok₃ jin₅₅ dha₃₃ hhok₂₁　zong₅₅ fhen₃₃ yhi₂₁　fhen₂₂ hhok₄ bok₃ shy₄₄,　lian₂₂ lin₄₄　lin₂₂ lian₅₅ ni₂₁　bik₃ nik₄.  Ngu₂₃　dhok₁ ghek₂₃ shy₂₃　nyu₂₂ yhi₅₅ hhok₂₁　zoe₅₅ nik₂₁.

◆ 你有什么专长?

侬　有点　啥个　专长?

Nong₂₃　yhou₂₂ di₄₄　sa₃₃ ghek₄　zoe₅₅ shan₂₁?

◇ 我既有较强的英语口语、听力、写作能力,又受过中文语言文字的系统训练,可以胜任中译英、英译中双向熟练翻译。

我　既有　比较　强个　英语　口语、　听力、　写作能力,　又　受过　中文

语言 文字个 系统 训练，可以 胜任 中 译 英、英 译 中 双向 熟练 翻译。

Ngu₂₃ ji₅₅ yhou₂₁ bi₃₃ jiao₄₄ jhian₂₂ ghek₄ yin₅₅ nyu₂₁ kou₃₃ nyu₄₄, tin₅₅ lik₂₁,
xia₃₃ zok₄ nen₂₂ lik₄, yhou₂₃ shou₂₂ gu₄₄ zong₅₅ fhen₂₁ nyu₂₂ yhi₄₄
fhen₂₂ shy₅₅ ghek₂₁ yhi₂₂ tong₄₄ xun₃₃ li₄₄, ku₃₃ yi₄₄ sen₃₃ shen₄₄ zong₅₂
yhik₁₂ yin₅₂, yin₅₂ yhik₁₂ zong₅₂ sang₅₅ xian₂₁ shok₁ li₂₃ fe₅₅ yhik₂₁.

◆ 你为什么要到这里来应聘？

依 为啥 要 到 搿搭 来 应聘？

Nong₂₃ whe₂₂ sa₄₄ yao₃₄ dao₃₄ ghek₁ dak₂₃ le₂₃ yin₅₅ pin₂₁?

◇ 因为你们公司的业务能够发挥我的特长。

因为 倻 公司个 业务 能够 发挥 我个 特长。

Yin₅₅ whe₂₁ na₂₃ gong₅₅ sy₃₃ ghek₂₁ nik₁ whu₂₃ nen₂₂ gou₄₄ fak₃ hue₄₄
ngu₂₂ ghek₂₃ dhek₁ shan₂₃.

◆ 你有点什么证书？

依 有眼 啥个 证书？

Nong₂₃ yhou₂₂ nge₄₄ sa₃₃ ghek₄ zen₃₃ sy₄₄?

◇ 你看，我有通过英语8级考的证书，成绩是85分；有通过普通话测试的证书，得了96分；有电脑高级培训合格证书。还有在光明日报、外语翻译出版社实习的证明材料。我还带来了从大学学历到博士学历的学校考试成绩单。

依 看， 我 有 通过 英语 8级考个 证书， 成绩 是 85分； 有
通过 普通话 测试 证书， 得了 96分； 有 电脑 高级 培训 合格
证书。 还有 辣 光明日报社、 外语 翻译 出版社 实习个 证明
材料。 我 还 带来了 从 大学 学历 到 博士 学历个 学堂
考试 成绩单。

Nong₂₃ koe₃₄, ngu₂₃ yhou₂₃ tong₅₅ gu₂₁ yin₅₅ nyu₂₁ bak₃ jik₅ kao₃₃ ghek₂₁
zen₃₃ sy₄₄, shen₂₂ jik₄ shy₂₃ bak₅ shek₅ ng₃₃ fen₂₁; you₂₃ tong₅₅ gu₂₁
pu₃₃ tong₅₅ hho₂₁ cak₃ sy₄₄ zen₃₃ sy₄₄, dek₃ lek₄ jiu₃ shek₅ lok₃ fen₂₁;
yhou₂₃ dhi₂₂ nao₄₄ gao₅₅ jik₂₁ bhe₂₂ xun₄₄ hhek₃ kak₄ zen₃₃ sy₄₄.
Hhe₂₂ yhou₄₄ lak₁₂ guang₅₅ min₃₃ shek₃ bao₃₃ sho₂₁, nga₂₂ nyu₄₄ fe₅₅ yhik₂₁

cek₃ be₅₅ sho₂₁   shek₁ xhik₂ ghek₂₃   zen₃₃ min₄₄   she₂₂ liao₄₄. Ngu₂₃   hhe₂₃ da₃₃ le₅₅ lek₂₁   shong₂₃   dha₃₃ hhok₄   hhok₁ lik₂₃   dao₃₄   bok₃ shy₄₄ hhok₁ lik₂ ghek₂₃   hhok₁ dhang₂₃   kao₃₃ sy₄₄   shen₂₂ jik₅ de₂₁.

◆ 你认为可以胜任我们单位哪些方面的工作?

依 认为 可以 胜任 阿拉 单位 阿里方面个 工作?
Nong₂₃ nin₂₂ whe₄₄ ku₃₃ yi₄₄ sen₃₃ shen₄₄ ak₃ lak₄ de₅₅ whe₂₁ hha₂₂ li₅₅ fang₃₃ mi₃₃ ghek₂₁ gong₅₅ zok₂₁?

◇ 我可以做翻译工作,口头的、书面的都可以,还可以参加跟外国人的交际谈判。

我 可以 做 翻译工作, 口头个、书面个 侪 可以, 还 可以 参加 脱 外国人个 交际 谈判。
Ngu₂₃ ku₃₃ yi₄₄ zu₃₄ fe₅₅ yhik₃ gong₃₃ zok₂₁, kou₃₃ dhou₅₅ ghek₂₁, sy₅₅ mi₃₃ ghek₂₁ she₂₃ ku₃₃ yi₄₄, hhe₂₃ ku₃₃ yi₄₄ coe₅₅ ga₂₁ tek₅ nga₂₂ gok₅ nin₃₃ ghek₂₁ jiao₅₅ ji₂₁ dhe₂₂ poe₄₄.

◆ 我们是需要翻译人才,主要是英译中。不过我们还需要对你的业务能力做一次书面测试。你愿意参加哦?

阿拉 是 需要 翻译 人才, 主要 是 英译中。 不过 阿拉 还 需要 对 依个 业务 能力 做一次 书面 测试。 依 愿意 参加哦?
Ak₃ lak₄ shy₂₃ xu₅₅ yao₂₁ fe₅₅ yhik₄ nin₂₂ she₄₄, zy₃₃ yao₄₄ shy₂₃ yin₅₂ yhik₁₂ zong₅₂. Bek₃ gu₄₄ ak₃ lak₄ hhe₂₃ xu₅₅ yao₂₁ de₃₄ nong₂₂ ghek₄ nik₁ whu₂₃ nen₂₂ lik₄ zu₃₃ yik₅ cy₂₁ sy₅₅ mi₂₁ cak₃ sy₄₄. Nong₂₃ nyuoe₂₂ yi₄₄ coe₅₅ ka₃₃ fha₂₁?

◇ 好的。

好个。
Hao₃₃ ghek₄.

◆ 这儿名片上是你现在的地址吗?具体日期我们会发通知给你的。

搿搭 名片高头 是 依 现在个 地址 电话 对哦? 具体 日脚 阿拉 会 发 通知拨依个。
Ghek₁ dak₂₃ min₂₂ pi₅₅ gao₃₃ dhou₂₁ shy₂₃ nong₂₃ yhi₂₂ she₅₅ ghek₂₁

dhi$_{22}$ zy$_{44}$　dhi$_{22}$ hho$_{44}$　de$_{33}$ fha$_{44}$？　Jhu$_{22}$ ti$_{44}$　nik$_1$ jiak$_{23}$　ak$_3$ lak$_{44}$　whe$_{23}$ fak$_5$　tong$_{55}$ zy$_{33}$ bek$_3$ nong$_{33}$ ghek$_{21}$。

报　考

◆ 我要报考你们那儿的职业培训班。什么时候考试？

　　我　要　报考　㑚搭个　职业　培训班。　啥辰光　考试？

　　Ngu$_{23}$　yao$_{34}$　bao$_{33}$ kao$_{44}$　na$_{25}$ dak$_3$ ghek$_{21}$　zek$_3$ nik$_4$　bhe$_{22}$ xun$_{55}$ be$_{21}$。Sa$_{33}$ shen$_{55}$ guang$_{21}$　kao$_{33}$ sy$_{44}$？

◇ 请你把这张表格填写好，考试就在这个月20号。

　　请　侬　拿　搿张　表格　填写　好，考试　就　辣　搿个　月　廿号。

　　Qin$_{34}$　nong$_{23}$　ne$_{52}$　ghek$_1$ zan$_{23}$　biao$_{33}$ gak$_4$　dhi$_{22}$ xia$_{44}$　hao$_{34}$，　kao$_{33}$ sy$_{44}$　xhiu$_{23}$　lak$_{12}$　ghek$_1$ ghek$_{23}$　yhuik$_{12}$　nie$_{22}$ hhao$_{44}$。

◆ 如果考取了，要学几个月？会不会影响我上班？

　　假使　考取了，　要　学　几个　月？　是勿是　会　影响　我　上班？

　　Jia$_{33}$ sy$_{44}$　kao$_{33}$ qu$_{55}$ lek$_2$，　yao$_{34}$　hhok$_{12}$　ji$_{33}$ ghek$_4$　yhuik$_{12}$？Shy$_{22}$ fhek$_5$ shy$_{21}$　whe$_{23}$　yin$_{33}$ xian$_{44}$　ngu$_{23}$　shang$_{22}$ be$_{44}$？

◇ 要学习3个月，全部是用业余时间，不会影响你的工作。

　　要　学习　三个　月，全部　是　用　业余　时间，勿会得　影响　侬个　工作个。

　　Yao$_{34}$　hhok$_1$ xhik$_{23}$　se$_{55}$ ghek$_{21}$　yhuik$_{12}$，　xhi$_{22}$ bhu$_{44}$　shy$_{23}$　yhong$_{23}$　nik$_1$ yhu$_{23}$　shy$_{22}$ ji$_{44}$，　vek$_3$ whe$_{55}$ dek$_{21}$　yin$_{33}$ xian$_{44}$　nong$_{22}$ ghek$_4$　gong$_{55}$ zok$_3$ ghek$_{21}$。

◆ 要考些什么内容？

　　要　考眼　啥个　内容？

　　Yao$_{34}$　kao$_{33}$ nge$_{44}$　sa$_{33}$ ghek$_4$　ne$_{22}$ yhong$_{44}$？

◇ 你看这张表吧。

　　侬　看　搿张　表　好哎。

Nong₂₃ koe₃₄ ghek₁ zan₂₃ biao₃₄ hao₃₃ le₂₁.

找工作

◆ 先生，我想找一份工作。请问什么地方有空缺？
先生， 我 想 找 一份 工作。 请问 啥地方 有 空缺？
Xi₅₅san₂₁, ngu₂₃ xian₃₄ zao₃₄ yik₃ fhen₄₄ gong₅₅ zok₂₁. Qin₃₃ men₄₄ sa₃₃ dhi₅₅ fang₂₁ yhou₂₃ kong₃₃ quik₄?

◇ 你要找什么工作呢？
侬 要 找 啥个 工作 呢？
Nong₂₃ yao₃₄ zao₃₄ sa₃₃ ghek₄ gong₅₅ zok₃ nek₂₁?

◆ 做 waitress、中菜厨师或者酒吧招待员，都可以。
做 waitress、 中菜 厨师 或者 酒吧间 招待员， 侪 可以。
Zu₃₄ whe₂₅ quik₃₃ sy₂₁, zong₅₅ ce₂₁ shy₂₂ sy₄₄ hhok₁ ze₂₃ jiu₃₃ ba₅₅ ge₂₁ zao₅₅ dhe₃₃ yhuoe₂₁, she₂₃ ku₃₃ yi₄₄.

◇ 你会讲普通话吗？
侬 普通话 讲得来哦？
Nong₂₃ pu₃₃ tong₅₅ hho₂₁ gang₃₃ dek₅ le₃₃ fha₂₁?

◆ 当然会的，可是上海话不太会说。
当然 会个， 不过 上海闲话 勿大 会 讲。
Dang₅₅ shoe₂₁ whe₂₂ ghek₄, bek₃ gu₄₄ shang₂₂ he₅₅ hhe₃₃ hho₂₁ fhek₁ dha₂₃ whe₂₃ gang₃₄.

◇ 没关系,当然最好还是买本会话书,学学上海话。有一家"再来吧"酒吧,要招聘一个服务员,你有兴趣吗？
勿要紧， 当然 最好 还是 买本 会话书， 学学 上海话。 有 一家 "再来吧" 酒吧 要 招 一个 服务员， 侬 有 兴趣哦？
Vek₃ yao₅₅ jin₂₁, dang₅₅ shoe₂₁ zoe₅₅ hao₂₁ hhe₂₂ sy₄₄ ma₂₂ ben₄₄ whe₂₂ hho₅₅ sy₂₁ hhok₁ hhok₂₃ shang₂₂ he₅₅ hho₂₁. Yhou₂₃ yik₃ ga₄₄ 'ze₅₅ le₃₃ ba₂₁' jiu₃₃ ba₄₄

yao$_{34}$ zao$_{52}$ yik$_3$ ghek$_4$ fhok$_1$ whu$_{22}$ yhuoe$_{23}$, nong$_{23}$ yhou$_{23}$ xin$_{33}$ qu$_{55}$ fha$_{21}$?

◆ 好吧。薪金多少?

好个呀。 薪金 多少?

Hao$_{33}$ ghek$_5$ ya$_{21}$. Xin$_{55}$ jin$_{21}$ du$_{55}$ sao$_{21}$?

◇ 每月 2 000 元,行吗?

每月两千 元, 可以哦?

Me$_{55}$ yhuik$_{21}$ lian$_{22}$ qi$_{55}$ kue$_{21}$, ku$_{33}$ yi$_{55}$ fha$_{21}$?

◆ 有休息日吗?

休息日 有哦?

Xiu$_{55}$ xik$_3$ nik$_{21}$ yhou$_{22}$ fha$_{44}$?

◇ 有,每周一天。请你把这张表填一下,等候通知。

有个, 每周 一天。 请 侬 舺张 表 填一填, 等 阿拉 通知。

Yhou$_{22}$ ghek$_4$, me$_{55}$ zou$_{21}$ yik$_3$ ti$_{44}$. Qin$_{34}$ nong$_{23}$ ghek$_1$ zan$_{23}$ biao$_{34}$ dhi$_{22}$ yik$_5$ dhi$_{21}$, den$_{34}$ ak$_3$ lak$_4$ tong$_{55}$ zy$_{21}$.

 上班和出差

◆ 我这份工作真没劲!

我 舺份 工作 真 呒没 劲!

Ngu$_{23}$ ghek$_1$ fhen$_{23}$ gong$_{55}$ zok$_{21}$ zen$_{52}$ m$_{22}$ mek$_4$ jin$_{34}$!

◇ 你别胡说,常常出差,东南西北闯闯,太开心啦!

侬 勿要 瞎讲, 常庄 出差, 东南 西北 闯闯, 勿要 忒 开心噢!

Nong$_{23}$ fhek$_1$ yao$_{34}$ hak$_3$ gang$_{44}$, shan$_{22}$ shan$_{44}$ cek$_3$ ca$_{44}$, dong$_{55}$ noe$_{21}$ xi$_{55}$ bok$_{21}$ cang$_{33}$ cang$_{44}$, fhek$_1$ yao$_{34}$ tek$_5$ ke$_{55}$ xin$_{33}$ ao$_{21}$!

◆ 忙死了!长年累月到处奔波,生活太没规律了。

忙煞 忙煞! 长年累月 投东投西, 生活 忒 呒没 规律了。

Mang$_{22}$ sak$_4$ mang$_{22}$ sak$_4$! Shan$_{22}$ ni$_{55}$ le$_{33}$ yhuik$_{21}$ dhou$_{22}$ dong$_{55}$ dhou$_{33}$ xi$_{21}$,

sen₅₅ whek₂₁  tek₃  m₂₂ mek₄  gue₅₅ lik₃ lek₂₁.

◇ 你的差使换给我干就好了。

侬个  差使  拨我  做做  就  好了。
Nong₂₂ ghek₄  ca₅₅ sy₂₁  bek₃ ngu₄₄  zu₃₃ zu₄₄  xhiu₂₃  hao₃₃ lek₄.

◆ 真叫做看人挑担不吃力,我跟你换一换啦!

真叫  看人  挑担  勿吃力, 我  脱 侬  调一调  好哎!
Zen₅₅ jiao₂₁  koe₃₃ nin₄₄  tiao₅₅ de₂₁  vek₃ qik₅ lik₂₁, ngu₂₃  tek₅  nong₂₃ dhiao₂₂ yik₅ dhiao₂₁  hao₃₃ le₂₁!

◇ 好啊!我现在是做一天和尚撞一天钟,真是闲得没事;工资呢,只是你的零头;上班呢,大家随便混混;下班时间还没到,就想溜走。你说有劲吗?

好呀!  我  现在  是  做一日  和尚  敲  一日  钟, 闲是  闲得来  呒
没  事体;  工资末,  是  侬个  零头;  上班末,  大家  淘淘  浆糊;  下
班辰光  勿到末,  就  想  滑脚。 侬 讲  有  劲哦?
Hao₃₃ ya₄₄! Ngu₂₃ yhi₂₂ ze₄₄  shy₂₃  zu₂₃ yik₅ nik₂₁  whu₂₂ shang₄₄  kao₅₂ yik₃ nik₄  zong₅₂,  hhe₂₂ shy₄₄  hhe₂₂ dek₅ le₂₁  m₂₂ mek₄  shy₂₂ ti₄₄,
Gong₅₅ zy₃₃ mek₂₁,  shy₂₃  nong₂₂ ghek₄  lin₂₂ dhou₄₄; Shang₂₂ be₅₅ mek₂₁,
dha₂₂ ga₄₄  dhao₂₂ dhao₄₄  jian₅₅ whu₂₁; Hho₂₂ be₄₄  shen₂₂ guang₄₄  vek₃ dao₅₅ mek₂₁,
xhiu₂₃  xian₃₄  whak₁ jiak₂₃。 Nong₂₃  gang₃₄  yhou₂₃  jin₃₃ fha₄₄?

**替换练习**

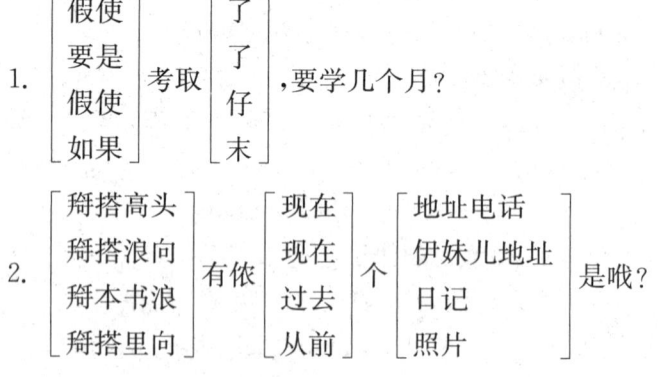

3. 侬普通话 [讲得来/会得讲/会讲/可以讲] 哦？

4. [东南西北闯闯/各搭地方跑跑/各到各处走走/全国各地去去]，勿要忒 [开心/适意/自由/潇洒] 噢！

5. [闲/空/冷/好] 是 [闲得来/空得来/冷得来/好来] 呒没 [事体/生活/办法/闲话]。

6. [工资/生活/白相/交涉] 末，[是侬个零头/叫呒啥做头/叫呒没劲头/吃伊个苦头]。

7. [上班/读书/唱歌/夜里] 末，大家 [淘淘浆糊/做做样子/随便唱唱/荡荡马路]。

8. [下班/上班/营业/下班] 辰光 [勿到/到了/勿到一到/一到] 末，[就想滑脚/就要点名/勿好进去/就要轧]。

9. 我 [辦份工作/辦个小囡/辦部机器/辦个辰光] 真 [呒没劲/是笨搭手/上劲]！ 10. [好/是/对/可以] 个呀！

143

### 补充词语

#### 一、惯用语

**淘浆糊** dhao$_{22}$ jian$_{55}$ whu$_{21}$ ① 做事马马虎虎,敷衍塞责,蒙混过关。如:"交拨伊一桩事体,只一会淘浆糊,靠勿住个!" ② 行事无原则,办事圆滑,方方面面都讨好。如:"张三勿得罪,李四有关系,领导面前会讨好,朋友之间笑呵呵,侬看伊会淘浆糊哦?" ③ 夸夸其谈,胡说乱扯,开无轨电车。如:"今朝一开课,伊就淘浆糊了,一节课下来,勿晓得吹到阿里!" ④ 打圆场,和稀泥,调解,摆平。如:"伊拉老是摆勿平,一点小事体就要吵,勿是讲'勿争论'吗?我来脱伊拉淘浆糊!" ⑤ 行事统顾全局,收拾残局,人情练达。如:"辩个人本事大,勿论哪能复杂个场面,伊侪淘得好浆糊。"  **拆烂污** cak$_5$ le$_{22}$ wu$_{44}$ 做事不负责任。  **闯穷祸** cang$_{34}$ jhiong$_{22}$ whu$_{44}$ 闯祸。  **敲竹杠** kao$_{52}$ zok$_3$ gang$_{44}$   **讨手脚** tao$_{34}$ sou$_{33}$ jiak$_4$ 给人添麻烦。  **替手脚** ti$_{34}$ sou$_{33}$ jiak$_4$ 帮忙做事。  **做手脚** zu$_{34}$ sou$_{33}$ jiak$_4$ 制造假象改变原来面貌。  **轧苗头** ghak$_{12}$ miao$_{22}$ dhou$_{44}$ 见机行事。  **骂山门** mo$_{22}$ se$_{55}$ men$_{21}$ 骂人。  **打相打** dan$_{33}$ xian$_{55}$ dan$_{21}$ 打架。  **搭讪头** dak$_3$ se$_{55}$ dhou$_{21}$ 与人随便拉话;为与生人接近而找话说。  **寻开心** xhin$_{22}$ ke$_{55}$ xin$_{21}$ 开玩笑,闹着玩;挑逗。  **吃牌头** qik$_5$ bha$_{22}$ dhou$_{44}$ 受人批评或责骂。  **出风头** cek$_3$ fong$_{55}$ dhou$_{21}$ 显耀自己;有光彩,很神气。  **卖关子** ma$_{22}$ gue$_{55}$ zy$_{21}$ 会做或知道而故意不做不说,常用以要挟。  **拆穿绷** cak$_3$ coe$_{55}$ ban$_{21}$ 露底。  **吃药** qik$_5$ yhiak$_{12}$ 上当。

#### 二、其他

**……浪向** langxian "……上",又作"……高头",如:"凳子浪向(凳子上)"。"上"的声母弱化,从"z"变为"l"。  **……里向** lixian ……里。  **会得** whe$_{22}$ dek$_4$ 会。  **各到各处** gok$_3$ dao$_{55}$ gok$_3$ cy$_{21}$ 各个地方。  **各搭地方** gok$_3$ dak$_4$   dhi$_{22}$ fang$_{44}$ 各地。  **伊妹儿** yi$_{55}$ me$_{33}$ er$_{21}$ 英文 E-mail 的音译词。  **日记** shek$_1$ ji$_{23}$   **照片** zao$_{33}$ pi$_{44}$   **自由** shy$_{22}$ yhou$_{44}$   **潇洒** xiao$_{55}$ sa$_{21}$   **办法** bhe$_{22}$ fak$_4$   **生活** san$_{55}$ whek$_{21}$ 活儿。  **呒啥做头** m$_{22}$ sa$_{44}$ zu$_{33}$ dhou$_{44}$ 没什么值得做。  **劲头** jin$_{33}$ dhou$_{44}$   **做做样子** zu$_{33}$ zu$_{44}$ yhan$_{22}$ zy$_{44}$   **点名** di$_{34}$ min$_{23}$   **营业** yhin$_{22}$ nik$_4$   **轧** gak$_3$ 挤。  **小囡** xiao$_{33}$ noe$_{44}$ 小孩。  **笨** bhen$_{23}$   **机器** ji$_{55}$ qi$_{21}$   **上劲** shang$_{23}$ jin$_{34}$ 带劲。  **搭手** dak$_3$ sou$_{44}$ 合作得来;

配合。　**搭脚** dak₃jiak₄ 有连带关系。　**搭手脚** dak₅　sou₃₃jiak₄ 插进来增添麻烦。
　　**搭手搭脚** dak₃ sou₅₅ dak₃ jiak₂₁ 东碰西摸，增添麻烦。　**搭脚搭手** dak₃jiak₅ dak₃sou₂₁ 行动不便。

### 语法要点

　　**末** mek ① 引出话题。如："上班末，大家淘淘浆糊，下班辰光勿到末，就想滑脚。""做小生意末，侬只要勤勤俭俭，也会赚大钞票个。" ② 引出虚拟句。如："考取了末，要学几个月？""讲出来末，就要拆穿西洋镜。" ③ 表示当然语气。如："伊本来勿来三末！""我勿可以去末！" ④ 表示劝听、商量语气，如："阿拉就等一歇末。""歌侬先唱末！"

# 第十六课 娱乐休闲

 泡 吧

◆ **现代人,"新酷一族",既要会工作,也要会休闲,你说对吗?**
现代人,"新酷 一族",又要 会 工作,又要 会 休闲,侬 讲 对哦?
Yhi$_{22}$ dhe$_{55}$ nin$_{21}$, 'xin$_{55}$ ku$_{21}$ yik$_3$ shok$_4$', yhou$_{22}$ yao$_{44}$ whe$_{23}$ gong$_{55}$ zok$_{21}$, yhou$_{22}$ yao$_{44}$ whe$_{23}$ xiu$_{55}$ hhe$_{21}$, nong$_{23}$ gang$_{34}$ de$_{33}$ fha$_{44}$ ?

◇ **说得有理,说到休闲,我和你最好是去"泡吧"。**
有 道理, 讲到 休闲, 我 脱 侬 最好 是 去 "泡吧"。
Yhou$_{23}$ dhao$_{22}$ li$_{44}$, gang$_{33}$ dao$_{44}$ xiu$_{55}$ hhe$_{21}$, ngu$_{23}$ tek$_5$ nong$_{23}$ zoe$_{55}$ hao$_{21}$ shy$_{23}$ qi$_{34}$ 'pao$_{33}$ ba$_{44}$'.

◆ **泡什么吧?**
泡 啥个 吧?
Pao$_{34}$ sa$_{33}$ ghek$_4$ ba$_{52}$ ?

◇ **"吧"么,顾名思义当然是"酒吧"啊!**
"吧"末, 顾名思义 是 "酒吧"咾!
'Ba$_{55}$ 'mek$_{21}$, gu$_{33}$ min$_{55}$ sy$_{33}$ ni$_{21}$ shy$_{23}$ 'jiu$_{33}$ ba$_{55}$ 'lao$_{21}$ !

◆ **看你,又傻帽了!你知道吗,现在有各色各样的"吧",到处都是"吧"。**
好咪, 侬 又 戆脱咪! 侬 晓得哦, 现在 上海 有 各色各样个 吧, 各处各搭 侪是 吧。

Hao$_{33}$ le$_{52}$, nong$_{23}$ yhou$_{23}$ ghang$_{22}$ tek$_5$ le$_{21}$! Nong$_{23}$ xiao$_{33}$ dek$_5$ fha$_{21}$, yhi$_{22}$ she$_{44}$ shang$_{22}$ he$_{44}$ yhou$_{23}$ gok$_3$ sek$_5$ gok$_3$ yhan$_{33}$ ghek$_{21}$ ba$_{52}$, gok$_3$ cy$_5$ gok$_3$ dak$_{21}$ she$_{22}$ shy$_{44}$ ba$_{52}$.

◇ 你倒说说,还有点时间,我们去挑个好的玩玩。

依 倒 讲讲看, 还有眼 辰光, 阿拉 来 拣个 好个 白相相。
Nong$_{23}$ dao$_{34}$ gang$_{33}$ gang$_{55}$ koe$_{21}$, hhe$_{22}$ yhou$_{55}$ nge$_{21}$ shen$_{22}$ guang$_{44}$, ak$_3$ lak$_4$ le$_{23}$ ke$_{33}$ ghek$_4$ hao$_{33}$ ghek$_4$ bek$_1$ xian$_{22}$ xian$_{23}$.

◆ 喏,先是有咖啡吧,又叫"咖吧";还有"茶吧",开了好多。后来就一吧不可收了,有"陶吧"、"瓷吧"、"画吧"、"琴吧",还有"怀旧吧"、"歌剧吧"、"球迷吧"、"漫画吧"、"玩具吧"、"书吧"、"迪吧"、"氧吧"、"网吧"……

喏, 先是 有 咖啡吧, 又 叫 "咖吧"; 还有 "茶吧", 开了 交关。 后来 就 一吧 勿可 收了, 有 "陶吧", "瓷吧", "画吧", "琴吧", 还有 "怀旧吧", "歌剧吧", "球迷吧", "漫画吧", "玩具吧", "书吧", "迪吧", "氧吧", "网吧"……

Nao$_{23}$, xi$_{55}$ shy$_{21}$ yhou$_{23}$ ka$_{55}$ fi$_{33}$ ba$_{21}$, yhou$_{23}$ jiao$_{34}$ 'ka$_{55}$ ba$_{21}$'; hhe$_{22}$ yhou$_{44}$ 'sho$_{22}$ ba$_{44}$', ke$_{55}$ lek$_{21}$ jiao$_{55}$ gue$_{21}$. Hhou$_{22}$ le$_{44}$ xhiu$_{23}$ yik$_3$ ba$_{44}$ fhek$_1$ ku$_{23}$ sou$_{55}$ lek$_{21}$, yhou$_{23}$ 'dhao$_{22}$ ba$_{44}$', 'shy$_{22}$ ba$_{44}$', 'hho$_{22}$ ba$_{44}$', 'jhin$_{22}$ ba$_{44}$', hhe$_{22}$ yhou$_{44}$ 'wha$_{22}$ jhiu$_{55}$ ba$_{21}$', 'gu$_{55}$ jhik$_3$ ba$_{21}$', 'jhiu$_{22}$ mi$_{55}$ ba$_{21}$', 'me$_{22}$ hho$_{55}$ ba$_{21}$', 'whoe$_{22}$ jhu$_{55}$ ba$_{21}$', 'sy$_{55}$ ba$_{21}$', 'dhik$_1$ ba$_{23}$', 'yhan$_{22}$ ba$_{44}$', 'mang$_{22}$ ba$_{44}$'……

◇ 算了,算了,时间不早,还是"回家去吧",去"上网"吧。

好了 好了, 辰光 勿早, 还是 "回家 去吧", 去 "上 网"吧。
Hao$_{33}$ lek$_4$ hao$_{33}$ lek$_4$, shen$_{22}$ guang$_{44}$ fhek$_1$ zao$_{23}$, hhe$_{22}$ shy$_{44}$ 'whe$_{22}$ jia$_{44}$ qi$_{33}$ bha$_{44}$', qi$_{34}$ 'shang$_{23}$ mang$_{22}$'bha$_{44}$.

**游戏活动**

◆ 休息日子你喜欢去哪儿转转?

休息日脚 侬 欢喜 啥地方 转转?

Xiu₅₅ xik₃ nik₃ jiak₂₁   nong₂₃   huoe₅₅ xi₂₁   sa₃₃ dhi₅₅ fang₂₁   zoe₃₃ zoe₄₄?

◇ 有时候约了朋友唱唱卡拉OK,跳跳迪斯科,有时几个伴儿一起去打网球。

有辰光　偕仔　朋友　唱唱　卡拉OK,　跳跳　迪科,　有辰光　几个　道伴　一道　去　打　网球。

Yhou₂₂ shen₅₅ guang₂₁　gek₃ zy₄₄　bhan₂₂ yhou₄₄　cang₃₃ cang₄₄　ka₃₃ lak₅ o₃₃ ke₂₁,　tiao₃₃ tiao₄₄　dhik₁ ku₂₃,　yhou₂₂ shen₅₅ guang₂₁　ji₃₃ ghek₄　dhao₂₂ bhoe₄₄　yik₃ dhao₄₄　qi₃₄　dan₃₄　mang₂₂ jhiu₄₄.

◆ 你喜欢玩保龄球吗?

侬　保龄球　欢喜　白相哦?

Nong₂₃　bao₃₃ lin₅₅ jhiu₄₄　huoe₅₅ xi₂₁　bek₁ xian₂₂ fha₂₃?

◇ 你如果喜欢,下个星期天我就和你一起去玩保龄球。

侬　欢喜末,　下个　礼拜　日　我　就　脱　侬　一道　去　白相　保龄球。

Nong₂₃　huoe₅₅ xi₃₃ mek₂₁,　hho₂₂ ghek₄　li₂₂ ba₄₄　nik₁₂　ngu₂₃　xhiu₂₃　tek₅　nong₂₃　yik₃ dhao₄₄　qi₃₄　bek₁ xian₂₃　bao₃₃ lin₅₅ jhiu₂₁.

◆ 我是不喜欢出去玩儿的,常常在家里泡一壶咖啡,跟朋友下下围棋、象棋。

我　是　勿欢喜　跑出去　白相个,　常庄　辣盖　屋里　泡一壶　咖啡,　帮　朋友　着着　围棋、　象棋。

Ngu₂₃　shy₂₃　fhek₃ huoe₅₅ xi₂₁　bhao₂₂ cek₅ qi₂₁　bek₁ xian₂₂ ghek₂₃,　shan₂₂ shan₄₄　lak₁ ke₂₃　ok₃ li₅₄　pao₃₃ yik₅ whu₂₁　ka₅₅ fi₂₁,　bang₅₂　bhan₂₂ yhou₄₄　zak₃ zak₄　whe₂₂ jhi₄₄,　xhian₂₂ jhi₄₄.

◇ 我还喜欢看上海滑稽戏,或者一家人围着电视看足球。

我　还　欢喜　看　上海　滑稽戏,　或者　一家门　围了　电视　看足球。

Ngu₂₂　hhe₂₃　huoe₅₅ xi₂₁　koe₃₄　shang₂₂ he₄₄　whak₁ ji₂₂ xi₂₃,　hhok₁ ze₂₃　yik₃ ga₅₅ men₂₁　whe₂₂ lek₄　dhi₂₂ shy₄₄　koe₃₄　zok₃ jhiu₄₄.

 卡拉OK

◆ 卡拉OK,这种休闲方式真好,大家可以放声唱唱歌,心情很舒畅。

卡拉OK,　搿种　休闲　娱乐　方式　真　好,　大家　可以　放声　唱唱歌，心情 老 舒畅个。

Ka₃₃ lak₄ o₅₂ ke₅₂, ghek₁ zong₂₃ xiu₅₅ hhe₂₁ nyu₂₂ lok₄ fang₅₅ sek₂₁ zen₅₂ hao₃₄, dha₂₂ ga₄₄ ku₃₃ yi₄₄ fang₃₃ sen₄₄ cang₃₃ cang₄₄ gu₅₂, xin₅₅ xhin₂₁ lao₂₃ sy₅₅ can₃₃ ghek₂₁.

◇ 是啊,过去不太会唱的歌,跟着唱唱,也会了,还可以聆听朋友的好嗓子。

咳，老早 勿大会 唱个 歌， 跟辣海 唱唱 也 会 唱了， 还 可以 聆听 朋友个 好嗓子。

Hhe₂₃, lao₂₂ zao₄₄ fhek₃ dha₅₅ whe₂₁ cang₃₃ ghek₄ gu₅₂, gen₅₅ lak₃ he₂₁ cang₃₃ cang₄₄ hha₂₃ whe₂₃ cang₃₃ lek₄, hhe₂₃ ku₃₃ yi₄₄ lin₅₅ tin₂₁ bhan₂₂ yhou₅₅ ghek₂₁ hao₃₄ sang₅₅ zy₂₁.

◆ 有一次,我和小王从小时候学的歌唱起,一支接一支,唱到最新的流行歌,唱了个痛快,一边唱一边怀旧也是好的。

有 一趟，我 脱 小王 从 小辰光 学个 歌 唱起， 一只 接 一只 唱到 最新个 流行歌， 唱了个 痛快， 一面 唱 一面 怀怀 旧 也 好个。

Yhou₂₃ yik₃ tang₄₄, ngu₂₃ tek₅ xiao₃₃ whang₄₄ shong₂₃ xiao₃₃ shen₅₅ guang₂₁ hhok₁ ghek₂₃ gu₅₂ cang₃₃ qi₄₄, yik₃ zak₄ jik₅ yik₃ zak₄ cang₃₃ dao₄₄ zoe₃₄ xin₅₅ ghek₂₁ liu₃₂ yhin₅₅ gu₂₁, cang₃₃ lek₅ ghek₂₁ tong₃₃ kua₄₄, yik₃ mi₄₄ cang₃₄ yik₃ mi₄₄ wha₂₂ wha₄₄ jhiu₂₃ hha₂₃ hao₃₃ ghek₄.

◇ 我最喜欢唱《涛声依旧》。

我 最 欢喜 唱 《涛声 依 旧》。

Ngu₂₃ zoe₃₄ huoe₅₅ xi₂₁ cang₃₄ 〈Tao₅₅ sen₂₁ yi₅₂ jhiu₂₃〉.

◆ 我喜欢唱的是《只要你过得比我好》。

我 欢喜 唱个 是 《只要 侬 过得 比我 好》。

Ngu₂₃ huoe₅₅ xi₂₁ cang₃₃ ghek₄ shy₂₃ 〈zek₃ yao₅₅ nong₂₁ gu₃₃ dek₄ bi₃₃ ngu₄₄ hao₃₄〉.

 洗澡健身

- 我有两张票在那儿,今天和我一起去洗澡吗?

  我 有 两张 票子辣海, 今朝 告 我 一道 去 汏 浴 去哦?

  Ngu$_{23}$ yhou$_{23}$ lian$_{22}$ zan$_{44}$ piao$_{55}$ zy$_{33}$ lak$_3$ he$_{21}$, jin$_{55}$ zao$_{21}$ gao$_{52}$ ngu$_{23}$ yik$_3$ dhao$_{44}$ qi$_{34}$ da$_{23}$ yhok$_{12}$ qi$_{33}$ fha$_{44}$?

- 洗什么澡?桑拿浴我是不喜欢洗的,要不就泡大池。

  汏 啥个 浴? 桑拿浴 我 是 勿欢喜 汏个, 要末 就 大汤 泡泡。

  Dha$_{23}$ sa$_{33}$ ghek$_4$ yhok$_{12}$? Sang$_{55}$ na$_{33}$ yhok$_{21}$ ngu$_{23}$ shy$_{23}$ vek$_3$ huoe$_{55}$ xi$_{21}$ dha$_{22}$ ghek$_4$, yao$_{33}$ mek$_4$ xhiu$_{23}$ dhu$_{22}$ tang$_{44}$ pao$_{33}$ pao$_{44}$.

- 你这个人真是一个乡巴佬,傻乎乎的,还是跟我去转一圈再说吧。

  侬 辣个 人 真是 巴子 一只, 戆噱噱, 还是 跟我 去 转一圈 再 讲哦。

  Nong$_{23}$ ghek$_1$ ghek$_{23}$ nin$_{23}$ zen$_{55}$ shy$_{21}$ ba$_{55}$ zy$_{21}$ yik$_1$ zak$_{23}$, ghang$_{22}$ xuik$_5$ xuik$_{21}$, hhe$_{22}$ sy$_{44}$ gen$_{55}$ ngu$_{21}$ qi$_{34}$ zoe$_{55}$ yik$_5$ quoe$_{21}$ ze$_{52}$ gang$_{33}$ fha$_{44}$?

- 洗洗澡,松松劲,确实有益于血脉调和,可是现在几乎家家都已经有浴缸了。

  汏汏 浴, 松松 劲, 确实 有益 血脉 调和, 不过 现在 几乎 家家 屋里 侪 已经 有 浴缸了。

  Dha$_{22}$ dha$_{44}$ yhok$_{12}$, song$_{55}$ song$_{21}$ jin$_{34}$, quik$_3$ shek$_4$ yhou$_{22}$ yik$_4$ xuik$_3$ mak$_4$ dhiao$_{22}$ whu$_{44}$, bek$_3$ gu$_{44}$ yhi$_{22}$ she$_{44}$ ji$_{55}$ hu$_{21}$ ga$_{55}$ ga$_{21}$ ok$_3$ li$_{44}$ she$_{23}$ yi$_{33}$ jin$_{44}$ yhou$_{23}$ yhok$_1$ gang$_{22}$ lek$_{23}$.

- 不一样的,在浴池里洗澡,身体泡得彻底。朋友之间,大家谈谈心,非常爽快,也是一种休闲方式。你看,还有人做按摩,旁边有健身器,现在的健身锻炼,女子健身房里还有做瘦身,都是时尚新潮呢。你怎么一点儿也不 in 的!

  两样个, 浴池里 汏浴末, 人 泡得 煞根; 朋友道里 大家 谈谈 心, 邪气 爽个, 也是 一种 休闲 方式。 侬 看, 还有 人 做按摩，旁边 有 健身器，现在 健身 锻炼，女子 健身房里 还有 做 瘦身，侪是 时尚 新潮呀。侬 哪能 一眼也 勿 in 个！
Lian$_{22}$ yhan$_{55}$ ghek$_{21}$, yhok$_1$ shy$_{22}$ li$_{23}$ dha$_{22}$ yhok$_5$ mek$_{21}$, nin$_{23}$ pao$_{33}$ dek$_4$ sak$_3$ gen$_{44}$; bhan$_{22}$ yhou$_{55}$ dhao$_{33}$ li$_{21}$ dha$_{22}$ ga$_{44}$ dhe$_{22}$ dhe$_{44}$ xin$_{52}$, xhia$_{22}$ qi$_{44}$ sang$_{33}$ ghek$_4$, hha$_{23}$ shy$_{23}$ yik$_3$ zong$_{44}$ xiu$_{55}$ hhe$_{21}$ fang$_{55}$ sek$_{21}$. Nong$_{23}$ koe$_{34}$, hhe$_{22}$ yhou$_{44}$ nin$_{23}$ zu$_{34}$ oe$_{55}$ mo$_{21}$, bhang$_{22}$ bi$_{44}$ yhou$_{23}$ jhi$_{22}$ sen$_{55}$ qi$_{21}$, xhi$_{22}$ she$_{44}$ jhi$_{22}$ sen$_{44}$ doe$_{33}$ li$_{44}$, nyu$_{22}$ zy$_{44}$ jhi$_{22}$ sen$_{55}$ fhang$_{33}$ li$_{21}$ hhe$_{22}$ yhou$_{44}$ zu$_{34}$ sou$_{33}$ sen$_{44}$, she$_{22}$ shy$_{44}$ shy$_{22}$ shang$_{44}$ xin$_{55}$ shao$_{33}$ ya$_{21}$. Nong$_{23}$ na$_{22}$ nen$_{44}$ yik$_3$ nge$_{55}$ hha$_{21}$ fhek$_{12}$ in$_{55}$ ghek$_{21}$

**替换练习**

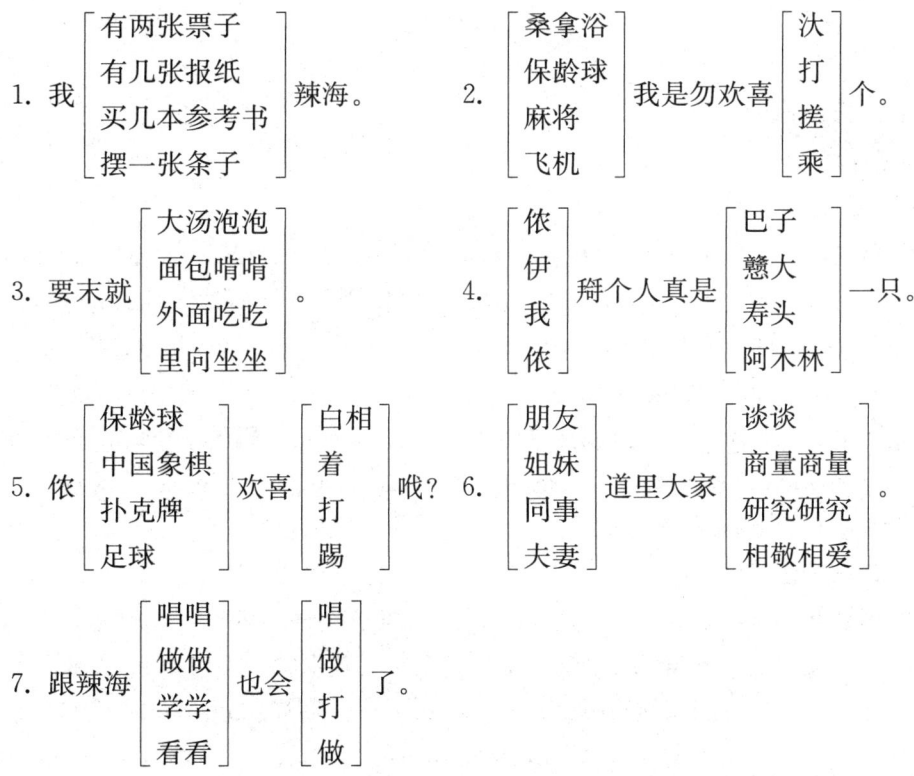

8. ［休息日脚／双休日／国庆长假／平常日脚］ 侬 ［欢喜想／要想／想要］ 啥地方 ［转转兜兜／去去／走走］？

9. 一面 ［唱／读／荡／听］ 一面 ［怀怀旧／想想问题／看看风景／跟跟唱唱］ 也好个。

10. ［浴池里汰浴／床高头看书／雨头里淋淋／乡下去走走］ 末，人 ［泡得煞根／觉着适意／弄得生病／觉着舒畅］。

## 补充词语

### 一、娱乐词语

看电视 koe₃₄ dhi₂₂ shy₄₄　听沪剧 tin₅₂ whu₂₂ jhik₄　唱京戏 cang₃₃ jin₅₅ xi₂₁　看滑稽戏 koe₃₄ whak₁ ji₂₂ xi₂₃　唱戏 cang₃₄ xi₃₄　说书 sek₃ sy₅₂　听评弹 tin₅₂ bhin₂₂ dhe₄₄　打扑克 dan₃₄ pok₃ kek₄　搓麻将 co₅₂ mo₂₂ jian₄₄ 打麻将。　着棋 zak₅ jhi₂₃ 下棋。　踢足球 tik₅ zok₃ jhiu₄₄　打篮球 dan₃₄ le₂₂ jhiu₄₄　打乒乓 dan₃₄ pin₅₅ pan₂₁　打落弹 dan₃₄ lok₁ dhe₂₃ 打桌球。　打保龄球 dan₃₄ bao₃₃ lin₅₅ jhiu₂₁　踢毽子 tik₃ ji₅₅ zy₂₁　放炮仗 fang₃₃ pao₅₅ shan₂₁ 放爆竹。　跳橡皮筋 tiao₃₄ xhian₂₂ bhi₅₅ jin₂₁　翻跟斗 fe₅₂ gen₅₅ dou₂₁ 翻筋斗。　舞狮子 whu₂₃ sy₅₅ zy₂₁　调龙灯 dhiao₂₃ long₂₂ den₄₄

### 二、其他

报纸 bao₃₃ zy₄₄　参考书 coe₅₅ kao₃₃ sy₂₁　条子 dhiao₂₂ zy₄₄　飞机 fi₅₅ ji₂₁　戆大 ghang₂₂ dhu₄₄ 傻子。　寿头 shou₂₂ dhou₄₄ 傻帽。　阿木林 ak₃ mok₅ lin₂₁ 头脑不灵巧，不入时的人。　中国象棋 zong₅₅ gok₃ xhian₃₃ jhi₂₁　商量 sang₅₅ lian₂₁　研究 ni₅₅ jiu₂₁　同事 dhong₂₂ shy₄₄　夫妻 fu₅₅ qi₂₁　相敬相爱 xian₃₃ jin₅₅ xian₃₃ e₂₁　双休日 sang₅₅ xiu₃₃ nik₅

国庆长假 gok₃ qin₄₄ shan₂₂ ka₄₄　平常日脚 bhin₂₂ shan₅₅ nik₇ jiak₂₁ 平常日子。　雨头里 yhu₂₂ dhou₅₅ li₂₁ 雨中。　淋 lin₂₃　舒畅 sy₅₅ can₂₁　乡下 xian₅₅ hho₂₁　觉着 gok₃ shak₄ 感觉到。　觉得 gok₃ dek₄　戆搭搭 ghang₂₂ dak₅ dak₂₁/戆噱噱 ghang₂₂ xuik₅ xuik₂₁/戆兮兮 ghang₂₂ xi₅₅ xi₂₁/ghang₂₂ he₅₅ he₂₁ 傻里傻气的样子。　戆脱了 ghang₂₂ tek₅ lek₂₁ 太傻了，糊涂了。常用来责备自己。如："我戆脱了，介好一个机会错过了！"　洋盘 yan₂₂ bhoe₄₄ 不内行、不识货、遇事上当的人。原来是商号混骗洋人卖价加倍，使洋人上当。"盘"与"开盘、收盘"的"盘"同义，源自算盘。"洋盘"初时又指上了"洋盘"当的洋人。　In in₅₅ 时尚、流行、另类、新潮；人时。反之，跟不上潮流，说"out"。 辣盖 lak₁ ge₂₃ 年轻人把"辣辣"和"辣海"一起改称"辣盖"。　咾 lao 可表示"公认"的语气。如："'吧'末，顾名思义是'酒吧'咾！""伊末，是先进咾。"（他，当然是先进。）

## 语法要点

### 一、话题句的特点

提出一个说话关注的主题或对话双方设定的陈述对象，然后对它进行阐述。如："桑拿浴我是勿欢喜汏个。""休息日脚侬欢喜啥地方转转？""侬保龄球欢喜白相哦？""浴池里汏浴末，人泡得煞根。"话题往往用"末"提示。汉语是话题（topic）优先的语言，而英语是主语（subject）优先的语言。上海话比普通话有更丰富的话题句，特点更鲜明。

### 二、动词重叠

因为是反复断续的动作，所以语气比较轻松悠闲。如："朋友淘里大家谈谈。""要末就大汤泡泡。""跟辣海唱唱也会唱了。""汏汏浴，松松劲。""蹲辣屋里，音乐听听，游戏打打。"

### 三、比较正规言谈的上海话与纯粹口语

在说比较文气的上海话时，常带许多书面语词汇，有的平时不用的词也可以用了。如："想想问题。""夫妻之间相敬相爱。""有些东西勿要去看。""回家去吧。"在通常口语中，"有些"、"东西"都不能说的，只能说"有眼/有点"、"物事"。不说"回家去吧"，而说："回到屋里去哦"。

# 第十七课  观 光 游 览

 黄浦江两岸

◆ **我想把上海各个旅游点都玩一遍。**
  上海 各个 旅游点 我 侪 想 去 白相一埭。
  Shang₂₂ he₄₄ gok₃ ghek₄ lyu₂₂ yhou₅₅ di₂₁ ngu₂₃ she₂₃ xian₃₄ qi₃₄ bhek₁ xian₂₂ yik₂ dha₂₃.

◇ **上海值得去玩的地方实在也是多。**
  上海 值得 去 白相个 地方 实在 也是 多。
  Shang₂₂ he₄₄ shek₁ dek₂₃ qi₃₄ bhek₁ xian₂₂ ghek₂₃ dhi₂₂ fang₄₄ shek₁ she₂₃ hha₂₂ shy₄₄ du₅₂.

◆ **我们还是先在城区转一圈,下次再去郊区,怎么样?**
  阿拉 还是 先 辣 城区 兜一圈, 下趟 再到 郊区去, 哪能?
  Ak₃ lak₄ hhe₂₂ shy₄₄ xi₅₂ lak₁₂ shen₂₂ qu₄₄ dou₅₅ yik₃ quoe₂₁, hho₂₂ tang₄₄ ze₅₅ dao₂₁ jiao₅₅ qu₃₃ qi₂₁, na₂₂ nen₄₄?

◇ **黄浦江两岸最好看。我们先去浦东,看陆家嘴中心绿地、东方明珠、上海历史陈列馆,还有世纪大道、世纪公园。**
  黄浦江 两岸 最 好看。 阿拉 先去 浦东, 看 陆家嘴 中心 绿地、 东方 明珠、 上海 历史 陈列馆, 还有 世纪大道、 世纪公园。
  Whang₂₂ pu₅₅ gang₂₁ lian₂₂ ngoe₄₄ zoe₃₄ hao₃₃ koe₄₄. Ak₃ lak₄ xi₅₅ qi₂₁

154

pu₃₃ dong₄₄, koe₃₄ lok₁ ga₂₂ zy₂₃ zong₅₅ xin₂₁ lok₁ dhi₂₃, dong₅₅ fang₂₁ min₂₂ zy₄₄, shang₂₂ he₄₄ lik₁ sy₂₃ shen₂₂ lik₅ guoe₂₁, hhe₂₂ yhou₄₄ sy₅₅ ji₃₃ dha₃₃ dhao₂₁, sy₅₅ ji₃₃ gong₃₃ yhuoe₂₁.

◆ 我还是对豫园、城隍庙、上海老街更有兴趣。

我 还是 对 豫园、 城隍庙、 上海 老街 更加 有 兴趣。
Ngu₂₃ hhe₂₂ shy₄₄ de₃₄ yhu₂₂ yhuoe₄₄, shen₂₂ whang₅₅ miao₂₁, shang₂₂ he₄₄ lao₂₂ ga₄₄ gen₃₃ ga₄₄ yhou₂₃ xin₃₃ qu₄₄.

◇ 现在有专线旅游车,我们可以选一条线路乘出去。

现在 有 专线 旅游车, 阿拉 可以 拣一条 线 乘出去。
Yhi₂₂ she₄₄ yhou₂₃ zoe₅₅ xi₂₁ lyu₂₂ yhou₅₅ co₂₁, ak₃ lak₄ ku₃₃ yi₄₄ ge₃₃ yik₅ dhiao₂₁ xi₃₄ cen₃₃ cek₅ qi₂₁.

◆ 对了! 一圈转回来,夜晚还可以看看外滩老建筑夜景,走走南京路步行街。

对个! 一圈 兜回来, 夜里 还 可以 看看 外滩 老建筑 夜景,
跑跑 南京路 步行街。
De₃₃ ghek₄! Yik₃ quoe₄₄ dou₅₅ whe₃₃ le₂₁, yha₂₂ li₄₄ hhe₂₃ ku₃₃ yi₄₄ koe₃₃ koe₄₄ nga₂₂ te₄₄ lao₂₂ ji₅₅ zok₂₁ yha₂₂ jin₄₄, bhao₂₂ bhao₄₄ noe₂₂ jin₅₅ lu₂₁ bhu₂₂ yhin₅₅ ga₂₁.

都市绿地

◆ **去上海新建的绿地玩也特有劲!**

白相 上海 新建个 绿地 也 瞎有劲!
Bhek₁ xian₂₃ shang₂₂ he₄₄ xin₅₅ ji₃₃ ghek₂₁ lok₁ dhi₂₃ hha₂₃ hak₃ yhou₅₅ jin₂₁!

◇ 今天我们去哪里?

今朝 阿拉 阿里搭 去?
Jin₅₅ zao₂₁ ak₃ lak₄ hha₂₂ li₅₅ dak₂₁ qi₃₄?

◆ 这几年里新的绿地,浦东有世纪公园、滨江大道绿地,浦西有黄兴绿地、太平桥

绿地、徐家汇公园等等，都有时代风貌，值得去看看。

辣个 几年里 新个 绿地，浦东 有 世纪公园、滨江大道 绿地，浦西 有黄兴 绿地、太平桥 绿地、徐家汇公园咾啥，侪 有 时代 风貌，值得 去 看看。

Ghek₁ ghek₂₃ ji₃₃ ni₅₅ li₂₁ xin₅₅ ghek₂₁ lok₁ dhi₂₃，pu₃₃ dong₄₄ yhou₂₃ sy₅₅ ji₃₃ gong₃₃ yhuoe₂₁，bin₅₅ gang₃₃ dha₃₃ dhao₂₁ lok₁ dhi₂₃，pu₃₃ xi₄₄ yhou₂₃ whang₂₂ xin₄₄ lok₁ dhi₂₃，ta₂₃ bhin₅₅ jhiao₂₁ lok₁ dhi₂₃，xhi₂₂ ga₅₅ we₃₃ gong₃₃ yhuoe₄₃ lao₃₃ sa₂₁，she₂₃ yhou₂₃ shy₂₂ dhe₄₄ fong₅₅ mao₂₁，shek₁ dek₂₃ qi₃₄ koe₃₃ koe₄₄.

◇ 拆除旧房子,改成绿地,闹中取静,既清洁了周围空气,又降低了市中心的气温,真是大好事。

拆脱 旧房子，改成功 绿地，闹中 取 静，既 清洁了 周围 空气，又 降低了 市中心个 气温，真是 大好事。

Cak₃ tek₄ jhiu₂₂ fhang₅₅ zy₂₁，ge₃₃ shen₅₅ gong₂₁ lok₁ dhi₂₃，nao₃₃ zong₄₄ qu₃₄ xhin₂₃，ji₅₂ qin₅₅ jik₃ lek₂₁ zou₅₅ whe₂₁ kong₅₅ qi₂₁，yhou₂₃ gang₃₃ di₅₅ lek₂₁ shy₂₂ zong₅₅ xin₃₃ ghek₂₁ qi₃₃ wen₄₄，zen₅₅ shy₂₁ dha₂₂ hao₅₅ shy₂₁.

◆ 是啊,绿地上有假山,有瀑布,有湖泊,还有田野风光,上次我跟我爱人到延中绿地一块一块的逛过去,居然用了一天。

是呀，绿地浪 有 假山，有 瀑布，有 湖泊，还有 田野风光，上趟 我 脱 我 老婆 到 延中 绿地 一块一块个 兜过去，居然 派司脱 一日天。

Shy₂₂ ya₄₄，lok₁ dhi₂₂ lang₂₃ yhou₂₃ ga₃₃ se₄₄，yhou₂₃ bhok₁ bu₂₃，yhou₂₃ whu₂₂ pak₄，hhe₂₂ yhou₄₄ dhi₂₂ yha₅₅ fong₃₃ guang₂₁，shang₂₂ tang₄₄ ngu₂₃ tek₅ ngu₂₃ lao₂₂ bhu₄₄ dao₃₄ yhi₂₂ zong₄₄ lok₁ dhi₂₃ yik₃ kue₅₅ yik₃ kue₅₅ ghek₂₁ dou₅₅ gu₃₃ qi₂₁，ju₅₅ shoe₂₁ pa₅₅ sy₃₃ tek₂₁ yik₃ nik₅ ti₂₁.

## 苏州河

◆ 苏州河是上海的母亲河,横跨市中心,弯弯曲曲,真好看。

## 第十七课　观光游览

苏州河　是　上海个　母亲河，横跨　市中心，弯弯曲曲，真　好看。

Su$_{55}$ zou$_{33}$ whu$_{21}$　shy$_{23}$　Shang$_{22}$ he$_{55}$ ghek$_{21}$　mu$_{33}$ qin$_{55}$ whu$_{21}$，whan$_{22}$ ko$_{44}$ shy$_{22}$ zong$_{55}$ xin$_{21}$，we$_{55}$ we$_{33}$ quik$_{5}$ quik$_{21}$，zen$_{52}$　hao$_{33}$ koe$_{44}$．

◇ 像巴黎的塞纳河，伦敦的泰晤士河，但是苏州河曾经污染得又黑又臭。

像　巴黎个　塞纳河，伦敦个　泰晤士河，但是　苏州河　曾经　污染得
    又　黑　又　臭。

Xhian$_{23}$　ba$_{55}$ li$_{33}$ ghek$_{21}$　sek$_{3}$ nak$_{5}$ whu$_{21}$，len$_{22}$ den$_{55}$ ghek$_{21}$ ta$_{33}$ ngu$_{55}$ shy$_{33}$ whu$_{21}$，dhe$_{22}$ shy$_{44}$　su$_{55}$ zou$_{33}$ whu$_{21}$　shen$_{22}$ jin$_{44}$　wu$_{55}$ shoe$_{33}$ dek$_{21}$ yhou$_{23}$　hek$_{5}$　yhou$_{23}$　cou$_{34}$．

◆ 前两年市政府已经花了大力气，使苏州河河水变清了。

前两年　市政府　已经　花了　大力气，使得　苏州河　河水　变　清了。

Xhi$_{22}$ lian$_{55}$ ni$_{21}$　shy$_{22}$ zen$_{55}$ fu$_{21}$　yi$_{33}$ jin$_{44}$　ho$_{33}$ lek$_{4}$　dhu$_{22}$ lik$_{5}$ qi$_{21}$，sy$_{33}$ dek$_{4}$ su$_{55}$ zou$_{33}$ whu$_{21}$　whu$_{22}$ sy$_{44}$　bi$_{34}$　qin$_{55}$ lek$_{21}$．

◇ 现在已经开始分段改造苏州河两岸。

现在　已经　开始　分段　改造　苏州河　两岸。

yhi$_{22}$ she$_{44}$　yi$_{33}$ jin$_{44}$　ke$_{55}$ sy$_{21}$　fen$_{55}$ dhoe$_{21}$　ge$_{33}$ shao$_{44}$　su$_{55}$ zou$_{33}$ whu$_{21}$ lian$_{33}$ ngoe$_{44}$．

◆ 你现在去坐四号线，可以看到苏州河两岸正改造得热气腾腾。

侬　现在　去　乘　四号线，可以　看到　苏州河　两岸　改造得
热气腾腾。

Nong$_{23}$　yhi$_{22}$ she$_{44}$　qi$_{34}$　cen$_{34}$　sy$_{33}$ hhao$_{55}$ xi$_{21}$，ku$_{33}$ yi$_{44}$　koe$_{33}$ dao$_{44}$ su$_{55}$ zou$_{33}$ whu$_{21}$　lian$_{33}$ ngoe$_{44}$　ge$_{33}$ shao$_{55}$ dek$_{21}$　nik$_{3}$ qi$_{55}$ dhen$_{33}$ dhen$_{21}$．

◇ 这样一来，过几年苏州河沿岸真要成为上海的一条亮丽的风景线了。

㑚能　一来，过几年　苏州河　沿岸　真要　成为　上海　一条　亮丽个
风景线了。

Ghek$_{1}$ nen$_{23}$　yik$_{3}$ le$_{44}$，gu$_{33}$ ji$_{55}$ ni$_{21}$　su$_{55}$ zou$_{33}$ whu$_{21}$　yhi$_{22}$ ngoe$_{44}$　zen$_{55}$ yao$_{21}$ shen$_{22}$ whe$_{44}$　shang$_{22}$ he$_{44}$　yik$_{3}$ dhiao$_{44}$　lian$_{22}$ li$_{55}$ ghek$_{21}$ fong$_{55}$ jin$_{33}$ xi$_{33}$ lek$_{21}$．

### 去市郊和周庄

◆ **有些人旅游喜欢走得远,其实上海郊区、上海周边分布着很多好玩的地方。**

有点 人 旅游 欢喜 走得 远, 其实 上海 郊区、上海 周边 分布了 交关 好白相个 地方。

Yhou$_{22}$ di$_{44}$  nin$_{23}$  lyu$_{22}$ yhou$_{44}$  huoe$_{55}$ xi$_{21}$  zou$_{33}$ dek$_4$  yhuoe$_{23}$, jhi$_{22}$ shek$_4$ shang$_{22}$ he$_{44}$  jiao$_{55}$ qu$_{21}$, shang$_{22}$ he$_{44}$  zou$_{55}$ bi$_{21}$  fen$_{55}$ bu$_{33}$ lek$_{21}$ jiao$_{55}$ gue$_{21}$  hao$_{33}$ bhek$_5$ xian$_{33}$ ghek$_{21}$  dhi$_{22}$ fang$_{44}$.

◇ **是啊,像嘉定的秋霞圃,南翔古猗园,青浦的曲水园,松江的醉白池、方塔公园。**

是啊, 像 嘉定个 秋霞圃, 南翔个 古猗园, 青浦个 曲水园, 松江个 醉白池、方塔公园。

Shy$_{22}$ a$_{44}$, xhian$_{23}$  ga$_{55}$ dhing$_{33}$ gek$_{21}$  qiu$_{55}$ yha$_{33}$ pu$_{21}$, noe$_{22}$ xhian$_{55}$ ghek$_{21}$ gu$_{33}$ jhi$_{55}$ yhuoe$_{21}$, qin$_{55}$ pu$_{33}$ ghek$_{21}$  quik$_3$ sy$_{55}$ yhuoe$_{21}$, song$_{55}$ gang$_{33}$ ghek$_{21}$ zoe$_{33}$ bhak$_5$ shy$_{21}$, fang$_{55}$ tak$_3$ gong$_{33}$ yhuoe$_{21}$.

◆ **还有佘山风景区、大观园等,现在又开发了朱家角镇,镇上历史悠久的放生桥有5个大桥洞。**

还有 佘山 风景区、大观园咥啥, 现在 又 开发了 朱家角镇, 镇高头 历史 悠久个 放生桥 有 五只 大桥洞。

Hhe$_{22}$ yhou$_{44}$  sho$_{22}$ se$_{44}$  fong$_{55}$ jin$_{33}$ qu$_{21}$, dha$_{22}$ guoe$_{55}$ yhuoe$_{33}$ lao$_{33}$ sa$_{21}$, yhi$_{22}$ she$_{44}$ yhou$_{23}$  ke$_{55}$ fak$_3$ lek$_{21}$  zy$_{55}$ ga$_{33}$ gok$_3$ zen$_{21}$, zen$_{33}$ gao$_{55}$ dhou$_{21}$  lik$_1$ sy$_{23}$ you$_{55}$ jiu$_{33}$ ghek$_{21}$  fang$_{33}$ san$_{55}$ jhiao$_{21}$  yhou$_{23}$  ng$_{22}$ zak$_3$  dhu$_{22}$ jhiao$_{55}$ dhong$_{21}$.

◇ **出了上海就在边上,还有一个中外闻名的古镇周庄。真是小桥流水人家,海外称它为"中国第一水乡"。**

出 上海 就辣 边浪向, 还有 一个 中外 闻名个 古镇 周庄。真是 小桥 流水 人家, 海外 称伊是 "中国 第一 水乡"。

Cek$_5$  shang$_{22}$ he$_{44}$  xhiu$_{22}$ lak$_5$  bi$_{55}$ lang$_{33}$ xian$_{21}$, hhe$_{22}$ yhou$_{44}$  yik$_3$ ghek$_4$ zong$_{55}$ nga$_{21}$  fhen$_{22}$ min$_{55}$ ghek$_{21}$  gu$_{33}$ zen$_{44}$  zou$_{55}$ zang$_{21}$, zen$_{55}$ shy$_{21}$

xiao₃₃ jhiao₄₄　liu₂₂ sy₄₄　nin₂₂ ga₄₄，he₃₃ nga₄₄　cen₅₅ yhi₃₃ shy₂₁　"zong₅₅ gok₂₁ dhi₂₂ yik₄　sy₃₃ xiang₄₄".

◆ 去不去？
去哦？
Qi₃₃ fha₄₄？

◇ 走！
走！
Zou₃₄！

## 替换练习

1. 上海值得去 [白相/游览/参观/兜兜] 个地方实在 [也是/交关/邪气/蛮] 多。

2. 阿拉还是先辣 [城区/郊区/市中心/浦东] [兜一圈/转一圈/走一坅/豁一转]。

3. [下趟/下次/明朝/下转] 再到郊区去，[哪能/好哦/来三哦/可以哦]？

4. 白相上海 [新建绿地/动物园/城隍庙/大观园] 也瞎 [有劲/开心/有味道/有情趣]！

5. 镇浪向有 ⎡历史悠久⎤ 个 ⎡放生桥⎤ 。
　　　　　　⎢横七竖八⎥　 ⎢小河浜⎥
　　　　　　⎢宋朝建造⎥　 ⎢小宝塔⎥
　　　　　　⎣行情行事⎦　 ⎣小商品⎦

6. ⎡苏州河⎤ 是 ⎡上海⎤ 个 ⎡母亲河⎤ 。
　 ⎢长城⎥　 ⎢中国⎥　 ⎢骄傲⎥
　 ⎢熊猫⎥　 ⎢中国⎥　 ⎢国宝⎥
　 ⎣上海环球金融中心⎦ ⎣上海现在⎦ ⎣最高建筑⎦

7. ⎡现在⎤ 又 ⎡开发⎤ 好 ⎡朱家角镇⎤ 了 。
　 ⎢前两年⎥　 ⎢造⎥　　 ⎢八万人体育场⎥
　 ⎢去年⎥　　 ⎢重修⎥　 ⎢静安寺⎥
　 ⎣辣两年⎦　 ⎣开放⎦　 ⎣交关旅游点⎦

8. ⎡绿地浪⎤ 有 ⎡假山⎤ ，有 ⎡湖泊⎤ ，还有 ⎡田野风光⎤ 。
　 ⎢公园里⎥　 ⎢玫瑰花⎥　 ⎢牡丹花⎥　 ⎢石榴花⎥
　 ⎢上海⎥　　 ⎢"一大"会址⎥ ⎢宋庆龄墓⎥ ⎢交关名人故居⎥
　 ⎣上海⎦　　 ⎣佘山⎦　　 ⎣淀山湖⎦　 ⎣交关名胜古迹⎦

9. 有点人 ⎡旅游⎤ 欢喜 ⎡走得远⎤ 。
　　　　 ⎢休闲⎥　　 ⎢静悠悠⎥
　　　　 ⎢工作⎥　　 ⎢拼命⎥
　　　　 ⎣白相⎦　　 ⎣尽兴⎦

10. 还有 ⎡佘山风景区⎤ 、⎡大观园⎤ 咾啥。
　　　　 ⎢拖线板⎥　　 ⎢麦克风⎥
　　　　 ⎢书报杂志⎥　 ⎢拍纸簿⎥
　　　　 ⎣现在吃个⎦　 ⎣从前用个⎦

## 第十七课　观光游览

**补充词语**

**一、外来词**

在19世纪末20世纪初从上海引进了大量外来词,下面略作举例:

**派司** pa$_{55}$ sy$_{21}$(pass)出入证;通过。　**沙发** so$_{55}$ fak$_{21}$(sofa)　**司必灵锁** sy$_{33}$ bik$_5$ lin$_{21}$ su$_{34}$(spring)弹簧锁。　**克罗米** kek$_3$ lu$_{55}$ mi$_{21}$(chrominm)涂铬。　**马赛克** mo$_{22}$ se$_{55}$ kek$_{21}$(mosaic)一种小方块镶嵌砖,可铺地或做外墙。　**色拉** sek$_3$ lak$_4$(salad)　**土司** tu$_{55}$ sy$_{21}$(toast)涂有肉糜的烤面包片。　**布丁** bu$_{33}$ din$_{44}$(budding)西餐点心,奶油、鸡蛋、水果等制成。　**咖喱** ga$_{33}$ lak$_{21}$/ga$_{55}$ li$_{21}$(curry)　**白兰地** bhak$_1$ le$_{22}$ dhi$_{23}$(brangdy)　**酒吧** jiu$_{33}$ ba$_{44}$(bar)　**阿司匹林** a$_{55}$ sy$_{33}$ pik$_3$ lin$_{21}$(aspirin)　**开司米** ke$_{55}$ sy$_{33}$ mi$_{21}$(cashmere)羊绒制成的细毛线。　**麦克风** mek$_1$ kek$_2$ fong$_{23}$(microphone)　**倍司** bhe$_{25}$ sy$_{21}$(bash)低音。　**朴落** pok$_3$ lok$_4$(plug)电器插座。　**回丝** whe$_{22}$ sy$_{44}$(waste)废棉纱头。　**大拉斯** dha$_{22}$ lak$_{21}$ sy$_{21}$(dollars)元、银圆、钱。　**卡车** ka$_{33}$ co$_{44}$(car)载货汽车。　**吉普卡** jik$_3$ bhu$_{55}$ ka$_{21}$(jeep car)吉普车　**拍纸簿** pak$_3$ zy$_{55}$ bhu$_{21}$(pad)

**二、旅游点名词**

**城隍庙** Shen$_{22}$ whang$_{55}$ miao$_{21}$　**东方明珠** Dong$_{55}$ fang$_{21}$ min$_{22}$ zy$_{44}$　**上海博物馆** Shang$_{22}$ he$_{44}$ bok$_3$ fhek$_5$ guoe$_{21}$　**上海自然博物馆** Shang$_{22}$ he$_{44}$ shy$_{22}$ shoe$_{44}$ bok$_3$ fhek$_5$ guoe$_{21}$　**上海历史陈列馆** Shang$_{22}$ he$_{44}$ lik$_1$ sy$_{23}$ shen$_{22}$ lik$_{55}$ guoe$_{21}$　**长风公园** Shan$_{22}$ fong$_{55}$ gong$_{33}$ yhuoe$_{21}$　**世纪公园** Sy$_{55}$ ji$_{21}$ gong$_{55}$ yhuoe$_{21}$　**上海科技馆** Shang$_{22}$ he$_{44}$ ku$_{55}$ jhi$_{33}$ guoe$_{21}$　**上海动物园** shang$_{22}$ he$_{44}$ dhong$_{22}$ fhek$_5$ yhuoe$_{21}$　**上海植物园** shang$_{22}$ he$_{44}$ shek$_1$ fhek$_2$ yhuoe$_{23}$　**上海野生动物园** shang$_{22}$ he$_{44}$ yha$_{22}$ sen$_{44}$ dhong$_{22}$ fhek$_5$ yhuoe$_{21}$　**共青森林公园** ghong$_{22}$ qin$_{44}$ sen$_{55}$ lin$_{33}$ gong$_{33}$ yhuoe$_{21}$　**金茂大厦** jin$_{55}$ mon$_{33}$ dha$_{33}$ xia$_{21}$　**龙华寺** long$_{22}$ ho$_{55}$ shy$_{21}$　**静安寺** xhin$_{22}$ oe$_{55}$ shy$_{21}$　**玉佛寺** niok$_1$ fhek$_2$ shy$_{23}$　**徐家汇天主教堂** xhi$_{22}$ ga$_{55}$ whe$_{21}$ ti$_{55}$ zy$_{33}$ jiao$_{33}$ dhang$_{21}$

**三、其他**

**游览** yhou$_{22}$ le$_{44}$　**参观** coe$_{55}$ guoe$_{21}$　**豁一转** huak$_3$ yik$_5$ zoe$_{21}$ 逛一圈。　**走一坎** zou$_{33}$ yik$_5$ dha$_{21}$ 走一趟。　**下转** hho$_{22}$ zoe$_{44}$ 下次。　**情趣** xhin$_{22}$ qu$_{44}$　**小河浜**

161

xiao₃₃ whu₅₅ ban₂₁　小宝塔 xiao₃₃ bao₅₅ tak₂₁　小商品 xiao₃₃ sang₅₅ pin₂₁　横七竖八 whan₂₂ qik₅ shy₃₃ ba₂₁ 横的竖的推在一块,杂乱貌。　行情行事 hhang₂₂ xhin₅₅ hhang₃₃ shy₂₁ 许许多多。　宋朝 song₃₃ shao₄₄　建造 ji₃₃ shao₄₄　骄傲 jiao₅₅ ngao₂₁　国宝 gok₃ bao₄₄　重修 shong₂₂ xiu₄₄　旅游点 lyu₂₂ yhou₅₅ di₂₁　玫瑰花 me₂₂ gue₅₅ ho₂₁　牡丹花 mao₂₂ de₅₅ ho₂₁　石榴花 shak₁ liu₂₂ ho₂₃　淀山湖 dhi₂₂ se₅₅ whu₂₁　静悠悠 xhin₂₂ you₅₅ you₂₁　拼命 pin₅₂ min₂₃　尽兴 xhin₂₃ xin₃₄　拖线板 tu₅₅ xi₂₃ be₂₁ 带电线的插座板。　书报 sy₅₅ bao₂₁　杂志 shak₁ zy₂₃

## 语法要点

存现句:①"有 yhou₂₃"、"辣辣 lak₁ lak₃"、"是 shy₂₃"的转换。"有"字句:"镇浪向有历史悠久个放生桥。""是"字句:"镇浪向是历史悠久个放生桥。""辣辣"句:"历史悠久个放生桥辣辣镇浪向。"②"方位结构＋动词＋名词"。上海话的存现句动词后用"了"。如:"上海周边分布了交关好白相个地方。""台子高头摆了一本书。"有的可用"辣海",如:"院子里种辣海交关石榴树。"

# 第十八课 习俗民风

 婚嫁人情

◆ **老同学要结婚了,我去买点礼物。**

老同学 要 结婚了, 我 去 买眼 礼物。

Lao$_{22}$ dhong$_{55}$ hhok$_{21}$ yao$_{34}$ jik$_3$ hun$_{55}$ lek$_{21}$, ngu$_{23}$ qi$_{34}$ ma$_{22}$ nge$_{44}$ li$_{22}$ fhek$_4$.

◇ **上海还是讲究送人情的,有些人结婚,酒席场面很大。**

上海 还是 讲 送 人情个, 有点人 结婚, 酒水 场面 老 大。

Shang$_{22}$ he$_{44}$ hhe$_{22}$ shy$_{44}$ gang$_{34}$ song$_{34}$ nin$_{22}$ xhin$_{55}$ ghek$_{21}$, yhou$_{22}$ di$_{55}$ nin$_{21}$ jik$_3$ hun$_{44}$, jiu$_{33}$ sy$_{44}$ shan$_{22}$ mi$_{44}$ lao$_{23}$ dhu$_{23}$.

◆ **新郎新娘先发请帖,对较亲热的朋友在请帖上还贴有新郎新娘的合影。**

新郎 新娘 先 发 请帖, 对 要好个 朋友 请帖浪 还 贴 新郎 新娘 合影。

Xin$_{55}$ lang$_{21}$ xin$_{55}$ nian$_{21}$ xi$_{52}$ fak$_5$ qin$_{33}$ tik$_4$, de$_{34}$ yao$_{33}$ hao$_{55}$ ghek$_{21}$ bhan$_{22}$ yhou$_{44}$ qin$_{33}$ tik$_5$ lang$_{21}$ hhe$_{23}$ tik$_5$ xin$_{55}$ lang$_{21}$ xin$_{55}$ nian$_{21}$ hhek$_1$ yin$_{23}$.

◇ **喜酒一般订在大饭店大宾馆,洞房是宾馆免费提供的。老同学还是要去闹一闹的。**

喜酒 一般 订辣 大饭店 大宾馆, 洞房 是 宾馆 免费 提供个。

老同学 还是 要 去 闹一闹个。
Xi₃₃jiu₄₄ yik₃be₄₄ din₃₃lak₄ dhu₂₂fhe₅₅di₂₁ dhu₂₂bin₅₅guoe₂₁, dhong₂₂fhang₄₄ shy₂₃ bin₅₅guoe₂₁ mi₂₂fi₄₄ dhi₂₂gong₅₅ghek₂₁. Lao₂₂dhong₅₅hhok₂₁ hhe₂₂shy₄₄ yao₃₄ qi₃₄ nao₂₂yik₅nao₃₃ghek₂₁.

◆ 新郎那边有伴郎, 新娘那边有伴娘。

新郎一面 有 伴郎, 新娘一面 有 伴娘。
Xin₅₅lang₃₃yik₃mi₂₁ yhou₂₃ bhoe₂₂lang₄₄, xin₅₅nian₃₃ yik₃mi₂₁ yhou₂₃ bhoe₂₂nian₄₄.

◇ 结婚仪式开始时,双方父母要讲话,证婚人致祝贺词,双方互赠戒指。我老同学的证婚人是他的博士生导师。

结婚 仪式 开始, 双方 爷娘 要 讲话, 证婚人 致 祝贺词, 双方 互送 戒指。 阿拉 老同学个 证婚人 是 伊个 博士生 导师。
Jik₃hun₄₄ ni₂₂sek₄ ke₅₅sy₂₁, sang₅₅fang₂₁ yha₂₂nian₄₄ yao₃₄ gang₃₄ hho₂₃, zen₃₃hun₅₅nin₂₁ zy₃₄ zok₃whu₅₅shy₂₁, sang₅₅fang₂₁ ngu₂₂song₄₄ ga₃₃zy₄₄. Ak₃lak₄ lao₂₂dhong₅₅hhok₃ghek₂₁ zen₃₃hun₅₅nin₂₁ shy₂₃ yhi₂₂ghek₄ bok₃shy₅₅san₂₁ dhao₂₂sy₄₄.

◆ 据说新婚房里还放了红枣、花生、桂圆和瓜子,讨个吉利叫"早生贵子"。

据说 新婚房里 还 摆 红枣咾、 花生咾、 桂圆 脱仔 瓜子, 讨个 吉利 叫"早生 贵子"。
Ju₅₅sek₂₁ xin₅₅hun₃₃fhang₃₃li₂₁ hhe₂₃ ba₃₄ hhong₂₂zao₅₅lao₂₁, ho₅₅sen₃₃lao₂₁, gue₃₃yhuoe₄₄ tek₃zy₄₄ go₅₅zy₂₁, tao₃₃ghek₄ jik₃li₄₄ jiao₃₄ 'zao₃₃sen₄₄ gue₃₃zy₄₄'.

◇ 现在上海年轻人结婚,新俗跟旧俗相结合,各取所长。

现在 上海 年轻人 结婚是, 新俗 脱 旧俗 相 结合, 各取 所长。
Yhi₂₂she₄₄ shang₂₂he₄₄ ni₂₂qin₅₅nin₂₁ jik₃hun₅₅shy₂₁, xin₅₅shok₂₁ tek₅ jhiu₂₂shok₃₃ xian₅₂ jik₃hhek₄, gok₃qu₄₄ su₅₂ shan₂₃.

◆ 除了亲戚,我的同学还请来了他的上司、同事,还有小学同学、中学同学、大学同学、研究生师兄师妹等等。可想而知,热闹得不得了了!

除脱仔 亲眷, 我个 同学 还 请来了 上司、同事, 还有 小学 同

第十八课 习俗民风

学、中学 同学、大学 同学、研究生 师兄 师妹啥啥。可想而知要 闹猛得 一塌糊涂了！

Shy$_{22}$ tek$_5$ zy$_{21}$ qin$_{55}$ juoe$_{21}$, ngu$_{22}$ ghek$_4$ dhong$_{22}$ hhok$_4$ hhe$_{23}$ qin$_{33}$ le$_{55}$ lek$_{21}$ shang$_{22}$ sy$_{44}$, dhong$_{22}$ shy$_{44}$, hhe$_{22}$ yhou$_{44}$ xiao$_{33}$ hhok$_4$ dhong$_{22}$ hhok$_4$, zong$_{55}$ hhok$_{21}$ dhong$_{22}$ hhok$_4$, dha$_{22}$ hhok$_4$ dhong$_{22}$ hhok$_4$, ni$_{55}$ jiu$_{33}$ san$_{21}$ sy$_{55}$ xiong$_{21}$ sy$_{55}$ me$_{33}$ lao$_{33}$ sa$_{21}$. Ku$_{33}$ xian$_{55}$ hher$_{33}$ zy$_{21}$ yao$_{34}$ nao$_{22}$ man$_{55}$ dek$_{21}$ yik$_3$ tak$_5$ whu$_{33}$ dhu$_{33}$ lek$_{21}$！

**海派情结**

◆ 现在人人都在说，上海文化是海派文化代表。什么是"海派"？

现在 人人 侪辣 讲，上海 文化 是 海派 文化 代表。啥 叫 "海派"？

Yhi$_{22}$ she$_{44}$ nin$_{22}$ nin$_{44}$ she$_{22}$ lak$_4$ gang$_{34}$, shang$_{22}$ he$_{44}$ fhen$_{22}$ ho$_{44}$ shy$_{23}$ he$_{33}$ pa$_{44}$ fhen$_{22}$ ho$_{44}$ dhe$_{22}$ biao$_{44}$. Sa$_{34}$ jiao$_{34}$ 'he$_{33}$ pa$_{44}$'？

◇ 海派就是海纳百川，中西融合，兼收并蓄，宽容进取创新。既是文化形态，又是生活方式。

海派 就是 海纳 百川，中西 融合，兼收 并蓄，宽容 进取 创新。既是 文化 形态，又 是 生活 方式。

He$_{33}$ pa$_{44}$ xhiu$_{22}$ shy$_{44}$ he$_{33}$ nak$_4$ bak$_5$ coe$_{44}$, zong$_{55}$ xi$_{21}$ yhong$_{22}$ hhek$_4$, ji$_{55}$ sou$_{21}$ bhin$_{22}$ xuik$_4$, kuoe$_{55}$ yhong$_{21}$ jin$_{33}$ qu$_{44}$ cang$_{33}$ xin$_{44}$. Ji$_{55}$ shy$_{21}$ fhen$_{22}$ ho$_{44}$ yhin$_{22}$ te$_{44}$, yhou$_{23}$ shy$_{23}$ sen$_{55}$ whek$_{21}$ fang$_{55}$ sek$_{21}$.

◆ 你倒举两个例子来听听。

侬 倒 举两只 例子 来 听听。

Nong$_{23}$ dao$_{34}$ ju$_{33}$ lian$_{55}$ zak$_{21}$ li$_{22}$ zy$_{44}$ le$_{23}$ tin$_{55}$ tin$_{21}$.

◇ 比如现在大家都有怀旧情结，怀念二三十年代的都市文化，当时上海是世界金融中心，无论建筑、商业、出版、娱乐、夜生活，还是小市民的弄堂生活，都有上海自己的特色。

165

譬如 现在 大家 侪 有 怀旧 情结，怀念 二三十年代个 都市 文化，当时 上海 是 世界 金融 中心，无论 建筑、商业、出版、娱乐、夜生活，还是 小市民个 弄堂生活，侪 有 上海 自家个 特色。

Pi₃₃ shy₄₄ yhi₂₂ she₄₄ dha₂₂ ga₄₄ she₂₃ yhou₂₃ wha₂₂ jhiu₄₄ xhin₂₂ jik₄, wha₂₂ ni₄₄ ni₂₂ se₅₅ sek₃ ni₃₃ dhe₃₃ ghek₂₁ du₅₅ shy₂₁ fhen₂₂ ho₄₄, dang₅₅ shy₂₁ shang₂₂ he₄₄ shy₂₃ sy₅₅ ga₂₁ jin₅₅ yhong₂₁ zong₅₅ xin₂₁, whu₂₂ len₄₄ ji₃₃ zok₄, sang₅₅ nik₂₁, cek₃ be₄₄, nyu₂₂ lok₄, yha₂₂ sen₅₅ whek₂₁, hhe₂₂ shy₄₄ xiao₃₃ shy₅₅ min₃₃ ghek₂₁ long₂₂ dhang₅₅ sen₃₃ whek₂₁, she₂₃ yhou₂₃ shang₂₂ he₄₄ shy₂₂ ga₅₅ ghek₂₁ dhek₁ sek₂₃.

◆ 我知道了，还有国画、京剧、流行歌曲，都是一流的。

我 晓得了，还有 国画、京戏、流行歌曲，侪是 一流个。

Ngu₂₃ xiao₃₃ dek₅ lek₂₁, e₅₅ yhou₂₁ gok₃ hho₄₄, jin₅₅ xi₂₁, liu₂₂ yhin₅₅ gu₃₃ quik₂₁, she₂₂ shy₄₄ yik₃ liu₅₅ ghek₂₁.

◇ 当今上海人正在重建新上海，海派文化一定会注入新的活力，发扬光大，上海人人人都充满信心。

当今 上海人 正 辣辣 重建 新上海，海派 文化 一定 会 注入 新个 活力 发扬 光大，上海人 人人 侪 充满 信心。

Dang₅₅ jin₂₁ shang₂₂ he₅₅ nin₂₁ zen₅₂ lak₃ lak₄ shong₂₂ ji₄₄ xin₅₅ shang₃₃ he₂₁, he₃₃ pa₄₄ fhen₂₂ ho₄₄ yik₃ dhin₄₄ whe₂₃ zy₃₃ shek₄ xin₅₅ ghek₂₁ whek₁ lik₂₃ fak₃ yhan₄₄ guang₅₅ dha₂₁, shang₂₂ he₅₅ nin₂₁ nin₂₂ nin₄₄ she₂₃ cong₅₅ moe₂₁ xin₃₃ xin₄₄.

 **禁忌委婉和戏谑**

◆ 各地都有禁忌语、委婉语，上海有点什么？

各地 侪有 禁忌语 委婉语，上海 有点 啥？

Gok₃ dhi₄₄ she₂₂ yhou₄₄ jin₃₃ jhi₅₅ nyu₂₁ we₃₃ woe₅₅ nyu₂₁, shang₂₂ he₄₄ yhou₂₂ di₄₄　sa₃₄ ?

◇ 比如从前上海话里,因为"鹅"跟"我"同音,就不说"鹅",而称它"白乌龟"。"送钟"和"送终" 同音,朋友之间,还有对老年人送礼就不能送钟。有的人对"乌龟"、"绿帽子"都有忌讳。经过都市文明洗刷,上海人不再迷信,禁忌语在上海就慢慢地淘汰了。

譬如　从前　上海话里,　因为　"鹅"　脱　"我"　同音,　就　勿叫　"鹅",　叫伊　"白乌龟"。"送钟"　脱仔　"送终"　同音,　朋友道里,　还有　对　老年人　送　礼　就　勿好　送钟。有个　人　对　"乌龟"、"绿帽子"　侪　有　忌讳。经过　都市　文明　洗刷,　上海人　勿再　迷信,　禁忌语　辣　上海　就　慢慢　淘汰了。

Pi₃₃ shy₄₄　shong₂₂ xhi₄₄　shang₂₂ he₅₅ hho₃₃ li₂₁,　yin₅₅ whe₂₁　'ngu₂₃' tek₅ 'ngu₂₃' dhong₂₂ yin₄₄,　xhiu₂₃　fhek₁ jiao₂₃　'ngu₂₃',　jiao₂₃ yhi₄₄ 'bhak₁ wu₂₂ ju₂₃'.　'song₃₃ zong₄₄'　tek₃ zy₄₄　'song₃₃ zong₄₄'　dhong₂₂ yin₄₄,　bhan₂₂ yhou₅₅ dhao₃₃ li₂₁,　hhe₂₂ yhou₄₄ de₃₄ lao₂₂ ni₅₅ nin₂₁ song₃₄ li₂₃ xhiu₂₃　fhek₁ hao₂₂　song₃₃ zong₄₄.　Yhou₂₂ ghek₄　nin₂₃ de₃₄　'wu₅₅ ju₂₁', 'lok₁ mao₂₂ zy₂₃'　she₂₃　yhou₂₃　jhi₂₂ whe₄₄.　Jin₅₅ gu₂₁　du₅₅ shy₂₁ fhen₂₂ min₄₄　xi₃₃ sek₃,　shang₂₂ he₅₅ nin₂₁　fhek₁ ze₂₃　mi₂₂ xin₄₄,　jin₃₃ jhi₅₅ nyu₂₁　lak₁₂　shang₂₂ he₄₄　xhiu₂₃　me₂₂ me₄₄　dhao₂₂ ta₅₅ lek₂₁.

◆ 可是现在委婉语好像并没有淘汰。

不过,　现在　委婉语　好像　并　呒没　淘汰。

Bek₃ gu₄₄,　yhi₂₂ she₄₄　we₃₃ woe₅₅ nyu₂₁　hao₃₃ xhian₄₄　bhin₂₃　m₂₂ mek₄ dhao₂₂ te₄₄.

◇ 是的,因为讲委婉语是为了文雅、礼貌,不触及对方痛处。像"死"改讲"过世"、"没有了"、"去了";"生病"讲"勿舒服";"撒尿"讲"方便";"月经"叫"老朋友"。上海还有许多开玩笑讲个戏谑语,像叫人"四眼"、"长脚鹭鸶"、"矮萝卜头"、"烦老太婆"、"大块头、呒清头"、"排门板"、"柏油桶";还有嘲笑把离婚当儿戏的人,讲"祝侬再接(结)再厉(离)!"

是个,　因为　讲　委婉语　是　为了　文雅、礼貌,　勿触及　对方　痛处。　像　"死脱"　改讲　"过世"、"呒没了"、"走了";"生病"　讲

"勿适意";"拆尿"讲"方便";"月经"叫"老朋友"。上海还有交关开玩笑讲个戏谑语,像叫人"四眼"、"长脚鹭鸶"、"矮萝卜头"、"烦老太婆"、"大块头、吭清头"、"排门板"、"柏油桶";还有嘲笑拿离婚当儿戏个人,讲"祝侬再接(结)再厉(离)!"

Shy$_{22}$ ghek$_4$, yin$_{55}$ whe$_{21}$ gang$_{34}$ we$_{33}$ woe$_{55}$ nyu$_{21}$ shy$_{23}$ whe$_{22}$ lek$_4$ fhen$_{22}$ ya$_{44}$, li$_{22}$ mao$_{44}$, vek$_3$ cok$_5$ jhik$_{21}$ de$_{33}$ fang$_{44}$ tong$_{33}$ cy$_{44}$. Xhian$_{23}$ 'xi$_{33}$ tek$_4$' ge$_{33}$ gang$_{44}$ 'gu$_{33}$ sy$_{44}$', 'm$_{22}$ mek$_{55}$ lek$_{21}$', 'zou$_{33}$ lek$_4$'; 'san$_{52}$ bhin$_{23}$' gang$_{34}$ 'vek$_3$ sek$_5$ yi$_{21}$'; 'cak$_3$ sy$_{44}$' gang$_{34}$ 'fang$_{55}$ bhi$_{21}$'; 'yhuik$_1$ jin$_{23}$' jiao$_{34}$ 'lao$_{22}$ bhan$_{55}$ yhou$_{21}$'. Shang$_{22}$ he$_{44}$ hhe$_{22}$ yhou$_{44}$ jiao$_{55}$ gue$_{21}$ ke$_{52}$ whoe$_{22}$ xiao$_{44}$ gang$_{33}$ ghek$_4$ xi$_{33}$ xik$_5$ nyu$_{21}$, xhian$_{23}$ jiao$_{33}$ nin$_{44}$ 'sy$_{33}$ nge$_{44}$', 'shan$_{22}$ jiak$_5$ lu$_{33}$ sy$_{21}$', 'a$_{33}$ lao$_{55}$ bhok$_3$ dhou$_{21}$', 'fhe$_{22}$ lao$_{55}$ ta$_{33}$ bhu$_{21}$', 'dhu$_{22}$ kue$_{55}$ dhou$_{21}$, m$_{22}$ qin$_{55}$ dhou$_{21}$', 'bha$_{22}$ men$_{55}$ be$_{21}$', 'bak$_3$ yhou$_{55}$ dhong$_{21}$'; hhe$_{22}$ yhou$_{44}$ shao$_{22}$ xiao$_{44}$ ne$_{52}$ li$_{22}$ hun$_{44}$ dang$_{34}$ hher$_{22}$ xi$_{55}$ ghek$_{21}$ nin$_{23}$, gang$_{34}$ 'zok$_3$ nong$_{44}$ ze$_{52}$ jik$_5$ ze$_{52}$ li$_{23}$'.

## 上海方言特色

◆ 大上海,方言的气派也大,表现了上海人的丰富想象力以及中西交汇、五方博采的吸收力。

大上海, 方言个 气派 也 大, 表现了 上海人个 丰富 想象力 脱仔 中西 交汇、五方 博采个 吸收力。

Dha$_{22}$ shang$_{55}$ he$_{21}$, fang$_{55}$ yhi$_{33}$ ghek$_{21}$ qi$_{33}$ pa$_{44}$ hha$_{23}$ dhu$_{23}$, biao$_{33}$ yhi$_{55}$ lek$_{21}$ shang$_{22}$ he$_{55}$ nin$_{33}$ ghek$_{21}$ fong$_{55}$ fu$_{21}$ xian$_{33}$ xhian$_{55}$ lik$_{21}$ tek$_3$ zy$_{44}$ zong$_{55}$ xi$_{21}$ jiao$_{55}$ whe$_{21}$, ng$_{22}$ fang$_{44}$ bok$_3$ ce$_{55}$ ghek$_{21}$ xik$_3$ sou$_{55}$ lik$_{21}$.

◇ 我记得上海有一种人,叫他"老克拉",是从"carat"、"colour"和"classics"当中化出来的名词。这种人够 in 的,精通上海的时尚和社会,追潮恰如其分,魅力独特。而对于身无分文的人,称他是"瘪的生司"的"瘪三"!傻得很的人叫他"阿木林"、"洋盘"。

我 记得 上海 有 一种 人，叫伊 "老克拉"，是 从 "carat"、"colour" 脱仔 "classics" 当中 化出来个 名词。辣种 人 老 "懂经"个，精通 上海个 时尚 脱仔 社会，追 潮 恰如其分，魅力 独特。而 对于 身无 分文个 人，叫伊 是 "瘪的生司"个 "瘪三"！戆来死个 人 叫伊 "阿木林"、"洋盘"。

Ngu$_{23}$ ji$_{33}$ dek$_4$ shang$_{22}$ he$_{44}$ yhou$_{23}$ yik$_3$ zong$_{44}$ nin$_{23}$，jiao$_{33}$ yhi$_{44}$ 'lao$_{22}$ kek$_5$ lak$_{21}$'，shy$_{23}$ shong$_{23}$ 'carat'，'colour' tek$_3$ zy$_{44}$ 'classics' dang$_{55}$ zong$_{21}$ ho$_{33}$ cek$_4$ le$_{33}$ ghek$_{21}$ min$_{22}$ shy$_{44}$. Ghek$_1$ zong$_{23}$ nin$_{23}$ lao$_{23}$ 'dong$_{33}$ jin$_{55}$' ghek$_{21}$，jin$_{55}$ tong$_{21}$ shang$_{22}$ he$_{55}$ ghek$_{21}$ shy$_{22}$ shang$_{44}$ tek$_3$ zy$_{44}$ sho$_{22}$ whe$_{44}$，zoe$_{52}$ shao$_{23}$ qiak$_3$ shy$_{55}$ jhi$_{21}$ fhen$_{23}$，me$_{22}$ lik$_4$ dhok$_1$ dhek$_{23}$. Hher$_{23}$ de$_{33}$ yhu$_{44}$ sen$_{55}$ whu$_{21}$ fen$_{52}$ fhen$_{22}$ gek$_4$ nin$_{23}$，jiao$_{33}$ yhi$_{44}$ shy$_{23}$ 'bik$_3$ dik$_5$ sen$_{33}$ sy$_{33}$' ghek$_{21}$ 'bik$_3$ se$_{44}$'！ghang$_{22}$ le$_{55}$ xi$_{33}$ ghek$_{21}$ nin$_{23}$ jiao$_{33}$ yhi$_{44}$ 'ak$_3$ mok$_5$ lin$_{21}$'、'yhan$_{22}$ bhoe$_{44}$'.

◆ 是啊，上海是个商业城市，就连说话中都侪带商业气息，比如各不相让地谈条件，称"讲斤头"；表示"不能答应"，称"勿是生意经"；说人家耳背或者架子大，称他"耳朵打八折"。连人的外貌都称"卖相"。

是啊，上海 是个 商业 城市，就 连 闲话当中 侪 带 商业 气 息，譬如 各勿 相 让个 讲 条件，叫 "讲斤头"；表示 "勿能 答应"，叫 "勿是 生意经"；讲 人家 耳 背 或者 架子 大，称 "耳朵 打 八折"。连 人个 外貌 也 叫 "卖相"。

Shy$_{22}$ a$_{44}$，shang$_{22}$ he$_{44}$ shy$_{22}$ ghek$_4$ sang$_{55}$ nik$_{21}$ shen$_{22}$ shy$_{44}$，jhiu$_{23}$ li$_{23}$ hhe$_{22}$ hho$_{55}$ dang$_{33}$ zong$_{21}$ she$_{23}$ da$_{34}$ shang$_{55}$ nik$_{21}$ qi$_{33}$ xik$_4$，pi$_{33}$ shy$_{44}$ gok$_3$ fhek$_4$ xian$_{52}$ nian$_{22}$ ghek$_{44}$ gang$_{34}$ dhiao$_{22}$ jhi$_{44}$，jiao$_{34}$ 'gang$_{33}$ jin$_{55}$ dhou$_{21}$'；biao$_{33}$ shy$_{44}$ 'fhek$_1$ nen$_{23}$ dak$_3$ yin$_{44}$'，jiao$_{34}$ 'fhek$_1$ shy$_{23}$ san$_{55}$ yi$_{33}$ jin$_{21}$'；gang$_{34}$ nin$_{22}$ ga$_{44}$ hher$_{23}$ be$_{34}$ hhok$_1$ ze$_{23}$ ga$_{33}$ zy$_{44}$ dhu$_{23}$，cen$_{52}$ 'ni$_{22}$ du$_{44}$ dan$_{34}$ bak$_3$ zek$_4$'. Li$_{23}$ nin$_{22}$ ghek$_4$ nga$_{22}$ mao$_{44}$ hha$_{23}$ jiao$_{34}$ 'ma$_{22}$ xian$_{44}$'.

◇ 上海还有很多很多惯用语，像"收骨头"啊、"牵头皮"啊、"戳壁脚"、"插外快"、

169

"打　回票",等等。刚开张叫"新开豆腐店",揭穿真相叫"拆穿西洋镜",对别人表示讨厌回绝,反而说"谢谢侬一家门",所以你别搞错了。

上海　还有　行情行事个　惯用语,　像　"收　骨头"咾、"牵　头皮"咾、"戳壁脚"、"插　外快"、"打　回票"咾啥。刚　开张　叫"新开　豆腐店",　揭穿　真相　叫　"拆穿　西洋镜",对　别人　表示　讨厌　回绝　反而　讲　"谢谢　侬　一家门",　所以　侬　勿要　搞错脱。

Shang$_{22}$ he$_{44}$　hhe$_{22}$ yhou$_{44}$　hhang$_{22}$ xhin$_{55}$ hhang$_{33}$ shy$_{33}$ ghek$_{21}$　gue$_{33}$ yhong$_{55}$ nyu$_{21}$,　xhian$_{23}$ 'sou$_{52}$　guek$_3$ dhou$_{55}$ 'lao$_{21}$,　'qi$_{52}$　dhou$_{22}$ bhi$_{55}$ 'lao$_{21}$,　'cok$_5$ bik$_5$ jiak$_{21}$',　'cak$_5$　nga$_{22}$ kua$_{44}$',　'dan$_{34}$　whe$_{22}$ piao$_{55}$ 'lao$_{33}$ sa$_{21}$.　Gang$_{52}$　ke$_{55}$ zan$_{21}$　jiao$_{34}$　'xin$_{55}$ ke$_{21}$　dhou$_{22}$ whu$_{55}$ di$_{21}$',　jik$_3$ coe$_{44}$　zen$_{55}$ xian$_{21}$　jiao$_{34}$　'cak$_5$ coe$_{44}$　xi$_{55}$ yhan$_{33}$ jin$_{21}$',　de$_{34}$　bhik$_1$ nin$_{23}$　biao$_{33}$ shy$_{44}$　tao$_{33}$ yi$_{44}$　whe$_{22}$ xhik$_4$　fe$_{33}$ hher$_{44}$　gang$_{34}$　'xhia$_{22}$ xhia$_{55}$ na$_{21}$　yik$_3$ ga$_{55}$ men$_{21}$',　su$_{55}$ yi$_{21}$　nong$_{44}$　fhek$_1$ yao$_{23}$　ghao$_{22}$ cu$_{55}$ tek$_{21}$.

◆ 还有更加有趣的呢。像恨人家的时候,说"一脚踢侬到十六铺";比你好得多,说"掼侬三四条横马路";说他很精明,称"门槛精到九十六";侥幸称"额角头碰着天花板"。

还有　更加　有趣个咪。　像　恨人家个　辰光　讲　"一脚　踢侬　到　十六铺";　比侬　好得　多,　讲　"掼侬　三四条　横马路";　讲伊　门槛　精,　叫　"门槛　精到　九十六";　侥幸　叫　"额角头　碰着　天花板"。

Hhe$_{22}$ you$_{44}$　gen$_{33}$ ga$_{44}$　yhou$_{22}$ qu$_{55}$ ghek$_3$ le$_{21}$.　Xhian$_{23}$　hhen$_{22}$ nin$_{55}$ ga$_{33}$ ghek$_{21}$　shen$_{22}$ guang$_{44}$　gang$_{34}$　'yik$_3$ jiak$_4$　tik$_4$ nong$_{44}$　dao$_{34}$　shek$_1$ lok$_2$ pu$_{23}$';　bi$_{33}$ nong$_{44}$　hao$_{33}$ dek$_4$　du$_{52}$,　gang$_{34}$　'ghue$_{22}$ nong$_{44}$　se$_{55}$ sy$_{33}$ dhiao$_{21}$　whan$_{22}$ mo$_{55}$ lu$_{21}$';　gang$_{33}$ yhi$_{44}$　men$_{22}$ ke$_{44}$　jin$_{52}$,　jiao$_{34}$　'men$_{22}$ ke$_{44}$　jin$_{55}$ dao$_{21}$　jiu$_{33}$ shek$_4$　lok$_{12}$';　jiao$_{33}$ yhin$_{44}$　jiao$_{34}$　'ngak$_1$ gok$_2$ dhou$_{23}$　bhan$_{22}$ shak$_4$　ti$_5$ ho$_{33}$ be$_{21}$'.

◇ 那么倒霉呢?

葛末　倒　霉呢?

Gek$_3$ mek$_4$　dao$_{34}$　me$_{22}$ ni$_{44}$?

◆ 倒霉讲"霉头触到哈尔滨","碰着七十二个大头鬼"。

170

倒霉讲"霉头 触到 哈尔滨","碰着 七十二个 大头鬼"。
Dao$_{34}$ me$_{23}$ gang$_{34}$ 'me$_{22}$ dhou$_{44}$ cok$_3$ dao$_{44}$ ha$_{55}$ hher$_{33}$ bin$_{21}$', 'bhan$_{22}$ shak$_4$ qik$_3$ shek$_5$ ni$_{33}$ ghek$_{21}$ dhu$_{22}$ dhou$_{55}$ ju$_{21}$'.

◇ 上海人很夸张的嘛!

上海人 老 夸张个末!
Shang$_{22}$ he$_{55}$ nin$_{21}$ lao$_{23}$ kua$_{55}$ zan$_{33}$ ghek$_3$ mek$_{21}$!

◆ 不,上海人挺幽默的。

呒没噢, 上海人 蛮 幽默个。
M$_{22}$ mek$_5$ ao$_{21}$, shang$_{22}$ he$_{55}$ nin$_{21}$ me$_{52}$ you$_{55}$ mek$_3$ ghek$_{21}$.

## 替换练习

1. 据说 [新婚房里 / 书房里 / 抽屉里向 / 装饰厨里] 还摆 [红枣咾、花生咾、桂圆脱仔瓜子 / 古董花瓶咾、现代雕塑咾、艺术钟 / 各国硬币、邮票脱仔明星照片 / 人体塑像、民族图腾跟小圣诞树咾啥]。

2. [除脱仔 / 除脱 / 除了] 亲眷,我个同学还请来了 [伊个上司、同事 / 朋友得邻居 / 大学咾中学个同学]。

3. 可想而知要 [闹猛 / 高兴 / 捣蛋 / 打翻] 得一塌糊涂!

4. 就 [连闲话 / 算生活 / 连说白 / 算行文] 当中侪带 [商业 / 海派 / 评弹 / 书生] 气息。

5. 因为 [讲委婉语 / 学历史 / 听故事 / 跟时尚] 是为了 [文雅、礼貌 / 借古鉴今 / 增长知识 / 趋时咾创新]。

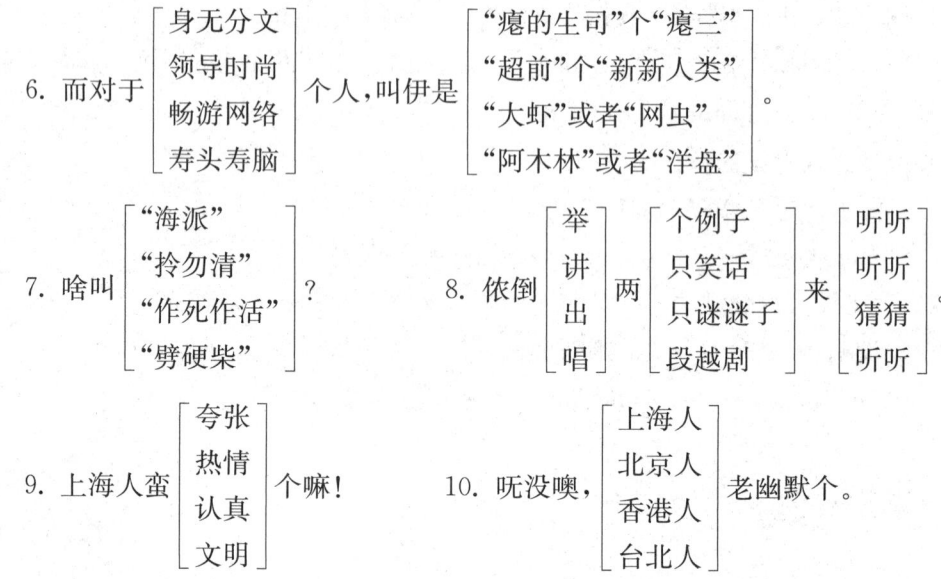

## 补充词语

### 一、形容词

**邋遢** lak₁ tak₂₃  **龌龊** ok₃ cok₄  **尴尬** ge₅₅ ga₂₁  **快活** ka₃₃ whek₄ / kua₃₃ whek₄ 愉快。 **高兴** gao₅₅ xin₂₁  **焐心** wu₅₅ xin₂₁ 心中舒服愉快,称心满意;得意。 **写意** xia₃₃ yi₄₄ 舒服,称心,愉快。 **扎劲** zak₃ jin₄₄ 有劲。 **眼热** nge₂₂ nik₄ 眼红。 **弹硬** de₂₂ ngan₄₄ 硬气,坚强。 **杀搏** cak₃ bok₄ 身强力壮,彪形身材;大刀阔斧地动作。 **刮皮** guak₃ bhi₄₄ 占人便宜;吝啬。 **促掐** cok₃ kak₄ 调皮刁钻,阴损别人,使人难以对付。 **赅刁** ge₅₅ diao₂₁ 吝啬。 **精乖** jin₅₅ gua₂₁ 精明乖巧。 **肮三** ang₅₅ se₂₁ (on sale) 原义是跌价的意思,后引申为令人不快、失望;不正派。 **吃酸** qik₃ soe₄₄ 棘手;搞僵而难堪、懊恼;对某人某事不可收拾表示无可奈何。 **吃价** qik₃ ga₄₄ 了不起,看不出来。 **豁边** huak₃ bi₄₄ 搞坏,露馅,出格,越轨。

### 二、禁忌语

"伞 se₃₄"与"散 se₃₄"同音,"分散"、"拆散"都不吉利,上海南郊称"伞"取其反义,为"聚立 xhu₂₂ lik₄"。

"舌 shek$_{12}$"与"折本"的"折 shek$_{12}$"同音,"猪舌 zy$_{55}$ shek$_{21}$"改称"猪赚利 zy$_{55}$ she$_{22}$ li$_{44}$"。

船民忌"没 mek$_{12}$、沉 shen$_{23}$",所以"抹布 mek$_1$ bu$_{23}$(擦桌布)"改称"转布 zoe$_{33}$ bu$_{44}$";"盛饭"的"盛 shen$_{23}$"与"沉 shen$_{23}$"同音,就改为"添饭 ti$_{52}$ fhe$_{23}$"。

"箸 shy$_{23}$"与"滞 shy$_{23}$"同音,船民反其义称为"快 kua$_{34}$",后来加上"竹"字头为"筷 kua$_{23}$",这是"筷"的来历。

上海洋泾浜英语把"快"说成英语俚语"chop chop",加上"stik(棒)"的复数,英语"chopstiks(筷)"一词出自上海洋泾浜语。

三、委婉语

死人穿的衣服称"寿衣 shou$_{22}$ yi$_{44}$","死 xi$_{34}$"称"有长短 yhou$_{23}$ shan$_{22}$ doe$_{44}$";"生病 san$_{52}$ bhin$_{23}$"称"勿适意 fhek$_3$ sek$_5$ yi$_{21}$";怀孕称"有喜 yhou$_{22}$ xi$_{44}$";考试不及格得零分称"吃鸭蛋 qik$_5$ ak$_3$ dhe$_{44}$"。

四、吉利语

上海人称"蜘蛛 zy$_{55}$ zy$_{21}$"为"蟢蛛 xi$_{33}$ zy$_{44}$",有蜘蛛顺丝吊下,就说"喜从天降 xi$_{33}$ shong$_{44}$ ti$_{55}$ jian$_{21}$"。

上海人称"帆船 fhe$_{22}$ shoe$_{44}$"为"篷船 bhong$_{22}$ shoe$_{44}$",画一个帆船,象征"鹏程万里 bhang$_{22}$ shen$_{44}$ fhe$_{22}$ li$_{44}$"。

有一种爆竹称"高升 gao$_{55}$ sen$_{21}$",年初一凌晨放"高升"意味着一年内要"高升"。

吃"年糕 ni$_{22}$ gao$_{44}$",象征"年年高发 ni$_{22}$ ni$_{44}$ gao$_{55}$ fak$_{21}$"。

过年吃"全鱼 xhi$_{22}$ ng$_{44}$"说是"年年有余 ni$_{22}$ ni$_{44}$ yhou$_{23}$ yhu$_{23}$";吃"圆子 yhuoe$_{22}$ zy$_{44}$"时,就说"团团圆圆 dhoe$_{22}$ dhoe$_{44}$ yhuoe$_{22}$ yhuoe$_{44}$"。

五、戏谑语

"十三点 shek$_1$ se$_{22}$ di$_{23}$"说"11点8刻 shek$_1$ yik$_2$ di$_{23}$ bak$_3$ kek$_4$";

长得矮说"根号2 gen$_{55}$ hhao$_{21}$ lian$_{23}$(1.41)";

"环卫所 ghue$_{22}$ whe$_{55}$ su$_{21}$"说成"567保密厂 ng$_{22}$ lok$_4$ qik$_5$ bao$_{33}$ mik$_5$ can$_{21}$",取"567"的音谱音"so la xi",与"扫垃圾 sao$_{33}$ la$_{55}$ xi$_{21}$"同音。

戏称戴眼镜者为"四眼 sy$_{33}$ nge$_{44}$";

称"高个子"为"**长脚鹭鸶** shan₂₂ jiak₅ lu₃₃ sy₂₁";

称身材矮小者为"**矮萝卜头** a₃₃ lao₅₅ bhok₃ dhou₂₁";

称饶舌多言者为"**烦老太婆** fhe₂₂ lao₅₅ ta₃₃ bhu₂₁";

称肥胖者为"**大块头** dhu₂₂ kue₅₅ dhou₂₁/**旴清头** m₂₂ qin₅₅ dhou₂₁"或"**排门板** bha₂₂ men₅₅ be₂₁";

称矮胖者为"**柏油桶** bak₃ yhou₅₅ dhong₂₁"。

### 六、惯用语

**收骨头** sou₅₂ guek₃ dhou₄₄ 对人严加管束,使人不能胡说乱动或松松垮垮。 **牵头皮** qi₅₂ dhou₂₂ bhi₄₄ 提起或数落人家的一个旧过失、把柄或已改正的缺点。 **戳壁脚** cok₃ bik₅ jiak₂₁ 背后挑拨,说别人坏话。 **插外快** cak₅ nga₂₂ kua₄₄ 占到意外的便宜。 **拎勿清** lin₅₅ fhek₃ qin₂₁ 笨,不能较快领会。 **劈硬柴** pik₅ ngan₂₂ sha₄₄ AA制。

### 七、其他

**书房** sy₅₅ fhang₂₁ **古董** gu₃₃ dong₄₄ **花瓶** ho₅₅ bhin₂₁ **现代** yhi₂₂ dhe₄₄ **雕塑** diao₅₅ sok₂₁ **艺术钟** ni₂₂ shek₅ zong₂₁ **抽屉** cou₅₅ ti₂₁ **各国** gok₃ gok₄ **硬币** ngan₂₂ bhi₄₄ **明星** min₂₂ xin₄₄ **装饰厨** zang₅₅ sek₃ shy₂₁ **人体** nin₂₂ ti₄₄ **塑像** sok₃ xhian₄₄ **民族** min₂₂ shok₄ **图腾** dhu₂₂ dhen₄₄ **圣诞树** sen₃₃ de₅₅ shy₂₁ **邻居** lin₂₂ ju₄₄ **捣蛋** dao₃₃ de₄₄ **打翻** dan₃₃ fe₄₄ **生活** sen₅₅ whek₂₁ **说白** sek₃ bhak₄ **行文** yhin₂₂ fhen₄₄ **书生** sy₅₅ sen₂₁ **历史** lik₁ sy₂₃ **借古鉴今** jia₃₃ gu₄₄ ji₃₃ jin₄₄ **故事** gu₃₃ shy₄₄ **增长知识** zen₅₅ zan₂₁ zy₅₅ sek₂₁ **作死作活** zok₃ xi₄₄ zok₃ whek₄ 大闹特闹;寻死寻活。 **时尚** shy₂₂ shang₄₄ **趋时** qu₅₂ shy₂₃ **创新** cang₃₃ xin₄₄ **领导** lin₂₂ dhao₄₄ **超前** cao₅₂ xhi₄₄ **新新人类** xin₅₅ xin₂₁ nin₂₂ le₄₄ **畅游** can₃₃ yhou₄₄ **网络** mang₂₂ lok₄ **大虾** dha₂₂ xia₄₄ 网络高手"大侠"的谐音词,弯腰拱背,形如大虾。 **网虫** mang₂₂ shong₄₄ **寿头寿脑** shou₂₂ dhou₅₅ shou₃₃ nao₂₁ 傻里傻气。 **笑话** xiao₅₅ hho₂₁ **谜谜子** me₂₂ me₅₅ zy₂₁ 谜语。 **猜** coe₅₂ **段** dhoe₂₃ **越剧** yhuik₁ jhik₂₁ **热情** nik₁ xhin₂₃ **认真** nin₂₂ zen₄₄ **文明** fhen₂₂ min₄₄ **北京** bok₃ jin₄₄ **香港** xian₅₅ gang₂₁ **台北** dhe₂₂ bok₄

## 语法要点

**一、咾 lao、咾啥 lao₃sa₂**

上海话中的"咾",是个连接助词,它能跟在并列的每个词语后面,语音上是附在各个词的后面的,不像普通话的"和"、"跟"等是用在最后的一个并列的词前面的。如:"据说新婚房里还摆红枣咾、花生咾、桂圆脱仔瓜子,讨个吉利叫'早生贵子'。"句中"桂圆"后面因为要用像"和"、"跟"一样的"脱仔",所以没用"咾"。又如:"上海还有行情行事个惯用语,像'收骨头'咾、'牵头皮'咾、'戳壁脚'、'插外快'、'打回票'咾啥。"这句里,"戳壁脚"和"插外快"后面省说了两个"咾"。再如:"有两个女小囡,一个大咾一个小。""吃饭咾吃面随便个。""咾"可以用在对举连接和选择连接上。"咾"还能提顿罗列话题,如:"烟咾,茶咾,酒咾,一样样个招待伊。"现今"咾"有退化的趋势,如说:"烟、茶、酒,一样样招待伊。"在"咾啥"中,"啥"就是还有一些"什么的","咾啥"就相当于"等等"。

**二、呒没噢 m₂₂mek₅ao₂₁**

"A. 上海人蛮夸张个嘛! B. 呒没噢,上海人老幽默个。"相当于英语的"No"的词,现今上海话不是用"勿是"或"勿",而是用"呒没(没有)"。如:"A. 侬昨日电视看到11点钟? B. 呒没噢,我看到12点钟。"

**三、极端程度**

表示极端程度的词,往往是词义很坏的词,这样可能形容得过瘾。如普通话的"很(原是'狠')"、"极"、"非常",上海话中的"一塌糊涂"、"来死(伊来三来死。)"、"要命(伊高兴得要命!)"、"要死(急得臭要死。)"、"煞"、"瞎"、"邪气"、"暴"等都形象不好,其他方言也如此。"一塌糊涂"原来是"很糟"的意思,如:"乱得一塌糊涂。"即"乱得很"的意思,后来连"一塌糊涂"这个词也虚化为"很"的意思,可以说:"我开心得一塌糊涂!"

# 第十九课  文 化 教 育

 子女培养

◆ 现在上海家家都是独生子女,所以家长对孩子的读书非常重视。

现在　上海　家家　侪是　独生子女咾,　家长　对　小囡个　读书　邪气　重视。

Yhi₂₂ she₄₄　shang₂₂ he₄₄　ga₅₅ ga₃₁　she₂₂ shy₄₄　dhok₂ san₅₅ zy₃₃ nyu₃₃ lao₃₁,　jia₅₅ zan₃₁　de₃₄　xiao₃₃ noe₅₅ ghek₃₁　dhok₁ sy₂₃　xhia₂₂ qi₄₄　shong₂₂ shy₄₄.

◇ 有些家长认为自己学历不高,影响了自己的发展,都把希望寄托在自己小孩的身上,希望他们至少要读到大学毕业。

有眼　家长　认为　自家　学历　勿　高,　影响了　自家个　发展,　侪　拿　希望　寄托辣　自家　小囡个　身浪,　希望　伊拉　至少　要　大学　毕业。

Yhou₂₂ nge₄₄　jia₅₅ zan₃₁　nin₂₂ whe₄₄　shy₂₂ ga₄₄　hhok₁ lik₂₃　fhek₁₂　gao₅₂,　yin₃₃ xian₅₅ lek₂₁　shy₂₂ ga₅₅ ghek₂₁　fak₃ zoe₄₄,　she₂₃　ne₅₂　xi₅₅ wang₂₁　ji₃₃ tok₅ lak₂₁　shy₂₂ ga₄₄　xiao₃₃ noe₅₅ ghek₂₁　sen₅₅ lang₂₁,　xi₅₅ whang₂₁　yhi₂₂ la₄₄　zy₃₃ sao₄₄　yao₃₄　dha₂₂ hhok₆　bik₃ nik₄.

◆ 所以花在子女身上的"投资"就不惜代价,三番四复买参考书,兴师动众请家教,搞得孩子一点空余的时间都没有。

所以　花辣　子女　身浪个　"投资"　就　勿惜　代价,　三翻四复　买　参

176

考书，兴师动众 请 家教，弄得 小囡 一点 空余个 辰光 也 呒没。

Su₅₅ yi₂₁ ho₃₃ lak₄ zy₃₃ nyu₄₄ sen₅₅ lang₃₃ ghek₂₁ 'dhou₂₂ zy₄₄' xhiu₂₃ fhek₁ xik₂₃ dhe₂₂ ga₄₄，se₅₅ fe₃₃ sy₃₃ fok₂₁ ma₂₃ coe₅₅ kao₃₃ sy₂₁，xin₅₅ sy₃₃ dhong₃₃ zong₂₁ qin₃₄ jia₅₅ jiao₂₁，nong₅₅ dek₂₁ xiao₃₃ noe₄₄ yik₃ di₄₄ kong₃₃ yhu₅₅ ghek₂₁ shen₂₂ guang₄₄ hha₂₃ m₂₂ mek₄.

◇ 吃得好,穿得好,宠得不得了,不做家务,不会劳动,只要他们对付一件事情——读书,搞得一个个都是娇生惯养的孩子,其实对他们的成长是没好处的。

吃了 好， 着了 好， 宠得 勿得 了。 勿做 家务， 勿会 劳动， 只要 伊拉 对付 一桩 事体——读书， 弄得 一个个 侪是 娇小囡， 养刁囡， 其实 对 伊拉个 成长 是 呒没 好处个。

Qik₃ lek₄ hao₃₄，zak₃ lek₄ hao₃₄，cong₃₃ dek₄ fhek₁ dek₃ liao₂₃. Fhek₁ zu₂₃ jia₅₅ whu₂₁，fhek₁ whe₂₃ lao₂₂ dhong₄₄，zek₃ yao₄₄ yhi₂₂ la₄₄ de₃₃ fu₄₄ yik₃ zang₄₄ shy₂₂ ti₄₄— dhok₁ sy₂₃，nong₂₂ dek₄ yik₃ ghek₅ ghek₂₁ she₂₂ shy₄₄ jiao₅₅ xiao₃₃ noe₂₁，yhang₂₂ diao₅₅ noe₂₁，jhi₂₂ shek₄ de₃₄ yhi₂₂ la₅₅ ghek₂₁ shen₃₃ zan₄₄ shy₂₃ m₂₂ mek₄ hao₃₃ cy₅₅ ghek₂₁.

考　试

◆ 明天要考试了啊。

明朝 要 考试了哦 伊 讲。

Min₂₂ zao₄₄ yao₃₄ kao₃₃ sy₅₅ lek₃ hho₂₁ yhi₂₃ gang₃₄.

◇ 我也是中午才知道的。

我 也是 中浪向 刚刚 晓得个。

Ngu₂₃ hha₂₂ shy₄₄ zong₅₅ lang₄₄ xian₃₁ gang₅₅ gang₃₁ xiao₃₃ dek₅ ghek₂₁.

◆ 现在老师啊,非常迷信考试;爹妈呢,也喜欢考试。好像不考试,我们都会不读书的， 他们都是考试迷,一个心眼出考题、改考卷,出钱买考试参考资料。

现在 老师 对哦， 邪气 迷信 考试； 爷娘末， 也 欢喜 考试。好像

177

勿考试，阿拉 侪要 勿读书个，伊拉 侪是 考试 迷，一门心思 出 考题、改 考卷，出 钞票 买 考参。

Yhi₂₂ shy₄₄ lao₅₅ sy₃₁ de₃₃ fhak₄，xhia₂₂ qi₄₄ mi₂₂ xin₄₄ kao₃₃ sy₄₄；yha₂₂ nian₅₅ mek₂₁，hha₂₃ huoe₅₅ xi₃₁ kao₃₃ sy₄₄. Hao₃₃ xhian₄₄ vak₃ kao₅₅ sy₂₁，ak₃ lak₄ she₂₂ yao₄₄ vek₂ dhok₅ si₃₃ ghek₂₁，yhi₂₂ la₄₄ she₂₂ shy₄₄ kao₃₃ sy₄₄ mi₂₃，yik₃ men₅₅ xin₃₃ sy₃₁ cek₅ kao₃₃ dhi₄₄，ge₃₄ kao₃₃ juoe₄₄，cek₅ cao₃₃ piao₄₄ ma₂₃ kao₃₃ coe₄₄.

◇ 搞得我们夜夜复习，天天测验考试，星期天也做题目，都变考试机器了，你说是吗？

弄得 阿拉 夜夜 复习，日日 测验 考试，礼拜 天 也 做 题目，侪 变 考试机器了，侬 讲 是哦？

Nong₅₅ dek₂₁ ak₃ lak₄ yha₂₂ yha₄₄ fok₃ xhik₄，nik₁ nik₂₃ cak₃ ni₄₄ kao₃₃ sy₄₄，li₂₂ ba₄₄ ti₅₁ hha₂₃ zu₃₄ dhi₂₂ mok₄，she₂₃ bi₃₄ kao₃₃ sy₅₅ ji₃₃ qi₃₃ lek₂₁，nong₂₃ gang₃₄ shy₂₂ fha₄₄？

 **学电脑学外语**

◆ 21 世纪的社会，不懂外语，不懂电脑，就会步步难行。

廿一 世纪 社会，勿懂 外语，勿懂 电脑，就 会 步步 难行。

Nie₂ yik₄ sy₅₅ ji₂₁ sho₂₂ whe₄₄，fhek₁ dong₂₃ nga₂₂ nyu₄₄，fhek₁ dong₂₃ dhi₂₂ nao₄₄，xhiu₂₃ whe₂₃ bhu₂₂ bhu₄₄ ne₂₂ yhin₄₄.

◇ 所以我一进大学，就专攻英语、电脑，现在什么证书都搞到手了。

所以 我 一进 大学，就 专攻 英语、电脑，现在 啥个证书 侪 弄到 手了。

Su₅₅ yi₃₁ ngu₂₃ yik₃ jin₄₄ dha₂₂ hhok₄，xhiu₂₃ zoe₅₅ gong₂₁ yin₅₅ nyu₂₁，dhi₂₂ nao₄₄，yhi₂₂ she₄₄ sa₃₃ ghek₅ zen₃₃ sy₃₁ she₂₃ nong₂₂ dao₄₄ sou₃₃ lek₄.

◆ 但是，外语、电脑对多数人来讲，毕竟还是个必备工具，要搞出点名堂来，专业还是要很过硬，专业学精了，才能对社会有用。

第十九课　文化教育

不过，外语、电脑对多数人来讲，到底还是个必备工具，要搞出点名堂来，专业还是要硬碰硬，专业学精了，再好对社会有用。

Bek₃ gu₄₄，nga₂₂ nyu₄₄，dhi₂₂ nao₄₄　de₃₄　du₅₅ su₃₃ nin₂₁　le₂₃　gang₃₄，dao₃₃ di₄₄　hhe₂₂ sy₅₅ ghek₃₁　bik₃ bhe₄₄　gong₅₅ jhu₂₁，yao₃₄　ghao₂₂ cek₅ di₃₁ min₂₂ dhang₅₅ le₂₁，zoe₅₅ nik₂₁　hhe₂₂ shy₄₄　yao₃₄　ngan₂₂ pan ngan₂₁，zoe₅₅ nik₃₁ hhok₁₂　jin₅₅ lek₂₁，ze₅₅ hao₂₁　de₃₄　sho₂₂ whe₄₄　yhou₂₃　yhong₂₃.

◇ 人要成功,自我实现,适应新时代,还需要各种素质,像创造力啊，坚持性啊,独立意识,组织能力啊,等等。你说是不是呀?

人要成功，自我实现，适应新时代，还需要各种素质，像创造力啊，坚持性啊，独立意识，组织能力啊等等。侬讲是勿啦?

Nin₂₃　yao₃₄　shen₂₂ gong₄₄，shy₂₂ ngu₄₄，shek₁ yhi₂₃，sek₃ yin₄₄　xin₅₅ shy₃₃ de₂₁，hhe₂₃　xu₅₅ yao₂₁　gok₃ zong₄₄　su₃₃ zek₄，xhian₂₃　can₃₃ shao₅₅ lik₃ a₃₁，ji₅₅ shy₃₃ xin₃₃ a₃₁，dhok₃ lik₅ yi₃₃ sek₃₁，zu₃₃ zek₄　nen₂₂ li₅₅ a₃₁　den₃₄　den₃₄. Nong₂₃　gang₃₄　shy₂₂ fhek₅ la₂₁?

 说上海历史

◆ 上海从前是个滩,称"上海滩",是吗?

上海老早是个滩，叫"上海滩"，对哦?

Shang₂₂ he₄₄　lao₂₂ zao₄₄　shy₂₂ ghek₄　te₅₂，jiao₃₄　'shang₂₂ he₅₅ te₂₁'，de₂₂ fha₄₄?

◇ 说得有点对,现在从松江、青浦一带出土文物中可以看到,有六千多年历史,但是现在城区的大多数地方,在唐朝以前,确实还是海滩。

讲得有点对，现在从松江、青浦一带出土文物当中可以看到，有六千多年历史，但是现在城区个大多数地方，辣唐朝以前，确实还是海滩。

Gang₃₃ dek₄　yhou₂₂ di₄₄　de₃₄，yhi₅₂ she₄₄　shong₂₃　song₅₅ gang₃₁，qin₅₅ pu₃₃ yik₃ da₂₁　cek₃ tu₄₄　fhen₂₂ fhek₅ dang₃₃ zong₃₁　ku₃₃ yi₄₄　koe₃₃ dao₄₄，

179

yhou₂₃ lok₂ qi₅₅ du₃₃ ni₂₁ lik₁ sy₂₃, dhe₂₂ shy₄₄ yhi₂₂ she₄₄ shen₂₂ qu₅₅ ghek₃₁ dha₂₂ du₅₅ su₃₁ dhi₂₂ fang₄₄, lak₁₂ dang₂₂ shao₄₄ yi₃₄ xhi₂₃, quik₃ shek₄ hhe₂₂ shy₄₄ he₃₃ te₄₄.

◆ 听说过去苏州河比黄浦江还宽。

听说 老早 苏州河 比 黄浦江 还 阔。
Tin₅₅ sek₂₁ lao₂₂ zao₄₄ su₅₅ zou₃₃ whu₂₁ bi₃₄ whang₂₂ pu₅₅ gang₂₁ hhe₂₃ kuek₅.

◇ 是的,苏州河旧名叫"松江",又称"吴淞江",河边有条支河,叫上海浦,就是现在黄浦江的一段。上海名称就是这么来的。元朝时建置上海县,到现在只有720多年历史嘛。上海这么繁荣,主要是170年前清朝开埠以后发生的变化。

是个, 苏州河 老名字 叫 "松江", 又 叫 "吴淞江", 河边 有 条 支河, 叫 上海浦, 就是 现在 黄浦江个 一段。 上海 名字 就是 辩能 来个。 元朝辰光 建置 上海 县, 到 现在 只有 七百 廿多年 历史末。 上海 介 繁荣, 主要 是 一百 七十年 前 清朝 开 埠 以 后 发生个 变化。

Shy₂₂ ghek₄, su₅₅ zou₃₃ whu₂₁ lao₂₂ min₅₅ shy₂₁ jiao₃₄ 'song₅₅ gang₂₁', yhou₂₃ jiao₃₄ "whu₂₂ song₅₅ gang₂₁", whu₂₂ bi₄₄ yhou₂₃ dhiao₂₃ zy₅₅ whu₂₁, jiao₃₄ shang₂₂ he₅₅ pu₂₁, xhiu₂₂ shy₄₄ yhi₂₂ she₄₄ whang₂₂ pu₅₅ gang₃₃ ghek₂₁ yik₃ dhoe₄₄. Shang₂₂ he₄₄ min₂₂ shy₄₄ xhiu₂₂ shy₄₄ ghek₁ nen₂₃ le₂₂ ghek₄. Nyuoe₂₂ shao₅₅ shen₃₃ guang₂₁ ji₃₃ zy₄₄ shang₂₂ he₄₄ yhuoe₂₃, dao₃₄ yhi₂₂ she₄₄ zek₃ yhou₄₄ qik₃ bak₄ nie₂₂ du₅₅ ni₂₁ lik₁ sy₂₂ mek₂₃. Shang₂₂ he₄₄ ga₅₂ fhe₂₂ yhong₄₄, zy₃₃ yao₄₄ shy₂₃ yik₃ bak₄ qik₃ sek₅ ni₂₁ xhi₂₃ qin₅₅ shao₃₁ ke₅₁ bhu₄₄ yi₅₂ hhou₂₃ fak₃ sen₅₅ ghek₂₁ bi₃₃ ho₄₄.

**替换练习**

1. [明朝 / 今朝 / 中浪 / 现在] 要 [考试了哦 / 来检查了 / 大扫除了 / 出发了] [伊讲 / 听说 / 据说 / 听讲]。

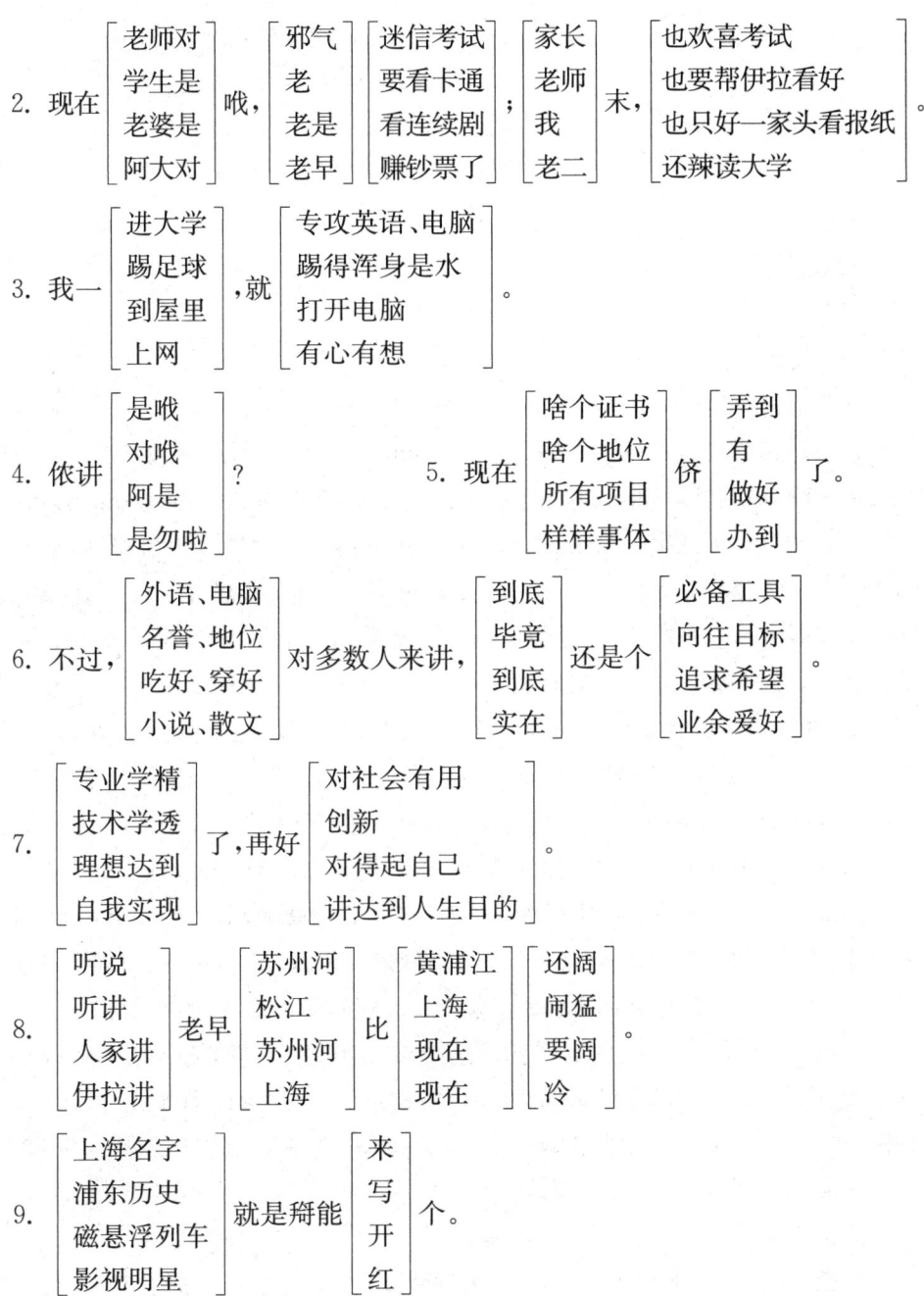

10. 上海介 ⎡繁荣⎤ ，主要是 ⎡170年前清朝开埠以后发生个变化⎤
         ⎢开放⎥         ⎢80年代以来政策对头个结果    ⎥
         ⎢发达⎥         ⎢改革开放个成果          ⎥ 。
         ⎣漂亮⎦         ⎣城市规划实施带来个变化      ⎦

## 补充词语

**一、成语**

**一门心思** yik₃ men₅₅ xin₃₃ sy₂₁ 一心一意，专心。 **一点一划** yik₃ di₅₅ yik₃ whak₂₁ 认真、死板、不越轨。 **一手一脚** yik₃ sou₅₅ yik₃ jiak₂₁ 中途不停，善始善终，一人包下。 **放伊一码** fang₃₃ yhi₅₅ yik₃ mo₂₁ 饶了他一遭。 **另有一功** lin₂₂ yhou₅₅ yik₃ gong₂₁ 有与众不同的功夫。 **死蟹一只** xi₃₃ ha₅₅ yik₃ zak₄ 事情一筹莫展或无可挽回；疲惫不能动弹。 **五颜六色** ng₂₂ nge₅₅ lok₃ sek₂₁ 各种颜色都有。 **五颠六肿** ng₂₂ he₅₅ lok₃ zong₂₁ 东肿西肿，肿得厉害。 **七荤八素** qik₃ hun₅₅ bak₃ su₂₁ 头昏脑胀，晕头转向，糊里糊涂。 **七支八搭** qik₃ zy₅₅ bak₃ dak₂₁ 乱搭腔；胡扯。 **七歪八牵** qik₃ hua₅₅ bak₃ qi₂₁ 不整齐；不端正。 **熟门熟路** shok₁ men₂₂ shok₂₂ lu₂₃ 得心应手；门路很熟。 **正行正经** zen₃₃ hhan₅₅ zen₃₃ jin₂₁ 正式，认真。 **假痴假呆** ga₃₃ cy₅₅ ga₃₃ nge₂₁ 装呆；佯装不知，装聋作哑。 **少有少见** sao₃₃ yhou₅₅ sao₃₃ ji₂₁ 指人或事的坏样子很少见。 **自说自话** shy₂₂ sek₅ shy₃₃ hho₃₁ 自言自语；自作主张。 **牵丝扳藤** qi₅₅ sy₃₃ be₃₃ dhen₂₁ 纠缠不清；拖拖拉拉。 **神昏颠倒** shen₂₂ hun₅₅ di₃₃ dao₂₁ 精神恍惚，颠三倒四，多形容入了迷。 **睏痴梦懂** kun₃₃ cy₅₅ mang₃₃ dong₂₁ 睡得迷迷糊糊，似醒非醒。 **空心汤团** kong₅₅ xin₃₃ tang₃₃ dhoe₂₁ 不能兑现的许诺。 **硬碰硬** ngan₂₂ pan₅₅ ngan₂₁ 硬物相碰；硬是；实事求是，经得起考验。 **横竖横** whan₂₂ sy₅₅ whan₂₁ 横下心来，不顾一切。 **实打实** shek₁ dan₂₂ shek₂₃ 踏踏实实。 **明打明** min₂₂ dan₅₅ min₃₁ 很明显；很公开坦然。 **脚碰脚** jiak₃ bhan₅₅ jiak₂₁ 差不离；并排躺。 **扣搭扣** kou₃₃ kak₅ kou₂₁ 刚巧正好，一点都不余。

**二、其他**

**检查** ji₃₃ sho₄₄ **听说** tin₅₅ sek₃₁ **大扫除** dha₂₂ sao₅₅ shy₂₁ **据说** ju₅₅ sek₂₁ 出

发 cek₃ fak₄　听讲 tin₅₅ kang₂₁ 听说。　卡通 ka₃₃ tong₄₄　连续剧 li₂₂ shok₅ jhik₂₁　只好 zek₃ hao₄₄　一介头 yik₃ ga₅₅ dhou₂₁ 一个人。　阿大 ak₃ dhu₄₄　赚钞票 she₂₂ cao₅₅ piao₂₁　老二 lao₂₂ ni₄₄　浑身 when₂₂ sen₄₄　上网 shang₂₃ mang₂₃　地位 dhi₂₂ whe₄₄　所有 su₃₃ yhou₃₁　项目 hhang₂₂ mok₄　样样 yhang₂₂ yhang₄₄　办到 bhe₂₂ dao₄₄　名誉 min₃₃ yhu₄₄　毕竟 bik₃ jin₄₄　向往 xian₃₃ wang₄₄　目标 mok₁ biao₂₃　到底 dao₃₃ di₄₄　追求 zoe₅₅ jhiu₃₁　希望 xi₅₅ wang₂₁　散文 se₃₃ fhen₄₄　实在 shek₁ she₂₃　消闲 xiao₅₅ hhe₂₁　技术 jhi₂₂ shek₄　业余 nik₁ yhu₂₃　透 tou₃₄　理想 li₂₂ xian₄₄　达到 dhak₁ dao₂₃　对得起 de₃₃ dek₅ qi₂₁　自我实现 shy₂₂ ngu₄₄ shek₁ yhi₂₃　人生 nin₂₂ sen₄₄　目的 mok₁ dik₂₃　松江 song₅₅ gang₂₁　人家讲 nin₂₂ ga₄₄ gang₃₄　磁悬浮列车 shy₂₂ yhuoe₅₅ fhou₃₁ lik₁ co₂₃　开放 ke₅₅ fang₂₁　80 年代 bak₃ sek₅ ni₃₃ dhe₃₁　政策 zen₃₃ cek₄　对头 de₃₄ dhou₄₄　结果 jik₃ gu₄₄　发达 fak₃ dhak₄　改革 ge₃₃ gek₄　成果 shen₂₂ gu₄₄　漂亮 piao₃₃ lian₄₄　城市 shen₂₂ shy₄₄　规划 gue₅₅ whak₂₁　实施 shek₁ sy₂₃　带来 da₃₃ le₄₄

## 语法要点

**一、口头语和插入语**

有的人有时候说了一句话以后，会跟上一个可有可无但加上后有提示作用的口头语，上海话中的此类词语有"是哦"、"对哦"、"阿是"，都像问听者是不是，实际并不问。上海话中还有四大口头语："辩个……"（开言时用），"就是讲……"（解释时用），"乃末……"（接续时用），"……伊讲"（后煞时用）。"伊讲"一词跟在句子的"哦"后，还带有一点"惊讶"味。如："要考试了哦伊讲"有"居然要考试了"的含义。"听讲"、"伊拉讲"、"人家讲"这三个词都是"据说"的意思，被称为"插入语"的，放在句子前，使那回事似是似非。

**二、比较句**

英语的比较句只好在一处作比，因为它一般只有主语，没有话题。上海话的比较句既可在主语上作比，也可在话题语上作比。如："听说老早苏州河比黄浦江还阔。"是把"黄浦江"与"苏州河"相比；这句话也可把"老早"与"现在"作比："听说老早苏州河比现在要阔。"

### 三、提顿助词小结

提顿话题的助词除了前边提到的"末"、"也"外,还有"是"、"咾"、"是哦"、"对哦"。"现在上海年轻人结婚是,新俗脱旧俗相结合,各取所长。"这里的"是",不是"我是老师"的"是"表示判断意义,而是和"末"相似是话题标志。"现在老师对哦,邪气迷信考试;家长末,也欢喜考试。"这句话中的"对哦"也起提顿助词的作用。"咾"也能提顿话题,如:"人咾,勿吃总归勿来事个。"(一个人,不吃总不行的。)

# 第二十课 入境出国

 出国求学

◆ 改革开放以后,莘莘学子都想去外国读书深造。

改革 开放 以后, 莘莘 学子 侪 想 到 外国去 读书 深造。
Ge$_{33}$gek$_4$ ke$_{55}$fang$_{21}$ yi$_{34}$ hhou$_{23}$, sen$_{55}$ sen$_{21}$ yhak$_1$ zy$_{23}$ she$_{23}$ xian$_{34}$ dao$_{34}$ nga$_{22}$gok$_{55}$qi$_{21}$ dhok$_1$sy$_{23}$ sen$_{55}$shao$_{21}$.

◇ 去美国,去日本,去澳洲,去欧洲,走了很多人。

去 美国, 去 日本, 去 澳洲, 去 欧洲, 走了 行情行事 人。
Qi$_{34}$ me$_{23}$gok$_4$, qi$_{34}$ shek$_1$ben$_{23}$, qi$_{34}$ ao$_{33}$zou$_{44}$, qi$_{34}$ ou$_{55}$zou$_{21}$, zou$_{33}$lek$_4$ hhang$_{22}$shin$_{55}$hhang$_{33}$shy$_{21}$ nin$_{23}$.

◆ 他们大多数人出去学习新技术、新理论,开开眼界,总是有好处的,有不少人学好知识,回来为自己国家作贡献。

伊拉 大多数 人 出去 学习 新 技术、新 理论, 开开 眼界, 总归 有 好处个, 有 勿少 人 学好 知识, 回来 为 自家 国家 作 贡献。
Yhi$_{22}$la$_{44}$ dha$_{22}$du$_{55}$su$_{21}$ nin$_{23}$ cek$_5$qi$_{44}$ hhok$_1$xhik$_{23}$ xin$_{52}$ jhi$_{22}$shek$_4$, xin$_{52}$ li$_{22}$len$_{44}$, ke$_{55}$ke$_{21}$ nge$_{22}$ga$_{44}$, zong$_{33}$gue$_{44}$ yhou$_{23}$ hao$_{33}$cy$_{55}$ghek$_{21}$, yhou$_{23}$ fhek$_1$sao$_{23}$ nin$_{23}$ hhok$_1$hao$_{23}$ zy$_{55}$sek$_{21}$, whe$_{22}$le$_{44}$ whe$_{23}$ shy$_{22}$ga$_{44}$ gok$_3$jia$_{44}$ zu$_{34}$ gong$_{55}$xi$_{21}$.

◇ 所以出国潮对我们中国的建设和进一步改革开放是有积极意义的。

所以 出国潮 对 阿拉 中国个 建设 脱仔 进一步 改革 开放 是 有 积极 意义个。

Su$_{55}$ yi$_{21}$ cek$_3$ gok$_5$ shao$_{21}$ de$_{34}$ ak$_3$ lak$_4$ zong$_{55}$ gok$_3$ ghek$_{21}$ ji$_{33}$ sek$_4$ tek$_3$ zy$_{44}$ jin$_{33}$ yik$_5$ bu$_{21}$ ge$_{33}$ gek$_4$ ke$_{55}$ fang$_{21}$ shy$_{23}$ yhou$_{23}$ jik$_3$ jhik$_5$ yi$_{33}$ ni$_{55}$ ghek$_{21}$.

◆ 我也快出国了，去美国读博士。

我 也要 出国快了， 去 美国 读 博士。

Ngu$_{23}$ hha$_{22}$ yao$_{44}$ cek$_3$ gok$_5$ kua$_{33}$ lek$_{21}$, qi$_{34}$ me$_{33}$ gok$_4$ dhok$_{12}$ bok$_3$ shy$_{44}$.

◇ 是吗，那该祝贺你了，祝你一帆风顺。去了别忘记上海！

嚎， 葛末 要 祝贺侬了， 祝侬 一帆 风顺。 去了 勿要 忘记 上海！

Hhao$_{23}$, Gek$_5$ mek$_{21}$ yao$_{34}$ zok$_3$ whu$_{55}$ nong$_{33}$ lek$_{21}$, zok$_3$ nong$_{44}$ yik$_3$ fhe$_{44}$ fong$_{55}$ shen$_{21}$. Qi$_{33}$ lek$_4$ fhek$_1$ yao$_{23}$ mang$_{22}$ ji$_{44}$ shang$_{22}$ he$_{44}$!

◆ 我永远不会失掉上海情结，不会忘记伴我长大的儿歌："摇啊摇，摇到外婆桥……"

我 永远 勿会 失脱 上海 情结， 勿会 忘记 伴我 长大个 儿歌："摇啊 摇， 摇到 外婆 桥……"

Ngu$_{23}$ yong$_{33}$ yhuoe$_{44}$ fhek$_1$ whe$_{23}$ sek$_3$ tek$_4$ shang$_{22}$ he$_{44}$ xhin$_{22}$ jik$_4$, fhek$_1$ whe$_{23}$ mang$_{22}$ ji$_{44}$ bhoe$_{22}$ ngu$_{44}$ zan$_{33}$ dhu$_{55}$ ghek$_{21}$ hher$_{22}$ gu$_{44}$: 'yhao$_{22}$ a$_{44}$ yhao$_{23}$, yhao$_{22}$ dao$_{44}$ nga$_{22}$ bhu$_{44}$ jhiao$_{23}$……'

讲学旅游

◆ 其实，不出国读书，在国内读书、工作，也没什么不好。

其实， 勿出国 读书， 辣辣 国内 读书、 工作， 也 呒啥 勿好。

Jhi$_{22}$ shek$_4$, fhek$_3$ cek$_5$ gok$_{21}$ dhok$_1$ sy$_{23}$, lak$_1$ lak$_{23}$ gok$_3$ ne$_{44}$ dhok$_1$ sy$_{23}$, gong$_{55}$ zok$_{21}$, hha$_{23}$ m$_{22}$ sa$_{23}$ fhek$_1$ hao$_{23}$.

◇ 是啊，国内有许许多多名牌大学，可以读到博士、博士后，现在年轻人找工作还是找得相当满意。

是啊，国内 有 交交关 名牌大学，可以 读到 博士、博士 后，现在 年轻人 寻工作 还是 寻得 蛮 满意。

Shy$_{22}$a$_{44}$, gok$_3$ne$_{44}$ yhou$_{23}$ jiao$_{55}$jiao$_{33}$gue$_{21}$ min$_{22}$bha$_{55}$dha$_{33}$hhok$_{21}$, ku$_{33}$yi$_{44}$ dhok$_1$dao$_{23}$ bok$_3$shy$_{44}$, bok$_3$shy$_{44}$hhou$_{23}$, yhi$_{22}$she$_{44}$ ni$_{22}$qin$_{55}$nin$_{21}$ xhin$_{22}$gong$_{55}$zok$_{21}$ hhe$_{22}$shy$_{44}$ xhin$_{22}$dek$_4$ me$_{52}$ moe$_{22}$yi$_{44}$.

◆ 假如做了教授以后，还可以到外国去讲学，做学术交流，参加国际学术研讨会。

假使 做仔 教授 以 后，还 可以 到 外国去 讲学，做 学术 交流，参加 国际 学术 研讨会。

Jia$_{33}$sy$_{44}$ zu$_{33}$zy$_{44}$ jiao$_{33}$shou$_{44}$ yi$_{52}$ hhou$_{23}$, hhe$_{23}$ ku$_{33}$yi$_{44}$ dao$_{34}$ nga$_{22}$gok$_5$qi$_{21}$ gang$_{33}$hhok$_4$, zu$_{34}$ hhok$_1$shek$_{23}$ jiao$_{55}$liu$_{21}$, coe$_{55}$ga$_{21}$ gok$_3$ji$_{44}$ hhok$_1$shek$_{23}$ ni$_{55}$tao$_{33}$whe$_{21}$.

◇ 现在出国的途径多了，讲学是一种，短期旅游也可领略外国的风光。

现在 出国个 途径 多了，讲学 是 一种，短期 旅游 也好 领略 外国个 风光。

Yhi$_{22}$she$_{44}$ cek$_3$gok$_5$ghek$_{21}$ dhu$_{22}$jin$_{44}$ du$_{55}$lek$_{21}$, gang$_{33}$hhok$_4$ shy$_{23}$ yik$_3$zong$_{44}$, doe$_{33}$jhi$_{44}$ lyu$_{22}$yhou$_{44}$ hha$_{22}$hao$_{44}$ lin$_{22}$liak$_4$ nga$_{22}$gok$_5$ghek$_{21}$ fong$_{55}$guang$_{21}$.

◆ 好吧，我们什么时候去参加旅游团，到欧洲去转一圈。

好个，阿拉 啥辰光 去 参加 旅游团，到 欧洲去 兜脱 一转。

Hao$_{33}$ghek$_4$, ak$_3$lak$_4$ sa$_{33}$shen$_{55}$guang$_{21}$ qi$_{34}$ coe$_{55}$ga$_{21}$ lyu$_{22}$yhou$_{55}$dhoe$_{21}$, dao$_{34}$ ou$_{55}$zou$_{33}$qi$_{21}$ dou$_{55}$tek$_3$ yik$_3$zoe$_{21}$.

办理签证

◆ 我要去一次美国。

我 要 到 美国 去一趟。

Ngu$_{23}$ yao$_{34}$ dao$_{34}$ me$_{33}$gok$_4$ qi$_{33}$yik$_5$tang$_{21}$.

◇ 你是公派出去还是因私出国?

依 是 公派 出去 还是 因私 出国?
Nong₂₃ shy₂₃ gong₅₅ pa₂₁ cek₃ qi₄₄ hhe₂₂ shy₄₄ yin₅₅ sy₂₁ cek₃ gok₄.

◆ 我是单位派我出差去搞业务交流的。

我 是 单位 派我 出差 去 搞 业务 交流个。
Ngu₂₃ shy₂₃ de₅₅ whe₂₁ pa₃₃ ngu₄₄ cek₃ ca₄₄ qi₃₄ ghao₂₃ nik₁ whu₂₃ jiao₅₅ liu₃₃ ghek₂₁.

◇ 那么你可以请你的单位帮你去办理的,先办"因公普通护照",跟"因私"出国是不一样的,他们是办"因私"护照的。

葛末 依 可以 请 依个 单位 帮依 去 办理个, 先 办 "因公 普通 护照", 脱 "因私" 出国 是 勿一样个, 伊拉 是 办 "因私" 护照个。
Gek₅ mek₂₁ nong₂₃ ku₃₃ yi₄₄ qin₃₄ nong₂₂ ghek₄ de₅₅ whe₂₁ bang₅₅ nong₂₁ qi₃₄ bhe₂₂ li₃₃ ghek₂₁, xi₅₂ bhe₂₃ 'yin₅₅ gong₂₁ pu₃₃ tong₄₄ whu₂₂ zao₄₄', tek₅ 'yin₅₅ sy' cek₃ gok₄ shy₂₃ vek₃ yik₅ yhan₃₃ ghek₂₁, yhi₂₂ la₄₄ shy₂₃ bhe₂₃ 'yin₅₅ sy₂₁' whu₂₂ zao₅₅ ghek₂₁.

◆ 我自己需要做点什么事儿?时间快到了,我真快急死了!

我 自家 需要 做点 啥 事体? 辰光 到快了, 我 真 急煞快!
Ngu₂₃ shy₂₂ ga₄₄ xu₅₅ yao₂₁ zu₃₃ di₄₄ sa₃₄ shy₂₂ ti₄₄? Shen₂₂ guang₄₄ dao₃₃ ka₅₅ lek₂₁, ngu₂₃ zen₅₂ jik₃ sak₅ kua₂₁!

◇ 你来得及的,别急!你要交几张照片,填好几张表格,大致是"出国事由",邀请单位的人的情况,经费哪里开支之类,不要填错了,随后单位的办事员会跟你到上海人民政府外事办公室去帮你签证个。出国之前,你先要换好一点外币。

依 来得及个, 勿要 急! 依要 交 几张 照片, 填好 几张 表格, 大致 是 "出国 事由", 邀请 单位个 人 情况, 经费 阿里 开支啥啥, 勿要 填错脱, 乃末 单位里 办事员 会 脱依 到 上海 人民 政府 外事 办公室 去 帮依 签证个。出国 之 前, 依 先要 换好 一点 外币。
Nong₂₃ le₂₂ dek₅ jhik₃ ghek₂₁, fhek₁ yao₂₃ jik₅! Nong₂₃ yao₃₄ gao₅₂

ji$_{33}$ zan$_{44}$ zao$_{33}$ pi$_{44}$, dhi$_{22}$ hao$_{44}$ ji$_{33}$ zan$_{44}$ biao$_{33}$ gak$_4$, dha$_{22}$ zy$_{44}$ shy$_{23}$ 'cek$_3$ gok$_4$ shy$_{22}$ yhou$_{44}$', yao$_{55}$ qin$_{21}$ de$_{55}$ whe$_{33}$ ghek$_{21}$ nin$_{23}$ xhin$_{22}$ kuang$_{44}$, jin$_{55}$ fi$_{21}$ hha$_{22}$ li$_{44}$ ke$_{55}$ zy$_{33}$ lao$_{33}$ sa$_{21}$, fhek$_1$ yao$_{23}$ dhi$_{22}$ cu$_{55}$ tek$_{21}$, ne$_{22}$ mek$_{44}$ de$_{55}$ whe$_{33}$ li$_{21}$ bhe$_{22}$ shy$_{55}$ yhuoe$_{21}$ whe$_{23}$ tek$_5$ nong$_{23}$ dao$_{34}$ shang$_{22}$ he$_{44}$ shen$_{22}$ min$_{44}$ zen$_{33}$ fu$_{44}$ nga$_{22}$ shy$_{44}$ bhe$_{22}$ gong$_{55}$ sek$_{21}$ qi$_{34}$ bang$_{55}$ nong$_{21}$ qi$_{55}$ zen$_{33}$ ghek$_{21}$. Cek$_3$ gok$_4$ zy$_{34}$ xhi$_{23}$, nong$_{23}$ xi$_{55}$ yao$_{21}$ whoe$_{22}$ hao$_{44}$ yik$_3$ di$_{44}$ nga$_{22}$ bhi$_{44}$.

**出入海关**

◆ **请你把护照出示给我看看,还有入境表格填了没有?**
请侬 拿 护照 出示 拨我 看看, 还有 入境 表格 填好哦?
Qin$_{33}$ nong$_{44}$ ne$_{52}$ whu$_{22}$ zao$_{44}$ cek$_3$ shy$_{44}$ bek$_3$ ngu$_{44}$ koe$_{33}$ koe$_{44}$, hhe$_{22}$ yhou$_{44}$ shek$_1$ jin$_{23}$ biao$_{33}$ gak$_4$ dhi$_{22}$ hao$_{55}$ fha$_{21}$?

◇ **都在这儿,侬看吧,我是法国人,我是来签订贸易合同个。**
侪辣 搿搭, 侬 看 好了, 我 是 法国人, 我 是 来 签订 贸易 合同个。
She$_{22}$ lak$_4$ ghek$_1$ dak$_{23}$, nong$_{23}$ koe$_{34}$ hao$_{33}$ lek$_{21}$, ngu$_{23}$ shy$_{23}$ fak$_3$ gok$_5$ nin$_{21}$, ngu$_{23}$ shy$_{23}$ le$_{34}$ qi$_{55}$ din$_{21}$ mao$_{22}$ yhik$_4$ hhek$_1$ dhong$_{22}$ ghek$_{23}$.

◆ **侬在上海要呆多少日子?**
侬 辣 上海 要 蹲 几化 辰光?
Nong$_{23}$ lak$_{12}$ shang$_{22}$ he$_{44}$ yao$_{34}$ den$_{52}$ ji$_{33}$ ho$_{44}$ shen$_{22}$ guang$_{44}$?

◇ **我要住大约三个星期。**
我 要 住 大约 三个 礼拜。
Ngu$_{23}$ yao$_{34}$ shy$_{23}$ da$_{22}$ yak$_4$ se$_{55}$ ghek$_{21}$ li$_{22}$ ba$_{44}$.

◆ **你准备从哪里出境?**
侬 准备 从 啥地方 出境?
Nong$_{23}$ zen$_{33}$ bhe$_{44}$ shong$_{23}$ sa$_{33}$ dhi$_{55}$ fang$_{21}$ cek$_3$ jin$_{44}$?

◇ 北京。

北京。

Bok₃ jin₄₄.

◆ 你有什么东西要申报吗?

侬 有 啥个 物事 要 申报 哦?

Nong₂₃ yhou₂₃ sa₃₃ ghek₄ mek₁ shy₂₃ yao₃₄ sen₅₅ bao₃₃ fha₂₁?

◇ 我带了一个手提电脑,要申报吗?

我 带了 一只 手提 电脑, 要 申报 哦?

Ngu₂₃ da₃₃ lek₄ yik₃ zak₄ sou₃₃ dhi₄₄ dhi₂₂ nao₄₄, yao₃₄ sen₅₅ bao₃₃ fha₂₁?

◆ 请你填写这张申报单。

请侬 填写 辩张 申报单。

Qin₃₃ nong₄₄ dhi₂₂ xia₄₄ ghek₁ zan₂₃ sen₅₅ bao₃₃ de₂₁.

◇ 好,我知道了。

好个, 我 晓得了。

Hao₃₃ ghek₄, ngu₂₃ xiao₃₃ dek₅ lek₂₁.

◆ 请从那边走,那儿是检查台,检查行李的地方。

请 朝 埃面 走, 埃面 是 检查台, 检查 行李个 地方。

Qin₃₄ shao₂₃ e₅₅ mi₂₁ zou₃₄, e₅₅ mi₂₁ shy₂₃ ji₃₃ sho₅₅ dhe₂₁, ji₃₃ sho₄₄ hhan₂₂ li₅₅ ghek₂₁ dhi₂₂ fang₄₄.

◇ 谢谢。

谢谢。

Xhia₂₂ xhia₄₄.

**替换练习**

1. 其实,勿 [出国读书 / 出门旅游 / 打开电视 / 出去闲荡] ,辣辣 [国内 / 屋里 / 书房里 / 我辩搭] [读书、工作 / 看书、休息 / 听听音乐、上网 / 茄山河、吹牛皮] 也呒啥勿好。

2. 现在年轻人 ⎡找工作 / 赶时髦 / 想出国 / 看DVD⎤ 还是 ⎡找 / 赶 / 想 / 看⎤ 得蛮 ⎡满意 / 积极 / 入迷 / 扎劲⎤ 。

3. ⎡假使 / 要是 / 倘使 / 假使⎤ 做 ⎡仔教授 / 了丁克族以后 / 仔野路子末 / 3D个话⎤ ，还可以 ⎡到外国去讲学 / 使生活过了轻松点 / 勿受正宗个约束 / 使场面更加优美⎤ 。

4. 我也要 ⎡出国 / 毕业 / 工作 / 退休⎤ 快了。

5. ⎡辰光 / 快信 / 儿子 / 杭州⎤ 到快了，我真 ⎡急 / 等 / 望 / 开心⎤ 煞快！

6. ⎡单位里 / 公司里 / 派出所 / 社区里⎤ 办事员会脱侬到 ⎡上海外事办公中心 / 协作单位 / 原住地 / 劳动保险公司⎤ 去帮侬 ⎡签证 / 办理 / 联系 / 介绍⎤ 个。

7. 我要 ⎡住 / 去 / 走 / 写⎤ 大约 ⎡三个礼拜 / 半个月 / 两日天 / 半年⎤ 。

8. 侬有 ⎡啥物事 / 家长 / 废品 / 信件⎤ 要 ⎡申报 / 来 / 卖脱 / 寄脱⎤ 哦？

9. 请侬拿侬个 ⎡护照 / 出入证 / 身份证 / 借阅证⎤ ⎡出示 / 拿出来 / 出来 / 摸出来⎤ 拨我看。

10. 我带来一只 ⎡手提电脑 / 智能手机 / iPad / 游戏软件⎤ ，要 ⎡申报 / 看看 / 试试 / 白相⎤ 哦？

## 补充词语

**出门** cek₅ men₂₃　**休息** xiu₅₅ xik₂₁　**打开** dan₃₃ ke₄₄　**听音乐** tin₅₂ yin₅₅ yhak₂₁　**闲荡** hhe₂₂ dhang₄₄ 闲逛。　**茄山河** gha₂₂ se₅₅ whu₂₁ 侃。　**吹牛皮** cy₅₂ niu₂₂ bi₄₄　**赶时髦** goe₂₄ shy₂₂ mao₄₄　**积极** jik₃ jhik₄　**入迷** shek₁₂ mi₂₃　**DVD** dhi₂₂ fhi₄₄ dhi₂₃　**丁克族** din₅₅ kek₃ shok₂₁ 不生孩子的一群人。"丁克"是"double income no kid"中首字母"D""I""N""K"的合音。　**轻松** qin₅₅ song₂₁　**倘使** tang₃₃ sy₄₄ 如果。　**野路子** yha₂₂ lu₅₅ zy₂₁ 非正统、非科班出身的，如："搿个演员是野路子来的。"引申为一种另类的门道。　**约束** yak₃ sok₄　**广告** guang₃₃ gao₄₄　**优美** you₅₅ me₂₁　**毕业** bik₃ nik₄　**退休** te₃₃ xiu₄₄　**快信** kua₃₃ xin₄₄　**杭州** hhang₂₂ zou₄₄　**协作** yhak₁ zok₂₃　**办理** bhe₂₂ li₄₄　**派出所** pa₃₃ cek₅₅ su₂₁　**原住地** nyuoe₂₂ shy₅₅ dhi₂₁　**联系** li₂₂ xi₄₄　**介绍** jia₃₃ shao₄₄　**大约** dha₂₂ yak₄　**出入证** cek₃ shek₅ zen₂₁　**身份证** sen₅₅ fhen₃₃ zen₂₁　**借阅证** jia₃₃ yhuik₅ zen₂₁　**摸** mok₁₂　**废品** fi₃₃ pin₄₄　**卖** ma₂₃　**信件** xin₃₃ jhi₄₄　**寄** ji₃₄　**智能手机** zy₅₅ nen₃ sou₃₃ ji₂₁　**试试** sy₃₃ sy₄₄　**游戏软件** yhou₂₂ xi₄₄ nyuoe₂₂ jhi₄₄

## 语法要点

**一、表示将来发生**

在动词前用"**要** yao₃₄"表示。如："我要住大约三个礼拜。""我要出差去了。""三年后，我要去北京工作。""要"也常常表示"意愿"，如："我要恳求侬帮我个忙。"

**二、表示即将发生**

在动词后用"**快** kua₃₄"表示。如："辰光到快了，我真急煞快！"（时间快到了，我真快急死了！）"侬快点去，论到侬快了。""快"常常与"要"一后一前联用。如："我也要出国快了。""火车要开快了！"

**三、拿……拨**

动词带双宾语的"**拨** bek（给）"字句，可以把指事物的一个宾语用"拿"放到动词前面去。如："侬拿一张报纸拨我"与"侬拨我一张报纸"同义。又如："侬拿报表交拨我。""请侬拿侬个护照出示拨我看。"

**四、仔 zy**

老上海话表示"完成体"的助词用"仔"表示,如:"我吃仔一碗饭。"现在与普通话一样用"了",如:"我吃了一碗饭。"但是还有的时候,保留老的习惯,如:"假使做仔教授以后,还可以到外国去讲学。"尤其在动词后带补语时,较多保留用"仔"。如:"我吃好仔饭打电话。"(我吃完了饭打电话。)

# 附录一　儿　歌　四　则

**1.** 摇啊摇,摇到外婆桥,外婆叫我好宝宝。三块饼干四块糕,吃仔就要跑。

Yhao$_{22}$ a$_{44}$　yhao$_{23}$,　yhao$_{22}$ dao$_{44}$　nga$_{22}$ bhu$_{44}$　jhiao$_{23}$,　nga$_{22}$ bhu$_{44}$　jiao$_{33}$ ngu$_{44}$ hao$_{33}$ bao$_{55}$ bao$_{21}$,　se$_{55}$ kue$_{21}$　bin$_{33}$ goe$_{44}$　sy$_{33}$ kue$_{44}$　gao$_{52}$,　qik$_3$ zy$_{44}$　xhiu$_{22}$ yao$_{44}$　bhao$_{23}$.

**2.** 笃笃笃,卖糖粥,三斤蒲桃四斤壳。吃侬肉,还侬壳。张家老伯伯辣辣哦?问侬讨只小花狗。("蒲桃"即"胡桃")

Dok$_3$ dok$_4$　dok$_5$,　ma$_{23}$　dhang$_{22}$ zok$_4$,　se$_{55}$ jin$_{21}$　bhu$_{22}$ dhao$_{44}$　sy$_{33}$ jin$_{44}$　kok$_5$, qik$_3$ nong$_{44}$　niok$_{12}$,　whe$_{22}$ nong$_{44}$　kok$_5$.　Zan$_{55}$ ga$_{21}$　lao$_{22}$ bak$_5$ bak$_{21}$　lak$_1$ lak$_2$ fha$_{23}$? Men$_{22}$ nong$_{44}$　tao$_{33}$ zak$_4$　xiao$_{33}$ ho$_{55}$ gou$_{21}$.

**3.** 落雨喽,打烊喽,小八腊子开会喽!("喽"在此表达一种轻松的游戏式的提示语气。)

lok$_{12}$　yhu$_{22}$ lou$_{44}$,　dan$_{34}$　yhan$_{22}$ lou$_{44}$,　xiao$_{33}$ bak$_5$ lak$_3$ zy$_{21}$　ke$_{52}$　whe$_{22}$ lou$_{44}$!

**4.** 本来要打千千万万记,现在辰光来勿及,马马虎虎打十记,一、二、三、四、五、六、七、八、九、十。

Ben$_{33}$ le$_{44}$　yao$_{34}$　dan$_{34}$　qi$_{55}$ qi$_{21}$　fhe$_{22}$ fhe$_{55}$ ji$_{21}$,　yhi$_{22}$ she$_{44}$　shen$_{22}$ guang$_{44}$　le$_{22}$ fhek$_5$ jhi$_{21}$, ma$_{55}$ ma$_{33}$ hu$_{33}$ hu$_{21}$　dan$_{34}$　shek$_1$ ji$_{23}$,　yik$_5$,　lian$_{23}$,　se$_{52}$,　sy$_{34}$,　ng$_{23}$,　lok$_5$,　qik$_5$,　bek$_5$, jiu$_{34}$,　shek$_{12}$.

# 附录二　做练习题,学上海话

和会说上海话的人一起做选择题,是学上海话,了解上海文化的一个捷径。

## 上海方言选择题(一)

共分三组,每题中的加画线的上海话词语需作解释,请选择正确的选项。

### 一、衣食住行

1. 先生,辔个几件是新到个西装,做工<u>交关考究</u>,式样也来得个大方。(　　)
   A 相当讲究　　　B 挺精巧　　　C 非常精致　　　D 很讲究

2. 上海人讲究小乐惠,一到夜里,<u>蹄髈笃笃,螺蛳嘬嘬</u>。(　　)
   A 煮煮蹄髈和螺蛳　　　　　　　B 煮猪蹄,吃螺蛳
   C 用文火慢慢煮着蹄髈,吸吸螺蛳肉　　　D 猪蹄要慢慢煮的,螺蛳要吸着吃的

3. 现在大家<u>吃地段</u>,侬买个是徐家汇地区个高层,葛是老嗲个!(　　)
   A 买房就是看重地段　　　　　B 碰到喜欢的地方
   C 对地段像吃饭一样　　　　　D 遭遇地段的问题

4. 嘎唷,介夜了还碰着塞车,<u>急是急煞人</u>了!(　　)
   A 使人着急　　B 实在急死人　　C 真急啊　　D 够呛的

5. 我来送送侬,<u>走好</u>,走好,辔搭盏灯开一开。(　　)
   A 好好走吧　　B 慢走　　C 好好地走路　　D 再见

6. 噢?有事体啊?着生头里吓得我魂灵头也<u>推扳一眼落脱</u>!(　　)
   A 差点儿　　B 一会儿　　C 就在这时　　D 幸好没

7. 噢!侬昨日对我讲个闲话我板定会得照牢子去做个。(　　)

195

A 真的　　　　　　B 你说什么呀　　　C 你看　　　　　　　D 知道了

8. 侬看,人家做出来个事体老<u>有腔</u>调个,挺刮哦?(　　)

A 有章法,样子好　　　　　　　B 很精细,清楚不含糊

C 有意塑造自己的形象　　　　　D 有办法

9. 辫个人人头熟,<u>兜得转</u>来死,随便啥个七拆八裂个事体侪会搁落三姆烫平。(　　)

A 一个圈子兜下来　　B 转得过来　　　C 路路通,善处关系　　D 很灵活

10. 小王天生个<u>黄鱼脑子</u>,答应个事体勿去做。(　　)

A 记性很糟糕的脑子　B 很傻的脑袋　　　C 顽固的脑袋　　　　D 倔强

## 二、世俗民风

1. 上海人踏进了忙碌个社会奋斗,十分珍惜太平生活个来之不易,老会<u>做人家</u>。(　　)

A 支撑家庭　　　　B 过日子　　　　C 过一辈子　　　　D 节俭

2. 上海有交关轻工业产品,像永久牌脚踏车、蜜蜂牌缝纫机,拉全国邪气<u>吃价</u>。(　　)

A 了不起,值钱,受欢迎　　　　B 价钱很贵

C 很坚固　　　　　　　　　　D 价有所值

3. 上海男人讲究仪态,头子活络,卖相登样,对老婆<u>花露水</u>足。(　　)

A 洒花露水

B 像花露水香水这样老婆喜欢的东西随时拿得出

C 吸引人的花样很多,新奇的主意多,逗人喜欢

D 花里胡哨,花拆拆

4. 上海女人,有一类是<u>小家碧玉</u>,聪明乖巧,姐妹道里老融洽个。(　　)

A 出身名门的有教养的女性,言行端庄,气质大方

B 讲究摩登时尚,胆大有为的小姐

C 出身贫寒,但刻苦奋斗的女子

D 出身小户或平常人家的女子,年轻,美貌,崇尚小资生活

5. 上海最令人心动愉悦个是<u>嗲妹妹</u>个形象。(　　)

A 常常闹别扭,折腾男人的姑娘　　　B 娇柔、妩媚、姿态有魅力的姑娘

C 喜欢打扮追求新潮的排骨美女　　　D 前卫又娇娆的女强人

6. 市井生活,<u>小八腊子</u>是主角,有空老酒嗒嗒,茄茄山河。(　　)

A 小孩子　　　　　　　　　　　　B 像孩子那样无权无地位的群众

C 做点小生意的人　　　　　　　　D 下岗工人

7. 以前上海分下只角咾上只角,下只角里热天夜里乘风凉最闹猛。(　　)
   A 苏州河北部的地区
   B 居住条件好、生活水平较高、居民文化层次较高的城区
   C 夏天看到许多人在弄堂里马路边纳凉的地方
   D 居住条件差、生活水平较低、居民文化层次较低的城区

8. 石库门里真闹猛,交关人家拉螺蛳壳里做道场,灶披间里轧来轧去。(　　)
   A 比喻在窄小局促的空间做大事　　　　B 厨房间里烧饭
   C 挤来挤去　　　　　　　　　　　　　D 比喻在艰难的地方做重要的工作

9. 上海闲话蛮幽默,有辰光讲:"伊个脾气脱侬比啊,㨃侬三条横马路"!(　　)
   A 极言倒霉　　　　　　　　　　　　　B 比你坏得多
   C 比你好得多　　　　　　　　　　　　D 一甩甩踢得你老远

10. 弄堂里向样样事体有,常常有一泼老人围拉海"学习144号文件"。(　　)
    A 正襟危坐　　　B 关心时事　　　C 打麻将　　　D 拉家常茄山河

### 三、市民精神

1. 移民刚刚到上海,大家侪是脚碰脚个,各人头浪一爿天,就凭自家个本事伸手脚。(　　)
   A 各人自做各人的事,机会均等　　　　B 大家一起顶着一片天
   C 每个人都能做主角　　　　　　　　　D 大家差不离

2. 上海自由竞争个经济行为培养了上海人个一种硬碰硬、实打实精神,做事体勿能够野豁豁。(　　)
   A 实事求是,过硬,经得住考验　　　　B 滑头,不负责任
   C 做事很马虎,不负责任　　　　　　　D 做事说话没有分寸、不着边际

3. 上海人办事门槛精,讲究懂经,样样来事。(　　)
   A 很精明　　　B 精通,在行　　　C 行　　　D 遵守秩序

4. 在各种交往脱机会面前,又要活络,勿好死板板。(　　)
   A 做事敏捷利索,手脚勤快　　　　　　B 精力集中,有耐心
   C 认真不越轨　　　　　　　　　　　　D 灵活,通达

5. 上海人也向来讲究门面工夫,做事要上台面。(　　)
   A 做花头　　　　　　　　　　　　　　B 体面风光,品质高
   C 摆噱头　　　　　　　　　　　　　　D 争面子,显示自己的优越

6. 上海人十分崇尚进取开拓精神,敢于拼死吃河豚,老虎头上拍苍蝇!(　　)

A 胆大包天　　　B 不怕苦不怕死　　　C 碰钉子　　　D 技巧绝顶

7. 上海人已经拉商业化社会里向养成了可贵个遵守规则、重理性个契约精神,答应人家事体勿好淘浆糊,开大兴,<u>拨人家吃空心汤团</u>。(　　)

A 化怎样的价钱得不到怎样质量的货色　　　B 蒙混过关

C 答应了人家而不予兑现　　　D 缩水

8. 处于开放型文化氛围当中个上海,养成了建立拉个体自由基础浪向个宽容并存个人际关系,做事体<u>派</u>头要大。(　　)

A 度量气派　　　B 来头　　　C 浪头　　　D 气势

9. 上海人主张拉商业上脱仔生活当中,崇尚"产权分明",反对瞎和调,勿关我个事,勿去<u>轧闹猛</u>。(　　)

A 跟在别人后面乱说　　　B 挤在里面凑热闹乱附和

C 多管人家的事　　　D 挤进去

10. 上海人讲究识时务,既要识货,又要识相,常常敬告别人,<u>勿识相要吃辣货酱</u>。(　　)

A 不内行就别去管　　　B 安分点不错的

C 警告别人不要不领会对方的暗示　　　D 警告对方如不知好歹,就要给你颜色看

# 上海方言选择题(二)

## 一、填写上海话惯用语

20世纪二三十年代,上海市民社会思想活跃,随着都市文化的发达,上海方言当中涌现了大批生动活泼的三字格惯用语。很多有生命力的词语一直流传到今天。这里列出来10个三字格惯用语,请分别填到相对应的句子里。

**出风头　牵头皮　收骨头　戳壁脚　听壁脚　轧苗头　避风头　搭讪头　调枪花　放野火**

1. 张家长,李家短,伊辣个人专门搬嘴夹舌_____。

2. 暑假放完,马上开学,辣两个小囡明朝开始又要_____了!

3. 人家面孔已经介难看了,依哪能勿会得_____,勿要讲得伊光火咪!

4. 我末老早已经识识相相,规规矩矩,远七长八个小差错,侬今朝勿要再提出来_____了。

5. 辣个嗲妹妹,头戴艺术帽,身穿迷你裙,髂套象鼻袜,脚着复古鞋,勿要忒_____噢!

6. 顶讨厌个是阿拉辣辣讲讲私房话,伊辣门外_____。

7. 伊吃饱饭吭没事体做,老是想跟人家来_____,真无聊!

8. 事体刚刚开始做起来,小张就辣外面到处_____,晓得的人忒多,结果办勿成功了。

9. "文革"高潮当中,伊想到家乡去_____,结果还是拨"造反兵团"从乡下捉回来批斗。

10. 做事体要老老实实,讲闲话要规规矩矩,一是一,二是二,勿要辣我面前_____!

## 二、填写上海话人际关系词语

上海话中,人际交往方面有丰富的词语,这里列有 12 个人际关系词,请分别填到合适的句子里去。

**老交　有数　路道　活络　挖儿势　脱线　乐开　落拓　识相　花巧　兜得转　笑勿动**

1. 做人要_____一点,勿要对人家斤斤计较,爽气大方点!

2. 真吓没料到,我碰着一个介_____个人,搭我为难作梗到底。

3. 老王、小张是我个_____,互相之间随便啥闲话俦勿瞒个。

4. 侬看伊_____? 瓣种牵涉到伊拉两个人利害关系个事体,伊立辣旁边一声勿响。

5. 侬讲个事体我_____了,一句闲话,帮侬解决!

6. 下级、上级、老总、群众,伊俦_____,本事大哦?

7. 介绕轧个事体哪能一歇歇拨伊俦摆平了? 伊个_____好哦?

8. 要伊去办事体,伊总归勿会碰壁,侬讲伊_____粗哦?

9. 伊看见别人俦出了问题,就_____了,以为自家机会来了。

10. 瓣个人头子_____,单位里向人家碰着难题,伊俦会寻着关系帮人家解决。

11. 小李今朝有点_____了,哪能老勿正常个!

12. 王敏个嘴巴真_____,能说会道,辣小王面前讲其实小张心地老好个,又搭小张讲小王对伊讲对侬吓没啥意见,结果促成两介头又和好了。

## 三、填写上海话"花"字领头的词语

上海开埠后,有许多花园和花园洋房。上海的新式弄堂里有天井的人家,都会自己种点花,马路上花店也开得蛮多。春天,大家去踏青龙华看桃花;秋天,上海是最早开菊花会的地方,花天花地,大家欣赏。现在还有好多花鸟市场。上海人很喜欢花,所以上海人嘴里也挺有"花头"的,上海话当中,由"花"起头的词语也特别多。下面列出了 12 个"花"字领头的词语,请分别填到最合适的句子里去。

**花头　花心　花色　花俏　花瓶　花痴　花样劲　花露水　花拆拆　花里八腊　花头花脑　花功道地**

1. 瓣个小鬼头,侬勿要看上去伊老实来死个样子,实际浪向对女朋友真有噱头,_____,

199

女朋友对伊是一帖药!

2. 侬看小王个公司老有生气,大家人心齐,人气上涨,伊拉老板_____老足个!

3. 伊做一桩本来规规矩矩个事体,顶欢喜弄眼_____辣海,叫大家捉摸勿透。

4. 伊讲辩种勿着边际个闲话哉_____了,我猜勿出伊个心思。

5. 辩个人一日到夜混辣小姑娘道里,_____,_____,贼腔来死,勿是个好东西!

6. 小王别个地方倒侪蛮好,就是哉_____,轧女朋友是"月抛型"。

7. 侬一个男人家,着了件_____个衬衫,难看煞脱了!

8. 老是嘻嘻哈哈,盯牢女生打朋寻开心,伊大概有眼_____了!

9. 阿王只脑子真活,七想八想_____瞎多,常常辣换花样。

10. 侬还是一点一划认认真真个照规矩做,勿要想出辩种_____个主意来!

11. 我是比侬登样,但是我愿意做只_____当摆设,陪衬侬出名。

12. 阿拉辩爿店里个金项链_____品种交交关,可以听侬拣。

你能够再在上海话里想出5个带"花"字的词语来吗?

## 四、填写上海话勇于创新的词语

上海人在宽松的商业竞争环境下,慢慢养成一种天不怕、地不怕,敢于创新的精神,上海也成为一个"冒险家的乐园",于是上海话中当然也有了大量表达创新气概的词语。下面列出了10个词语,请填到最合适的句子里去。

**别苗头　闯市面　拼死吃河豚　棉纱线扳倒石牌楼　碰碰额角头　出风头　野得出　横势横拆家棚　小鬼跌金刚　老虎头浪拍苍蝇**

1. 伊是侬个顶头上司,猛门来死,侬去提介尖锐个批评,侬勿是_____哦?

2. 我要喊伊帮我寻个好医生看病,但是伊是个忙人,我今朝一早就到伊屋里去,_____伊辣辣海哦?

3. 辩桩事体我勿怕牺牲,非做勿可,就是_____,也要去做,大勿了鱼死网破!

4. 小人勿能像花盆里养花,要拿伊放到社会浪去,从小就要让伊_____。

5. 商店开辣贴隔壁,大家一样卖电器,阿拉一定要动动脑筋起点蓬头,要搭伊拉_____做过伊拉!

6. 侬勿要急,阿拉力量小做小,只要阿拉主持正义,哪怕伊拉势力再大,牌头再硬,阿拉也要_____。

7. 事体侪是人做出来个,要勿怕风雨,顶风冲浪,到可以发展个地方_____去!

8. 各人头浪一爿天,勿要认为伊拉是大亨,阿拉是小八腊子,只要有毅力,真正做起事体来,照样可以_____。

9. 我勿会调枪花,勿会摆噱头,但是吸引别人个眼球,做做小花头,扎台型_____个事体还是要做个。

10. 辫只股票看来还勿错,今朝跌了,我_____拿屋里向个钞票侪豁上去拉倒!

## 上海方言选择题(三)

### 一、选答上海话数字成语

上海话中有几百条四字格的成语,在日常生活中经常使用,其中含有数字的成语也有很多。下面 10 道选择题目,请选择正确的成语。

1. 今朝侬着得真漂亮,身浪辫件羊毛衫就有_____花颜色。
   A 七支八搭　　　B 搞七廿三　　　C 三等四样　　　D 五颜六色

2. 考研究生,专业分数倒蛮好,政治一考坏,乃末_____。
   A 一天世界　　　B 四脚朝天　　　C 五花六花　　　D 死蟹一只

3. 侬到我个屋里来白相,真是_____个!
   A 千年难板　　　B 七高八低　　　C 投五投六　　　D 十日八夜

4. 问辫个,考埃个,我拨辫批人搞得来_____。
   A 七翘八裂　　　B 七歪八牵　　　C 七曲八弯　　　D 七荤八素

5. 我根本勿是辫个意思,侬勿要来_____搞勿清爽。
   A 瞎三话四　　　B 瞎七搭八　　　C 三长两短　　　D 一门心思

6. 辫个小囡人末勿大,讲起闲话来末_____。
   A 勿三勿四　　　B 一句闲话　　　C 老三老四　　　D 瞎话三千

7. 侬讲闲话再要_____,当心吃耳光!
   A 七高八低　　　B 勿二勿三　　　C 七零八落　　　D 绕七绕八

8. 阿拉两家人家,现在搬场搬得_____,一年难板碰头两趟了。
   A 七里八里　　　B 远七长八　　　C 半山勿尬　　　D 七搭八搭

9. 伊拉屋里房子三房两厅,_____只住辣海两个人。
   A 一家一当　　　B 一生一世　　　C 一手一脚　　　D 一塌刮子

10. 伊是个老实人,_____个,从来勿会拆烂污。
    A 一点一划　　　B 一刮两响　　　C 一五一十　　　D 半死半活

## 二、选答上海话成语

上海话成语实在丰富,再做上海话一般成语题,请选择正确的成语填上。

1. 侬㑚个脾气,脱佾爷娘一式一样,真是_____ _____。
   A 碰手碰脚　　　　B 自说自话　　　　C 学嘴学舌　　　　D 有种出种

2. 伊一有事体,就要叫我立时三刻做好,_____ _____个!
   A 要紧勿煞　　　　B 牵手动脚　　　　C 夹忙头里　　　　D 寒毛淋淋

3. 要伊拿两钿钞票出来,真_____ _____像要伊命一样!
   A 要死要煞　　　　B 勒杀吊死　　　　C 一句闲话　　　　D 吃辛吃苦

4. 㑚只花瓶根本勿是我敲碎脱个,侬勿要_____ _____诬赖我。
   A 硬装榫头　　　　B 绕七绕八　　　　C 夹头夹脑　　　　D 连头搭脚

5. 侬勿要看伊常常见面笑嘻嘻,做出事体来_____ _____,真勿是好东西!
   A 搞七廿三　　　　B 乌里买里　　　　C 辣手辣脚　　　　D 远兜远转

6. 㑚个小鬼头有眼油腔滑调个,侬对伊讲啥伊总归对侬_____ _____。
   A 花嘴花脸　　　　B 嬉皮塌脸　　　　C 笃嘴笃舌　　　　D 狠三狠四

7. 侬已经十八岁了,还是一日到夜_____ _____,一眼吙没大人样子!
   A 痴头怪脑　　　　B 直腰懒掼　　　　C 现出怪样　　　　D 昏头搭脑

8. 我看侬稀里糊涂、_____样子,像三日三夜吙没睏醒。
   A 活龙活现　　　　B 跟嘴跟舌　　　　C 蟹手蟹脚　　　　D 睏痴懵懂

9. 㑚个人个吃相,小家败气个,人家对伊是_____ _____!
   A 有心有想　　　　B 一泂馋唾　　　　C 死人勿关　　　　D 老吃老做

10. 阿拉儿子个功课是,_____ _____,再要上去一个台阶是难个。
    A 勿上勿落　　　　B 半死半活　　　　C 死蟹一只　　　　D 当着勿着

## 三、填入 ABB 式形容词

上海话中有很多 ABB 式个状态形容词,有的意思仅有细微差异,请选择最适当的词语填上。

1. 今朝落着点麻花雨,身浪向衣裳有点_____ _____个。
   A 湿淋淋　　　　B 湿塔塔　　　　C 湿漉漉　　　　D 湿搭搭

2. 伊讲起闲话来_____ _____个,一点也勿照顾到别人个面子。
   A 直别别　　　　B 直挺挺　　　　C 直笃笃　　　　D 直梗梗

3. 就要轮着我口试,我心里向_____ _____个。

A 汗滋滋　　　　　B 汗淋淋　　　　　C 汗津津　　　　　D 汗丝丝

4. 伊做起事体来一眼也勿细心，_____ _____ 个。

A 毛乎乎　　　　　B 毛糙糙　　　　　C 毛柴柴　　　　　D 毛戳戳

5. 瓣个男小囡蛮结实个，身体_____ _____。

A 胖鼓鼓　　　　　B 胖笃笃　　　　　C 胖墩墩　　　　　D 胖乎乎

6. 瓣个人老勿爽快，讲闲话老是_____ _____ 个。

A 阴森森　　　　　B 阴落落　　　　　C 阴笃笃　　　　　D 阴沉沉

7. 侬吊儿郎当_____ _____ 个样子，一点精神也呒没！

A 笃悠悠　　　　　B 疲塌塌　　　　　C 稳当当　　　　　D 吓咾咾

8. 伊待人一贯勿热情，_____ _____ 个。

A 冷冰冰　　　　　B 冷丝丝　　　　　C 冷飕飕　　　　　D 冷清清

9. 介热个天，侬个皮肤摸上去还是_____ _____ 个。

A 瀴(yin)飕飕　　　B 瀴落落　　　　　C 瀴丝丝　　　　　D 瀴笃笃

10. 侬面色勿大好，_____ _____ 个。

A 白塔塔　　　　　B 白乎乎　　　　　C 白礤礤　　　　　D 白哈哈

## 四、选答五字组熟语

请对加画线的上海话常用熟语选择确切的意思。

1. 瓣个人做随便啥个事体，总归<u>板板六十四</u>。（　　）

A 认认真真　　　　　　　　　B 一丝不苟
C 熟门熟路不会做错　　　　　D 死板得很不会变通

2. 我搭伊随便讲啥，伊就是<u>耳朵打八折</u>。（　　）

A 不听话　　　B 听话只听半句　　　C 不把话都听清　　　D 听错话

3. 要等侬物事还拨我，大概要等到<u>开年礼拜九</u>。（　　）

A 无指望的日期　　B 第二年第二个礼拜　　C 明年　　D 再过九天

4. 我帮了侬个忙，侬还要怪我，真叫<u>阿王炒年糕</u>。（　　）

A 太轻视我了　　　B 太冤枉　　　C 无可奈何　　　D 吃力不讨好

5. 侬还是做出点样子来看看，勿要一碰就<u>狮子大开口</u>。（　　）

A 张大了嘴巴说话　　　　　　　B 像狮子那样怒吼
C 口气很大，胃口很大　　　　　D 决心很大做不到

6. 侬勿要只考虑现在，应该<u>长线放远鹞</u>。（　　）

A 有远大的目标　　B 不要失掉远方的目标　C 不放弃长远　　　D 防止风筝断线

7. 侬今朝哪能搞个? 一直到现在,吃饱生米饭一样!(　　)

A 不想吃东西　　B 态度生硬恶劣　　C 架势实在难看　　D 不考虑下场

8. 侬一定要聪明一眼,碰鼻头转弯。(　　)

A 识好歹　　　　B 看清苗头　　　　C 碰钉子就回头　　D 预防阻碍

9. 要末侬去接受,辣种回汤豆腐干个差使我勿做个!(　　)

A 炒冷饭　　　　B 再操旧业　　　　C 没人喜爱　　　　D 使人讨厌

10. 好了,侬勿要勿懂装懂,阿木林关进!(　　)

A 被人愚弄　　　B 上当受骗　　　　C 走错房间　　　　D 请君入瓮

### 五、按照叙述的意思选择词语

1. 辣个老板老有_____,治理企业有一套,老快就击败竞争对手。

A 花妙　　　　　B 花功　　　　　　C 花心　　　　　　D 花露水

2. 侬勿要看伊是_____个,伊是戆进勿戆出。

A 傻里傻气　　　B 戆头戆脑　　　　C 寿头板气　　　　D 阿木林兮兮

3. 侬辣个人买衣裳就像侬寻男朋友一样,横勿好竖勿好,真_____。

A 猛门　　　　　B 牵丝　　　　　　C 疙瘩　　　　　　D 把细

4. 伊老是要挖空心思阴损别人,为人忒_____。

A 自私　　　　　B 辣手　　　　　　C 刹枯　　　　　　D 促掐

5. 辣个人正经事体勿好好叫做,弄弄就要_____。

A 勿入调　　　　B 勿领盆　　　　　C 勿爽气　　　　　D 勿要面孔

6. 今朝我脱侬敲敲背,又做了按摩,侬觉着_____点了哦?

A 适意　　　　　B 适宜　　　　　　C 扎劲　　　　　　D 写意

7. 碰着眼麻烦事体,我今朝心思_____,睏勿着觉了。

A 闹猛　　　　　B 络乱　　　　　　C 散松　　　　　　D 难过

8. 辣双鞋子着上去交关适意,正好_____。

A 牵匀　　　　　B 上路　　　　　　C 跟脚　　　　　　D 煞根

9. 辣眼生活我已经侪安排_____,勿麻烦侬来帮忙了。

A 定档　　　　　B 安生　　　　　　C 笃定　　　　　　D 安逸

10. 喔唷! 忙起来_____,真是够呛!

A 闹猛　　　　　B 走油　　　　　　C 到家　　　　　　D 尴尬

# 上海话填字游戏

**横行：**

1. 稀酒精加香料个一种液体，比喻一个人个花样、花招。
2. 过去称厂主、店主个儿子。
3. 圆瞪眼睛，凶狠个样子；又形容物事好，色彩鲜艳或者奇特而引人注目。
4. 邪气精明。
5. 利用热水蒸汽使得房子里向变暖个装置，借自英语。
6. 长辈对小孩出自内心喜爱个亲热称呼。
7. 派头大，架势足，神态模样好，有能耐。
8. 骂人像鬼，"出老"个另一种写法。
9. 勿死勿活个样子，爱理勿理个样子。
10. 警告人，做人做事要"识相"，不识相就要……。就省略号里个四个字。
11. 老方便，勿必摆辣心上个一个比喻。
12. 滑得生出光来了。
13. 开玩笑，闹着玩。
14. 自行车个车把；自来水管子个出水阀门。
15. 秤杆浪向称重物用个提秤绳。
16. 花招，引人发笑个话或者举动。

**竖行：**

一．要求拨人家拒绝，尤其指示爱或者求爱吮没接受。
二．歇后语"小狗跌进污坑里"个后半部分。
三．调门，又指形象、模样、样子。
四．突然之间。
五．下台个台阶，或者指下场。
六．老个本帮菜一般个烹调特色。
七．油腔滑调或者勿守信用或者顽皮会耍嘴皮个青少年。
八．从外国引进个水上飘浮植物，过去做猪食个，现常繁殖成灾。
九．经加水、黄沙拌和干燥以后坚硬个水泥板，音译自英语。
十．事搞糟，勿可挽回；一切吮没指望；勿能动弹。

十一. 换花招。

十二. 精明乖巧、会看风使舵个孩子。

十三. 走辣最前面,冲辣最前面。

十四. 对小囡个娇称,犹"宝贝儿"。

十五. 令人气愤,倒霉,真勿像话!

# 答 案

**上海方言选择题(一)答案**

一、1. D  2. C  3. A  4. B  5. B  6. A  7. D  8. A  9. C  10. A

二、1. D  2. A  3. C  4. D  5. B  6. B  7. D  8. A  9. C  10. C

三、1. A  2. D  3. B  4. D  5. B  6. A  7. C  8. A  9. B  10. D

**上海方言选择题(二)答案**

一、1. 戳壁脚  2. 收骨头  3. 轧苗头  4. 牵头皮  5. 出风头  6. 听壁脚  7. 搭讪头  8. 放野火  9. 避风头  10. 调枪花

二、1. 乐开  2. 落拓  3. 老交  4. 识相  5. 有数  6. 兜得转  7. 挖儿势  8. 路道  9. 笑勿动  10. 活络  11. 脱线  12. 花巧

三、1. 花功道地  2. 花露水  3. 花样劲  4. 花巧  5. 花拆拆  6. 花心  7. 花里八腊  8. 花痴  9. 花头  10. 花头花脑  11. 花瓶  12. 花色

四、1. 老虎头浪拍苍蝇  2. 碰碰额角头  3. 拼死吃河豚  4. 野得出  5. 别苗头  6. 棉纱线扳倒石牌楼  7. 闯市面  8. 小鬼跌金刚  9. 出风头  10. 横势横拆家棚

**上海方言选择题(三)答案**

一、1. C  2. D  3. A  4. D  5. B  6. C  7. B  8. B  9. D  10. A

二、1. D  2. A  3. B  4. A  5. C  6. B  7. A  8. D  9. B  10. A

三、1. D  2. A  3. D  4. B  5. C  6. C  7. B  8. A  9. D  10. C

四、1. D  2. C  3. A  4. D  5. C  6. A  7. B  8. C  9. B  10. B

五、1. D  2. B  3. C  4. D  5. A  6. A  7. B  8. C  9. A  10. B

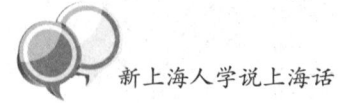

**上海话填字游戏答案**

| 吃 | ■ | ■ | ■ | ■ | 花 | 露 | 水 | ■ | 小 | 开 |
|---|---|---|---|---|---|---|---|---|---|---|
| 弹 | 眼 | 落 | 睛 | ■ | ■ | ■ | 门 | 槛 | 精 | ■ |
| 弓 | ■ | 场 | ■ | 热 | 水 | 汀 | ■ | 乖 | ■ | 囡 |
| ■ | 腔 | 势 | 浓 | ■ | 葫 | ■ | 调 | ■ | ■ | 囡 |
| ■ | 调 | ■ | 油 | ■ | 芦 | ■ | 花 | ■ | ■ | ■ |
| 尽 | ■ | ■ | 赤 | 佬 | ■ | 死 | 样 | 怪 | ■ | 气 |
| 吃 | 辣 | 货 | 酱 | ■ | ■ | 蟹 | ■ | ■ | ■ | 数 |
| ■ | 陌 | ■ | ■ | 小 | 菜 | 一 | 碟 | ■ | ■ | ■ |
| ■ | 生 | 光 | 的 | 滑 | ■ | 只 | ■ | ■ | 打 | 朋 |
| 龙 | 头 | ■ | ■ | 头 | 纽 | ■ | 嚎 | 头 | ■ | ■ |